KB191128

죽은 다음

어떻게 떠나고
기억될 것인가?

죽은 다음

장례 노동 현장에서 쓴
죽음 르포르타주

희정 지음

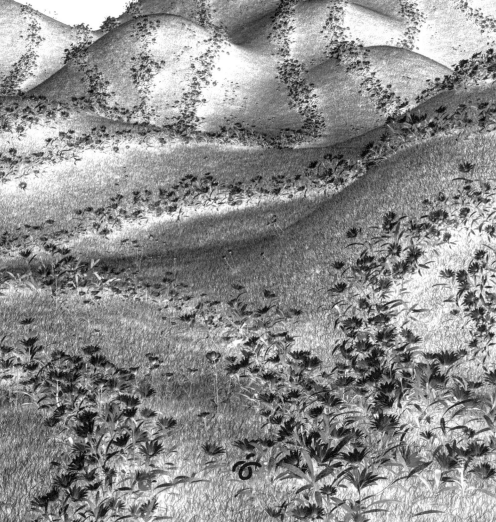

타인의 죽음과 장례를 숱하게 보거나 간여하다가 정작 자신의 죽음 이후는 자신만 전혀 모르고 가는 것이, 사람과 뭇 생명의 결국이다. 죽음은 그 자체로 당사자에게 종결이다. 생애의 모든 긍과 부, 기쁨과 고통과 걱정은 죽음을 통해 완벽하게 끝나고, 나머지는 산 자들의 몫이다. 죽음과 장례를 관음하고 있는 자신을 알아챈 저자는 차라리 그 안으로 들어가 기록하기로 작정하고, 장례 노동자가 되어 목도하고 경청하고 만지며, 시선과 인식을 벼려가며 끈질기게 죽음 이후를 탐구했다.

저자는 많은 장례 산업 노동자들의 목소리와 노동을 통해 점차 산업화되어 가는 장례 문화 속 '빈부' '성평등' '가부장적 혈연 중심'의 의제를 추적하면서, 다른 한편으로는 사회운동 현장에서 치러진 사회장과 마을 사람들이나 친지들이 주관한 공동체장례, 생전장례식 등 "다른 장례들"을 찾아간다. 나아가 퀴어, 이주노동자, 산업재해, 사회적 참사, 팬데믹으로 인한 사망, 거리와 시설 속 죽음, 자살, 고독사, 공영장례, 반려동물 장례 등 다양한 현장과 의제를 쫓아가면서, 소외되고 배제된 죽음들 혹은 소외와 배제를 디딤돌 삼아 전통과 고정관념에 적극적으로 균열과 변혁을 만들고 있는 대안적 장례들을 섭렵하고 있다. 더불어 시신을 '바다로, 들로, 바람 속으로'

보내는 장례 등 타국의 의미 깊은 장례들도 소개한다.

죽음과 장례에 관한 혁신적이고 탁월한 시선이 벼려 낸 사유와 기록은 죽음과 애도라는 흔한 현장 속까지 '사회적 성원권'이라는 의제를 붙들고 들어와, 궁극적으로 우리가 추구하는 삶과 돌봄과 사회가 어떤 것인지에 관한 독자들의 질문을 확장하게 한다. 죽은 자와는 이미 무관해져버린 '죽은 다음'에 관한 희정 작가의 치밀하고 냉철한 기록이 산 자들 사이에서 거듭 읽히고 토론되며 참고가 이어지기를 뜨겁게 권하는 이유다.

최현숙_구술생애사 작가

죽음에 관한 말들이 범람하는 시대다. 하나하나의 죽음과 한 사람 한 사람의 삶은 점점 희미해지는 시대이기도 하다. 이 책을 통해 희정은 장례지도사, 의전관리사, 수의 제작자 등 죽음 곁에서 일하는 이들을 취재하고, 이 시대에 죽음이 과연 어떤 의미인지 그들의 입을 통해 생생하게 전달한다. 이 과정을 통해 우리는 죽음까지 제대로 들여다보아야 삶이 지워지지 않는다는 역설에 도달한다. 죽음의 불평등으로부터 삶의 불평등을 샅샅이 살피는 작업은 삶과 죽음이 모두 존중받는 사회를 꿈꾸게 한다. "산 사람은 살아야지"라는 입말이 책을 덮을 때쯤에는 "산 사람은 어떻게 살 것인가" 하는 묵직한 질문으로 변모한다.

이 책을 읽고 삶뿐 아니라 죽음에도 얼마나 많은 이들

이 관계하는지 알게 되었다. 희정은 과거에서부터 현재까지 죽음의 지형도를 '장례'라는 스펙트럼으로 들여다본다. 예식이 시장 논리에 맞추어 상품으로 취급되고 서로 돕는다는 의미인 '상조(相助)'가 상조업이 되는 시대, 그는 생애주기의 많은 순간에 편리의 외피를 쓴 외주(外注)를 경험할 수밖에 없음을 이야기한다. 그에게 장례식장은 감정 노동과 돌봄 노동이 쉴 새 없이 이어지는 곳이자 혈연과 정상가족, 가부장제 프레임에 포함되지 못하는 삶과 죽음을 헤아리는 곳이기도 하다. 죽음이 끝이 아니고 끝이 될 수 없는 이유는 죽은 사람의 장례를 산 사람이 치르기 때문이다. 죽음은 삶을 각성하게 한다.

사회적 죽음이 금세 잊혀도, 애도의 매뉴얼이 새로이 등장해도, 장법(葬法)이 바뀌고 절차가 간소화되고 장례의 성격이 변화해도 '죽음' 자체의 아득함은 여전하다. 체계적인 산업과 양질의 서비스가 품지 못하는 어떤 것이 있으니 말이다. 책 속의 귀한 목소리들에 귀를 기울이다 보면 죽음을 둘러싼 일은 마음을 쓰는 일, 마음이 없으면 하지 못하는 일임을 깨닫게 된다. 수의를 짓고 염을 하고 상여를 메고 노래를 부르고 묘를 쓰고 화장을 하고 칠성판에 몸을 뉘어 고인의 기분을 헤아리는 일은 모두 애도를 전하는 일이다. 삶과 죽음을 높이어 귀하게 여기는 일이다.

생로병사(生老病死)는 사람이 나고 늙고 병들고 죽는 일을 가리킨다. 생로병사의 '생로병'이 삶 쪽에 있다는 사실은 그것이 얼마나 신산한지 짐작게 해준다. 죽음을 통

6

해 무수한 삶을 조명하는 이 책은 누가 있었는지와 누가 있는지를 끊임없이 길어 올린다. 죽음을 잘 치러내면서 역설적으로 잘 살고 싶어지는 것도 이상한 일이 아니다. 죽음을 얘기할 때조차 희정의 글은 삶 쪽에, 사람 곁에 있으니 말이다. 그에게는 사람이 현장이다. 없음에서 있었음을 떠올리는 일, 희정은 지금껏 누구보다 성실하게 이 작업을 해왔다. 삶을 소외시키지 않는 '있음'으로, 죽음에서 소외당하지 않는 '있었음'으로.

오은_시인

차례

일러두기

- 구술 인용 등 본문 일부에 입말체를 살리기 위해 비표준어가 쓰였다.
- 단행본·정기간행물에는 겹화살괄호(《 》)를, 논문·기사·영화·방송 프로그램 등에
는 홑화살괄호(〈 〉)를 사용했다.

들어가며_없음의 노동

여러 가지로 고마웠소.

저야말로 고맙습니다.

천만에.

아니 정말 고맙습니다.

무슨 말씀을.

아니, 정말 고맙습니다.

원, 별소리를 다 하는군.

그런데… 어째 떠날 마음이 안 나는데.

그게 인생이죠.[1]

사무엘 베케트의 희곡 《고도를 기다리며》에 나오는 포조와 블라디미르의 대화. 이 대사를 영화 〈미쓰 홍당무〉(2008)에서 만났다. 영화 속에서 미숙과 종희는 이 난해한 부조리극을 연기하는 배우로 학교 축제 무대에 오른다. 아웃사이더를 자처하는 그들다운 작품 선정이다.

나는 이 영화만큼이나 주인공 미숙을 사랑하고, 미숙만큼이나 미숙의 대사 "누구나 다 이 정도는 찌질하지 않나요?"를 사랑하지만, 영화의 각본집까지 산 이유는 영화에만 있지 않았다. 영화에서 미숙과 종희가 읊은 《고도를 기다리며》의 대사를 간직하고 싶었다.

내 인생의 마지막이 오면 아끼는 이들에게 저 대사를 전해야지. 여러 가지로 고마웠소. 마지막이 가까이 왔다고 생각한 날에 각본집을 샀다. 정말 고맙습니다. 그런데 어째 떠날 마음이 안 나는군요. 가까운 이들이 '그게 인생이죠'라고 말해주길 바란 걸까.

그 순간을 지나온 후, 나는 누구보다 빨리 죽지 못할 것을 알았다.

있다가

내게 죽음은, 있다가 없어지는 일이다. 있었으나 사라지는 일. 내가 인터뷰한 이들이 사라졌다. 일하다 병에 걸렸고, 자신의 통증에 직업병이라는 이름을 붙이기 위해 오랜 시간 애쓰다가 없어졌다. 사람은 있다가 없어진다.

'없다'와 '있었다' 사이의 시차와 간극을 메우는 것이 우리의 슬픔이라고 했지만,[2] 나는 묻고 싶었다. 그 슬픔은 어떤 모습인가요? 틈새를 메워야 할 슬픔의 모양을 알 수 없어 내게 죽음이란 슬퍼하기도 어려운, 보이지 않는 도돌이표 같았다.

하지만 괜찮았다. "사는 게 금방이잖아요."[3] 예순을 넘기고, 일흔을 넘긴 이들이 해주는 말이 있었다. 사는 게 금방이니, 죽는 일이 금방인 것도 당연했다.

작은 가닥

모두에게 당연하게 부여되지만 당연하다며 받아들이기엔 무거운 시간. 죽음은 그러했다. 두려웠기에 그 정체를 알아야 했다. 하지만 죽음이 알고자 한다고 알 수 있는 대상인가. "살아서 하는 임종 연습조차 어릿광대 같은 놀음이라고"[4] 한 이도 있었다. 그도 죽었다. 오랜 투병 끝에.

죽음을 통해 배우는 것은 죽음이 아니라 삶이라고들 하는데, 삶을 아는 일도 가당치 않아 보였다. 그건 내게 양자역학 이론을 설명하라거나 암흑물질을 입증해보라고 하는 것과 다를 바 없었다. 알려줘도 모르는 일. 죽을 때까지 어떤 마음으로 살아야 하는 걸까. 하루를 보내는 일조차 내게는 너무 어려운 과제였다. 그럼에도 '있음과 없음' 사이에서 헤매는 것보다는 모르는 일을 뒤적이는 것이 나았다. 작은 가닥이라도 잡힌다면 그것을 손에 쥐고 싶었다.

유일한

어리거나 젊은 여자들은 내게 말했다. 주변에 폐를 끼치지 않고 죽는 법을 모르겠다고. 고통스럽지 않게 죽는 법이나 확실히 죽을 방법이 아니라, 아니 죽지 않을 방안이 아니라 폐를 끼치지 않고 죽는 법을 알려 하다니. 어느 날은 그 말을 듣고 고개를 푹 숙인 채 돌아오고, 어느 날은 끄덕였다.

국내 인구 10만 명당 26명이 스스로 죽는다고 한다. 암 질환으로 사망하는 이는 그보다 8배가 많다. 해마다 다양한 이유로 죽음에 이르는 36만여 명이 있다. 이들은 무엇을 염려하거나 떠올리며 사라질까.

수십만 명의 마음을 저마다 짐작할 순 없다. 내가 알 수 있는 건 단 하나였다. 죽고 싶지 않다는 사람도, 죽고 싶다는 사람도, 다가

오는 그 시간 앞에 자신에 대해서만 생각하는 사람은 없었다. 자신이 떠난 후 남겨질 사람, 자신이 떠나도 소식조차 모를 사람, 내 죽음이 폐를 끼칠 사람, 내 장례를 치러줄 사람, 내 장례식에 올 사람… 인생의 마지막에 떠올리는 건 사람들이었다.

그러니 사람은 말기 암을 선고받고도 다음 날 출근을 하고, 메일을 열어 거래처와 일정 조율을 하고, 장을 보고 밥을 하고, 주말에는 요양원을 찾아간다. 혼자 살아가는 사람은 없으니까. 유언이라는 걸 남기고 마지막 인사를 준비한다. 내가 죽음에 관해 아는 유일한 한 가지는, 혼자 죽는 사람은 없다는 사실이다.

장례

죽음을 뜻하는 한자 '사(死)'는 '부서진 뼈 알(歹)' 자와 '사람 인(人)' 자를 합쳐 만든 글자이다. 백골이 된 시신 앞에서 사람이 무릎을 꿇고 있는 형상이다. 죽는 이 옆에는 사람이 있다. 혈혈단신으로 살았거나 임종을 지킨 이가 없다고 해도, 결국 마지막엔 사람을 필요로 한다. 최초의 누군가가 주검 위에 흙을 덮은 순간부터 죽음은 1인칭이 아니었다. 죽음만큼 사람을 필요로 하는 일도 없다.

시신은 수습되어야 하고, 죽은 이의 신변은 정리되어야 하며, 그 죽음은 알려지고 애도받아야 한다. 남겨진 사람에게는 남겨진 사람의 몫이 있다. 사람의 몫이라는 건 노동을 의미한다. 손과 발, 눈과 입, 관절과 오장육부, 모든 것을 동원해 처리하고 정리하고 기억한다. 그 노동이 집중되는 시공간은 장례이다.

다르게

죽음으로 시작해서 장례로 시선이 옮겨간 것은 어느 정도 시류 때문이기도 하다. 몇 해 전부터 주변 사람들의 관심이 '장례'로 향하고 있었다.

혼자 죽는 사람은 없다는 말이 무색하게도 누구나 혼자 죽을 가능성을 염두에 두고 산다. 인생에서 혼인과 출산이 필수였던 시절이 멀어지고 있다. "혼자 살게 되면 어쩌나요?"라고 물으며 결혼 시장으로 향하던 이들은 줄어갔지만, "혼자 죽게 되면 어쩌나요?"라는 물음은 여전히 답 없이 남아 있다. 비혼, 비출산을 말하는 젊은 세대에 국한된 이야기가 아니다. 65세가 되면 셋 중 한 명은 혼자 살아야 했다.* 혼자 산다는 건 혼자 죽을 수도 있다는 뜻이었다.

사람들은 생의 마지막을 막연하게 떠올리고, 그 막연함에 복잡한 심정이 되기를 거듭했다. 그래도 이제 사는 일에 대해서는 "혼자 살려면 무엇이 필요한가요?" 정도의 질문은 이루어지고 있었다. 그 사이로 이런 질문도 등장했다.

"다르게 살려면 무엇이 필요한가요?"

이제 사람들은 죽음 앞에서도 같은 질문을 하려는 게 아닐까?

"다르게 죽으려면 무엇이 필요한가요?"

---

* 통계청이 집계한 〈2024 고령자 통계〉를 보면, 65세 이상의 고령자로만 이루어진 가구는 총 565만 5000가구이며 이 중 1인 가구는 213만 8000가구로 37.8퍼센트에 해당한다.

장례인

다르게 살고 싶다면 다르게 행동하라는 말이 있다. 마찬가지다. 다르게 죽기 위해서는 다르게 행동해야 한다. 그래서 죽음 앞에서 사람이 하는 일을 보려 했다. 죽어가는 자를 찾아가진 않았다. 죽은 자를 둘러싼 사람들을 볼 생각이었다. 죽음을 둘러싼 의례이자 집약적인 노동의 시공간인 장례에서 이뤄지는 일을 본다면, 다르게 죽는 법을 찾아낼 수 있을 거라 생각했다.

떼어놓을

장례인을 만나기에 앞서 자료조사를 했다. 관련된 책을 읽고, 온라인 공간에서 자료를 찾았다. 취재를 앞두고 수행하는 익숙한 절차였다. 장례식장 안치실에서 일하는 사람의 이야기를 읽고, 시신을 수습하러 타인의 집을 방문하는 이의 이야기를 듣고, 화장장에서 화로 버튼을 누르는 이들의 이야기를 보았다. 그러는 동안, 나는 이제껏 없다고 자신하던 내 안의 어떤 시선을 느꼈다.

관음. 모르는 이의 관 뚜껑을 살짝 들어 엿보는 듯한 기분이었다. 공동묘지를 두려워하면서도 한밤중에 담력을 시험하듯 가보고 싶어지는 마음, 무덤 앞 비석에 적힌 글귀로 타인의 삶을 감상적으로 추측하는 마음, 누군가가 범죄에 의해 희생된 일을 브라운관 너머 안전한 곳에서 들여다보는 마음. 사람들은 시체를 두려워하지만, 시신이 나오는 공포물을 끊임없이 만들어낸다. 그런 시선이 내게도 있었다. 이 시선을 떼어놓을 방안을 찾아야 했다.

일

밖에서 엿보는 사람이 되기 싫다면, 길은 두 가지가 아닐까. 보는 일을 멈추든가, 아니면 그 안으로 들어가든가. 그래서 장례지도사 직업훈련을 신청했다. 300시간을 수료하면 장례지도사 국가 자격증을 주는 교육 과정이었다. 수강 신청을 하고 교실에 들어서자 내 눈에 들어온 것은 철제 침대에 누인 마네킹 몇 구였다. 시신을 대신할 연습용 도구였다. 그곳에서 두 달 넘게 머물렀다.

교육 첫날, 교육원 직원은 수강생들에게 이렇게 말했다.

"여러분은 이제 장례를 일로 접해야 될 때입니다. 이슈 거리로 생각할 단계는 지났습니다."

내가 이곳에 온 이유이기도 했다. 일로 접해야 할 때가 되었다.

1
고복

전통 상장례에서 죽은 이의 혼을 부르는 행위.
임종 직후, 숨을 거둔 이가 생전에 입던 겉옷을 가지고
지붕 위에 올라가 그가 돌아오길 바라는 마음으로
옷을 펄럭이며 고인의 이름을 세 번 부른다.
응답이 없다면 옷을 가지고 내려와 주검에 덮는다.
비로소 장례가 시작된다.*

---

* 　세부적인 내용과 절차는 지역, 문화, 시대마다 차이가 있다. 이 책에서 인용한 상장
례 절차는 한국학중앙연구원에서 제공하는 한국민족문화대백과사전, 국립민속박물관에
서 제공하는 한국민속대백과사전, 한국장례문화진흥원 웹사이트, 보건복지부에서 제작
한 《장례지도사 국가자격 표준교육교재》 등을 참조했다.

▶　▶　▶　▶　▶　▶　▶　▶　▶　▶　▶　▶　▶　▶　▶　▶

시신 검안

사망진단서 발급

가장 먼저 보이는 건 손
: 염습실에서

시신 염습을 돕겠다고 염습실로 쫓아 들어가는 내 등 뒤로 탄식이 들린다.

"아이고, 젊은 사람이 저길 왜….”

내가 염습실로 가리란 걸 예상하지 못하고 방금께 내 손에 누룽지를 쥐여준 장례식장 식당 조리사가 나를 보며 말했다. 남은 누룽지 조각을 문 앞에서 빠르게 씹어 삼킨다. 고인 앞에서 오물거릴 순 없으니. 그랬다간 고인이 노하기 전에 장례지도사에게 한소리 들을 테다. 덜 씹힌 누룽지 조각이 목을 긁듯 넘어간다.

오늘 만나는 고인은 자신이 입고 갈 수의를 손수 지었다고 했다. 염습실 한편에 반듯하게 접힌 수의를 손으로 쓸어보니 가슬가슬하다. 올이 굵은 삼베다. 삼베 수의를 짓는 장인에게 듣기로는 요즘은 표면이 거친 삼베는 잘 나오지 않는다고 한다. 그러니 이 옷은 오래전에 지어둔 것일 테다. 구순 노인이다. 언제부터 자신의 죽음을 준비해왔을까. 수의를 마련해두면 장수한다는 속설이 있다. 무병장수를 빌며 삼베를 기웠겠지만, 까슬거리는 삼베가 손끝에 닿는 순간엔 오늘 같은 날을 떠올렸을 테다. 자신이 만든 수의를 입고 갈 날을. 수의는 손수 만들 순 있어도 손수 입지는 못하는 옷이다. 누군가 입혀주어야 한다. 그 일이 기다리고 있다.

무섭지 않냐고

사람들은 시신을 보는 일이 무섭지 않냐고 묻곤 했다. 그럴 리가. 염습실 문을 열고 들어가 처음 하는 생각은 이것이다. 춥겠다. 철제 안치대에 고인이 누워 있다. 염습실은 냉장 시설이 있는 안치실과 연결된 공간이라 싸늘하다. 내 앞의 그는 잘 입어봤자 병원 환자복이다. 추워 보인다. 물론 이 또한 산 사람 생각이란 걸 안다. 그는 죽었으니까. 그래도 나는 산 사람이라, 움켜쥔 듯 곱은 그의 손에 온기를 지닌 내 손을 가져가 감싸 쥔다. 차갑다. 고인의 손은 말랑한 동시에 단단하다. 밀랍 인형이 이런 감촉일까. 그렇지만 너무도 사람이다.

내가 처음 입관을 지켜본 이는 여든이 훌쩍 넘은 남자 노인이었다. 그때 나는 장례지도사 실습생 신분(염습과 입관 참관이 허락된다)이었다. 안치대에 누운 그를 보며 안타까울 정도로 마른 몸이라 생각했는데, 그 뒤로 보게 되는 노인 대부분이 그랬다. 살아내는 데 연료로 써버린 듯 근육과 살이 말라붙어 있었다. 배가 없어 가슴뼈 아래가 가파르게 기울어진 데다가, 팔이건 무릎이건 한군데 이상 굽어 있었다. 나는 사람이 시체로 나타났다는 사실보다 늙은 몸으로 등장한 데 더 놀랐다. 나이 듦이 무엇인지를 선명하게 보여주는 벗은 몸. 나는 나이 듦도 모른 채 죽음에 대해 알고자 했던 것이다. 고인의 몸에서 욕창 밴드를 떼어내며 죽는 일보다 늙는 일에 대해 먼저 배웠다.

나이 든 몸 앞에 서는 동안 무수한 감정이 몰려들었는데, 어쩐 일인지 그 몸이 초라하다는 생각은 들지 않았다. 동요하는 이 감정의 실체가 무엇인지 몰라도 두 손을 모아 쥐게 하는 종류의 것

임은 분명했다. 동정이나 안쓰러움과는 확연히 다른 감정이었다. 나중에 내가 책에서 다음 구절을 읽었을 때 염습실에서 포개 쥔 나의 두 손을 떠올린 것을 보아 그건 숙연함, 그 언저리의 감정이었을 테다.

"죽은 사람들 대부분은 많든 적든 살면서 불행하지 않을 수는 없지만, 일단 죽은 사람이 되면 숙연한 친애와 경의의 뜻이 담긴 장송의 예우를 받았다."[1]

친애와 경의를 담은 숙연함. 수십 년 전 일본 어촌 마을에서 장례 행렬이 지나는 모습을 보며, 오늘날 서울 도심 한가운데에서의 죽음을 떠올린다. 떠나는 자에게 예우를 보내고자 하는 마음은 어디서든 같다. 사람은 모두 죽으니까. 피할 수 없는 일 앞에선 겸손해진다.

고인의 몸에 하얀 한지(지의)가 감싸이고 누런 삼베가 입혀지는 걸 두 손을 모은 채로 지켜보며, 입관을 처음 본 이의 이름을 기억해두자고 생각했다. 참관을 마치고 밖으로 나가 장례식장 로비에 걸린 부고란 전광판을 보았다. 박호준(가명). 영정 사진 속의 풍채 좋은 사람이 낯설어 몇 번이나 그가 맞는지 확인했다. 명복을 빕니다. 좋은 곳으로 가시길요. 작게 읊조렸다. 내세가 있다는 믿음은 어떤 식으로든 위로가 된다.

같은 시기에 실습을 나갔던 교육원 동기는 이렇게 말했다. "꼭 잠든 거 같지 않아요?" 시신이 무섭기보다 자는 것같이 보여 이상하다고 했다. 다들 눈을 감고 다소 찡그린 얼굴을 하고 있는데, 언뜻 보면 나쁜 꿈을 꾸나 싶다. 간혹 표정이 한없이 평온한 이도 있었다. 표정은 표정일 뿐인데도, 얼굴이 평온해 보이면 괜스레 안심됐다. 다 산 사람의 위안이다. "좋은 곳으로 가시나보네요." 입관을 진행하는 장례지도사가 입 밖으로 말을 내기도 한다. 임종하는 신체에서 가장 마지막까지 기능하는 게 귀라고 했다. 그 의학적 사실이 사람이 죽은 후에도 들을 수 있다는 말은 아닐 텐데, 산 사람은 산 사람이라 고인이 듣고 있을 거라 믿어본다.

귀가 열린 고인 앞에서 좋은 말을 얹는 장례지도사가 있고, 그래서 더욱이 입을 열지 않는 장례지도사도 있다. 물론 누워 있는 이를 개의치 않고 제 하고 싶은 말이나 하는 지도사도 있다. 아무도 보지 않는 안치실 안. 마음 쓰는 만큼 손과 입이 움직일 뿐이다. 그러니 각양각색이다.

떠날 사람이니까

"어머, 고우셔라."

이날 함께한 장례지도사(이안나)는 열린 귀로 좋은 말 많이 듣고 가시라고 어화둥둥 하는 이다. 긴 세월 화장품과는 거리가 먼 삶을 살았을 고인의 딱딱히 굳은 피부를 매만지며 연신 곱다고 한다. 유분이 듬뿍 담긴 로션이 고인의 얼굴에 스며든다.

"어머니가 몇십 년은 젊어져서 아버님이 기다리시다가 못 알아보겠어요."

버짐 핀 고인의 입가를 스윽 엄지로 닦아내며 그는 저승길 앞 장선 배우자까지 소환한다. 옆에서 나는 남편 할아버지가 할머니를 못 알아보고 지나쳐도 좋을 일이라 생각한다. 둘 사이 일은 둘밖에 모르니. 물론 생각을 입 밖에 내진 않는다. 아까보다 고인의 얼굴에 화색이 돈다. 한결 편안해진 얼굴이다. 화장품을 바르느라 생긴 마찰로 인해 근육이 이완되었기 때문이겠지만, 또 한번 믿는다. 좋은 곳으로 가시려고 표정이 좋은가보다.

사실 이런 한가로운 감정은 잠시 스친 것일 뿐, 보조(부사수) 축에도 못 드는 나는 고인에게 이런 귀엣말을 하기 바빴다.

"귀한 옷을 제가 어설프게 입혀드려서 죄송해요."

아무래도 손이 서툴다. 손수 지은 수의라는 말에 마음이 조금 더 부대낀다. 한 번에 묶고 한 번에 입혀야 구김이 안 가고 예쁜데. 두어 번 손이 간다. 주름이라도 펴보려고 애꿎은 치마저고리를 잡아당긴다. 사수 역할을 하는 이가 이 일은 기술이 아니라 마음이 전부라며 나를 안심시킨다. 기술은 그가 매끈한 솜씨로 부리고 있다. 그런데도 마음이 전부라 한다.

"아휴, 고우시다."

요양보호사나 간병인이 돌보다 정든 어르신에게 하는 말을 염습실에서 듣는다. 고인이 참 예쁘다고, 심지어 '내 고인'은 더 예쁘다고 하는 이도 있다. 무슨 납량 특집이나 담력 테스트가 아니다. 마르고 검붉은 몸이 예쁠 리 없다. 두 눈만 감고 있어도 '곱게 돌아가셨네' 소리를 듣는 게 주검이다. 시체가 예쁘다고요? 염습실에 함께 들어가지 않았다면 놀란 토끼 눈을 하고 되물었을 말이다. 시신을 향한 애처로움이 애틋함으로 변한다. 그런 일이 벌어진다. 이곳에서는.

곧 떠날 사람이니까. 사라질 사람이니까. 잘해서 보내야겠다는 생각이 불끈 솟는다. 그래봤자 알코올 솜으로 몸을 닦고, 옷을 번듯하게 입히는 것뿐이지만. 인생의 마지막 순간에, 타인인 내가 그에게 해줄 수 있는 게 이것밖에 없다. 그러니 열의를 다하게 된다. 냉방된 염습실에서 땀이 주룩 흐른다.

'아무리'와 '아무나' 사이의 일, 장례

: 글을 시작하며

죽음과 장례에 관한 기록을 시작하고, 나를 곤란하게 한 것은 너무도 많은 말이었다. '어떤 죽음을 맞아야 하는가' '우리 모두 죽는다는 걸 기억하라' '죽음은 끝이 아니다' '모든 사람은 죽음 앞에 평등하다'… 여기에 더해 '느리고 아름답게 죽는 법'까지. 인터넷 검색창만 열어도 죽음에 관한 말이 흘러넘치듯 모니터 화면을 채운다. 따라잡기조차 벅차다. 이 세계는 죽음의 존재를 숨긴다고들 하는데(이 또한 책[1]에서 본 말이다) 그렇지 않아 보였다. 세상 사람 모두가 죽음에 말하고 있었다.

이렇게 많은 말에도 불구하고 죽음이 말해지지 않는 것처럼 보이는 건, 사람들이 모두 '같은' 죽음을 바라고 있기 때문은 아닐까. 다들 '좋은 죽음'을 원했다. 다들 한목소리로 말하다 보니 생기는 일종의 착시 효과였다.

좋은 죽음을 원한다. 하지만 어떤 죽음이 올지 모른다. 불확실하기에 바람은 더 간절하다. 그런데 무엇을 좋은 죽음이라 할 수 있을까. 2020년 보건복지부 노인실태조사에 따르면 노인들이 바라는 죽음은 가족이나 지인에게 부담을 주지 않고, 신체적·정신적으로 고통이 없는, 스스로 정리하는, 가족과 함께 맞이하는 죽음이다. 그렇다면 '좋은 죽음' 저 반대편에 있는, 사람들이 바라지 않는 죽음은 이런 것이겠다. 외로운 죽음, 비참한 죽음, 갑작스러운 죽음. 이 세 종류를 피한 죽음을 두고 나이가 제법 있는 사람들은 호상이라고 부른다. 젊은 사람들에겐 여기에 존엄사라는 상상력이 더해진다.

호상(好喪). 천수를 누린 복된 죽음. 살 만큼 살다가 때가 되어 잠을 자듯 맞는 죽음을 뜻하는 이름이다. 그러나 아무리 천수를 누린 이라도, 그의 장례에 가서 함부로 '호상'이라는 말을 쓰지 말라고 했다. 고인 본인에게 좋은 죽음(호상)은 있을지라도, 남겨진 이들에게 좋은 죽음은 없기 때문이다. 곁에서 지켜보는 죽음은 늘 갑작스럽다.

물론 현실은 이리 애틋하지만은 않다. 내가 한때 머물던 지역엔 유명한 요양병원이 있었다. 입소 예약이 줄을 이었다. 시설이나 치료 효과가 좋아서가 아니었다. 어찌 보면 그 반대다. 그 병원에 들어가면 노인들이 오래 살지 못한다는 소문이 돌았다. 증명이라도 하듯 병상이 빠르게 비었다. '회전율'이 이토록 좋은데도 예약 대기자가 늘 많아 병실이 금세 채워진다고 했다. 요양병원 입원 비용은 월 200만 원 선, 간병인 하루 비용은 10만 원을 웃돈다. 죽으면 끝이라 하지만, 빚은 대를 이어 남는다. 현실은 현실이다. 오늘날 사람들은 병원이나 시설에서 죽고, 그건 생의 마지막까지 돈을 쓰다가 간다는 말이기도 했다.

누구의 것도 아닌 장례

장례에서 '호상'은 다른 의미로 쓰이기도 한다. 좋을 호(好) 대신 통솔할 호(護)를 쓰면 초상을 주관하는 사람을 가리키는 말이 된다. 옛날 옛적에는 가문이나 마을에서 상례에 밝은 어르신이 이 역할을 했다고 한다. 수십 년 전만 해도 농어촌 지역에선 마을 장례를 주관하는 노인이 있었다. 요즘은 보기 어려운 문화다. 사람들은 마을과 멀어졌고 더는 집에서 장례를 치르지 않는다. 장례는 계속되지만 우리는 장례 치르는 법을 잊었다. 어쩌면 죽음보다 더 모르는 것이 장례이다.

그래서일까. '좋은 죽음'이라는 말은 있어도 '좋은 장례'라는 말은 찾기 어렵다. 어떤 형식과 내용을 지닌 장례에 '좋은'이라는 수식어를 붙여야 할지조차 합의된 바가 없다. '좋은 죽음'을 두고 목소리가 하나로 모이는 건 거기에 그만큼 구체성이 없다는 뜻인데, 같은 이유로 '좋은 장례'는 앙상한 뼈대조차 그려낼 수 없다.

죽음은 손에 잡히지 않더라도 나의 몫이란 생각에 목소리를 내는 데 주저함이 덜 하지만, 장례는 그마저도 해당되지 않는다. 장례는 남은 이들의 몫이라고 하기도 하고, 내 인생의 마지막 여정이라 하기도 한다. 도통 누구의 것인지 모르겠다. '어르신' 호상이 주관하던 그 시절의 장례는 성격이 확고했고 절차는 명확했다. 전통적 의미로 상장례*는 장자 계열 승계 의례다. 삼년상으로 이어지는 상장례 의례를 거쳐 상주(장자)는 가문의 가장 자리를 이어받았다. 고인이 조상이 되고, 상주가 가장이 되는 이 의례 절차를 얼마나 충실히 따르는지가 장례의 완성도를 결정했다. 그러나 지금은 가문이란 범주도 흐릿하다. 삼년상은 사라졌다. 장례는 이제

---

* 상장례는 죽음을 처리하는 '장사'와 고인을 조상신으로 승화하고 상주가 일상으로 돌아오는 과정을 담은 '상례'를 구체화한 용어로, 조선 세종대에 처음 사용되었다. 국립민속박물관 엮음, 《한국일생의례사전》, 국립민속박물관, 2014.

누구의 것인가.

아무리와 아무나

주인공이 분명하지 않은 장례는 종종 생판 남의 손에 맡겨지기
도 한다. 누군가 사망을 하면 그의 임종을 지킨 이는 휴대전화를
들어 통화 버튼을 누른다. 고인의 가족, 친구, 친지 들보다 먼저
연락을 받는 사람이 있다. 장례식장이나 상조회사 직원이다. 사람
이 병원에서 죽어 장례식장 안치실로 가는 오늘날엔 옛 호상의 역
할을 장례지도사라는 직업군이 맡는다. 이들이 삼일장을 이끈다.
그 역할에 고인의 몸을 염하는 일도 포함되어 있어 수년 전만 해
도 염사, 염쟁이 또는 장의사라 불렸다.

장의사라는 호칭은 아무래도 격조 있게 다가오진 않는다. 경시
되는 측면이 있다. 이건 한국에서의 일만은 아닌지, 다키타 요지
로 감독의 영화 〈굿바이〉(2008)에는 자신의 직업을 숨기는 장례
지도사가 나온다. 교향악단 첼리스트였으나 실직을 하여 고향으
로 돌아온 다이고는 새로운 일자리를 찾아 장의업체에 들어간다.
하지만 이 사실을 아내에게마저 숨긴다. 사실을 알게 된 동창 친
구는 그를 붙잡고 절연을 선언한다.

"아무리 할 일이 없어도 그렇지."

하지만 내가 만난 장례지도사들은 이런 말을 했다.

"이 일은 누구나 들어올 수 있어도, 아무나 할 순 없어요."

아무나 할 수 없는 일이라. 취재를 업으로 삼다 보면 죽는 일에
관해 듣게 된다. 사람의 삶이라는 게 사는 일과 죽는 일로 나뉘어
있으니 당연한 일인지도 모른다. 한국에 이주해 온 고려인을 취재

한 적이 있었다. 그들의 조부모는 스탈린 집권 시기, 연해주에서 중앙아시아로 강제 이주를 당했다. 고려인들이 풀 한 포기조차 생경한 낯선 땅에 도착했을 때, 그들이 할 수 있는 건 악착같이 사는 일과 죽는 일뿐이었다. 목숨을 잃은 이가 너무 많았다. 소련 당국의 공식적인 기록은 없지만, 사망자 수가 수천 명에 달했을 것이라 추정한다. 시베리아를 가로지르는 열차에서 시체를 선로 밖으로 던져야 했다는, 조상 대대로 한 맺힌 이야기를 들으며 나는 역사의 한 귀퉁이에 놓인 비극을 비껴가 장례에 대해 생각했다.

오늘은 네가 죽지만 내일은 내가 죽을지도 모르는 상황에서 기차 밖 낯선 길에 고인을 두고 온 것을 슬퍼한다. 당장 입에 넣을 것조차 없어 정주민들에게 도움을 청하며 살아야 했던 황무지에서도 관을 만든다. 사람이 죽어나는 땅에서 쉬지 않고 관을 짰다는 이야기가 구전으로 전해온다. 그때 필요한 것은 의사와 장의사였다고 하는데, 의사는 찾을 길이 없었고 장의사는 하겠다고 나서는 이들이 있었다. 죽은 사람을 살릴 순 없지만 그냥 보낼 수도 없었다. 그런 일에 앞장서는 사람들이 있다. 뭐라도 심어보겠다고 모래땅을 파는 사람들 옆에서 관이 묻힐 땅을 파는 사람들. 관을 짜고 묘지를 만드는 동안 논밭에 나갈 장정 손 하나가 줄어드는데도 그것이 용인됐다. 의사는 아무나 될 수 없어서 없다지만, 죽음을 다루는 마음이라고 해서 '아무나' 가질 수 있는 건 아니다. 마을이 있어야 장례가 있고, 마음이 있어야 장례가 치러진다.

하지만 이 장례지도사들에겐 또 다른 이름이 있었다. 취재하다 보니, 사람들은 장례인을 '장례업자'라 불렀다. '업자'는 아무래도 가치중립적인 표현은 아니다. '남의 불행으로 돈을 버는 사람'이라고 쓰고, 돈이라는 글자에 밑줄이라도 치는 뉘앙스였다. 그러나 내가 만난 어느 장례지도사는 "이 일은 직업이 아니에요, 업이에요"라고 했다. 업자와 업. 국어사전에 적힌 뜻과 무관하게 내포된 뉘앙스를 읽어 내리며, 현실이 어디쯤 있는지 짚어야 했다. 실습생 신분으로 염습실에 갔을 때, 장례지도사는 하얀 가운을 입고 쭈뼛거리며 들어오는 우리를 보며 "고생스러운 곳에 왔네요"라고 했다. 환영 인사가 꽤나 현실적이었다.

애틋하다가 무심하다가

장례지도사 자격을 취득하기 위해 교육원에 다닐 때, 처음 본 영화가 바로 〈굿바이〉였다. 주인공을 맡은 배우 모토키 마사히로는 배역을 위해 일본납관협회 교육원에서 6개월간 수련했다고 한다. 영화에 등장하는 입관 장면은 대부분 집을 배경으로 하는데, 납관사(장의사)는 가족들이 지켜보는 가운데 염습을 한다. 습은 시신의 몸을 닦고 수의를 입히는 일, 염은 고인을 천으로 감싸고 염포로 묶는 일을 가리킨다. 이 둘을 합쳐 염습이라 한다.

주인공과 그의 사수는 고인의 알몸을 타인에게 보이지 않으려 얇은 이불을 덮어놓은 채, 오직 손의 감각에 의존해 옷을 벗기고 몸을 닦는다. 나 또한 교육원에서 수시포(고인의 몸을 가리는 하얀 천)를 덮은 채 고인의 몸을 닦으라고 배웠다. 고인의 알몸을 보지도, 보이게 하지도 말라고. 그것이 존엄이라 했다. 그러나 실습용 마네킹 알몸부터 숱하게 보았다. 수시포를 덮고 작업을 하면 시간이 배로 걸렸다. 답답하기 짝이 없었다. 장례식장 현장에서는 수시포 같은 건 찾아볼 수 없다는 이야기를 익히 들었다. 영화는 영화이고, 현실은 현실이다.

하지만 체념하기엔 현실에서도 영화 같은 장면이 눈에 들어왔다. 고인을 홀딱 벗겨놓고 염을 하는 염습실에서, 마지막 가는 길에 입술이 너무 메말랐다며 자신이 쓰던 립밤을 성큼 꺼내 고인의 입에 바르는 이가 있었다. 사별자들이 지켜보던 것도 아니었다. 내 앞에 누운 이의 입가가 까슬한 것이 마음에 걸릴 뿐이었다. 자신이 직접 만든 습신(버선)을 생판 모르는 고인에게 내어주는 이도 보았다. 염습실에서, 장례식장에서, 장지에서 예상치 못한 모습을 보았다. 염습실에서 장례인들은 따뜻했다가, 미적지근했다가, 애틋했다가, 무심했다. 애초에 죽음도, 그에 따른 의례도 하나의 목소리로 말할 수 있는 것이 아니었다.

죽으면 어디로 가나요?

책에 담긴 장례인들의 목소리도 하나로 모이지 않는다. 저마다 떠올리는 '올바른' 장례의 모습이 다 달랐다. 어떤 방식과 절차가 고인에 대한 예로 더 적절한지를 논하다 보면 논쟁이라도 일어날 지경이었다. 반면, 본인은 어떤 죽음을 맞이하고 싶은지를 물으면, 모두가 한 번씩 입가에 힘을 주었다. 대답하기 전에 살짝 힘주어 닫아 문 입술이 그가 망설이고 있음을 알게 했다. 확고한 생각을 듣긴 어려웠다.《제 장례식에 놀러 오실래요?》의 저자인 로버트 풀검은 목사였던 시절을 되짚으며 "다른 사람의 죽음을 뒷바라지하는 것과 나 자신의 죽음을 생각하는 것은 전혀 별개의 일"[2]이라고 말해, 취재가 한창이던 나를 허망하게 했다.

내가 만난 이들도 대화의 화두를 죽음보다는 장례식으로 삼길 원했고, 죽음에 관해 물으면 본인의 죽음보다 타인을 떠나보낸 기억부터 더듬었다. 그건 아마도, 죽음이 숫자 0과 같아서일지 모른다. 피타고라스 정리를 탄생시켰을 정도로 수학에 밝았던 고대 그리스인들이지만, 그들이 생각하는 숫자에는 영(0)이라는 개념이 없었다. 사물을 세기 위해 숫자를 만든 사람들에게 셀 수 없고 셀 필요조차 없는 존재인 '무'를 의미하는 숫자는 생경하기만 했다. 존재하는 물질의 세계에서 '무'의 개념은 상상하기 어렵다. 모두가 살아 존재하는 세계에서 존재의 '없음' 상태를 떠올리기는 어렵다. 그것은 오직 사별 경험으로만 인지된다. 그러니 생애 첫 죽음을 접한 어린이들은 이런 질문을 한다.

"죽으면 어디로 가죠? 죽을 때 아파요? 세상 모든 건 다 죽나요?"[3]

세 번째 질문의 답을, 우리는 안다. 그러니 죽고 싶지 않아 하고, (모두 죽는다는 걸 아니까) '잘' 죽고 싶어 한다. 두 번째 질문은 막상 죽음이 다가오면 아픔 외에도 걱정해야 할 일이 많다는 걸 알게 된 순간 다른 질문으로 바뀐다. 첫 번째 질문은 사람마다 그 답이 다 다를 것이다. 그것이 무엇이건 죽은 이가 '어디로' 간다고 생각하는 일은 우리에게 위안을 준다. "잘 가시오"라고 인사를 하게 한다. 이별한다. 타인의 이별을 가장 많이 지켜본 이에게 묻는다. 숱한 이별을 돕고 함께했는데, 당신에게 이별은 무엇인가요?

한 여성 장례지도사(고정순)는 질문을 듣자마자 개구쟁이처럼 웃기를 멈췄다.

"참으로 내 마음대로 되는 게 아니잖아요."

그도 입가에 잠시 힘을 주었다.

"장례지도학과 교수님들 면담을 하는데, 죽음에 관해 묻는 거예요. 아무 생각 없이 그냥 눈물부터 나왔어요. 왜 그랬는지 모르겠는데 눈물이 나왔어. 한참 울은 거 같아. 그랬더니 교수님들이

따로 말씀 없이 '알겠다, 네 마음. 알겠다' 이러기만 하는 거예요."

"왜 눈물이 났을까요?"

그가 되레 내게 물었다. 내가 떠나면 우리 가족은 어쩌지? 이 생각부터 들었다고 했다. 그러더니 그와 그의 가족이 지금의 모습을 갖추기 위해 흘린 땀과 눈물에 관해 이야기한다. 그의 손이 이리저리 쓸리고 베여가며 쌓아 올린 모래성에 관해 듣는다. 하지만 죽음은 힘도 들이지 않고 가벼이 모래를 쓸어갈 것이다. 간절하게 붙잡고 싶지만 붙잡을 수 없음을 안다. 인간이 어찌할 수 없는 생사의 끈을 그는 지루할 만큼 봐왔다. 붙잡고 싶다. 이뤄질 수 없는 소망임을 안다. 그러니 눈물이 난다.

죽음에 대해 물었는데 살아온 이야기를 한다. 그것을 듣는다. 결국 사는 일 가운데서 죽는 일을 들을 수밖에 없다. 그들이 타인의 사별을 지켜보며 하는 노동에서 자신과의 이별을 준비하는 이야기를 듣는다.

2
반함

───────────────

염습 과정에서 고인의 입안에
쌀이나 엽전, 구슬 등을 넣는 절차.
물에 불린 쌀을 망인의 입안에 세 번 떠 넣는데,
첫술을 넣을 때는 "백 석이오",
다음 술에 "천 석이오", 마지막 술에 "만 석이오"를 외친다.
황천 가는 길에 배곯지 말라는 염원을 담아 하는 행위이다.

▶ ▶ ▶ ▶ ▶ ▶ ▶ ▶ ▶ ▶ ▶ ▶ ▶ ▶ ▶ ▶

시신 검안   빈소 마련
사망진단서 발급   부고 알림
     문상객 맞이

이거 괜찮은 직업이다
: 시신 복원 명장 장례지도사 김영래

"어릴 때 아버지가 염하는 걸 봤거든요. 옛날에는 마을에 나이 든 어르신들이 염을 했어요. 동네에서 어르신, 어르신 하고 대우를 해줬어요. 아버지가 또 묏자리도 봐주고. 장례식장에 취직했으니, 염하는 걸 한번 보고 싶다. 우리 아버지 할 때랑 얼마나 다르나. 그런데 그게 보이는 게 아니라 사람들이 노잣돈 놓는 게 보이더라고요. 처음엔 그랬어요. 그러다가 차츰차츰 염을 저렇게 하지 말고 이렇게 했으면, 그러면 지켜보는 유족들 마음이 좀 덜 아플 텐데…. 이런 마음이 서서히 들어서. 염하던 사람한테 가르쳐달라고 했죠."

김영래 장례지도사. 그가 운영하는 의전업체 사무실에 들어서기 무섭게 이야기가 시작됐다. 꽤 언변이 좋은 사람이다. 사무실 저편에서 우리 이야기를 반쯤 걸쳐 듣던 그의 아내 고정순이 한마디 거든다.

"30년이니, 얼마나 할 이야기가 많겠어요."

30대 초반에 시작한 일이 올해로 33년째라고 했다.

"이 일 시작할 때는 장례지도사라는 명칭도 없었어요. 우리보고 염사라고 그랬어요. 장례식장에 근무하면 그냥 '어이, 김 과장' 이렇게 불렸어요."

병원 장례식장을 운영하던 지인에게 운구차 운전해줄 사람이 없다는 이야기를 듣고 그는 김 과장이 됐다.

"'운전 좀 해줘라' 해서 '월급 많이 주냐?' 이러고 갔어요. 그랬더니 월급 액수는 말을 안 하고 자길 한번 따라와보래. 그래서 운구차가 장지에 가는 걸 봤어요. 조그마한 버스였는데, 커브 길만 나오면 차를 세우는 거예요. 그러면 상주들이 차에서 내려서 절을 하고 돈봉투를 차 앞에 놓는 거예요. 저승 가는 길에 여비를 넣어야 한다는 거죠."

저승길 여비는 고인이 아닌 장례식장 주머니에 들어갈 텐데. 이걸 '팁'이라고 이해해야 하나. 내가 의문 가득한 얼굴이 되어가는 걸 그도 눈치챘는지, 이 말을 덧붙였다.

"그런 시절이 있었어요".

그가 말하는 그 시절엔 마을에서 운구차 대신 상여가 나가곤 했다.

"상여가 나가잖아요. 상여 줄에 빨래집게를 죽 달아놔요. 상여가 가면서 한 번 설 때마다 사람들이 절하고 그 선두에서 선소리(상엿소리)하는 분들이 봉투를 자꾸 걸게끔 하죠."

상여가 장지로 떠나는 길에서 길목마다 상여를 세우고 노제상*을 차려 미처 문상을 가지 못한 마을 사람들이 조문할 수 있도록 했다는 이야기를 들은 바 있다. 현실은 저런 모습이었겠구나 싶다.

내 기억 속 관혼상례를 뒤적인다. 아주 어릴 적, 사람들이 아파트에 사는 게 정답이 아니던 시절, 늦은 밤 골목에서 "찹쌀떡 사세요"가 아닌 "함 사세요" 소리가 들리는 날이 있었다. "함 사세요!"

---

* 매장지로 가기 전에 길거리에서 지내는 제사상.

소리가 우렁찼다. 이어 함을 가지고 들어와라, 못 들어간다, 실랑이가 벌어졌다. 요즘이라면 민원이 속출했을 소란이었다. 혼인을 앞둔 신랑 집에서 신부네로 예물을 담은 함을 가지고 오는 것이었다. 빨간 천으로 감싼 함을 어깨에 멘 신랑 친구(함진아비)는 몇 걸음 가지도 않고 힘들다고 연거푸 멈춰 섰고, 그럴 때마다 함진아비와 친구들 앞에 술상이 차려지고 흰 봉투가 쓱 건네졌다. 이게 무슨 일인가 싶어도, 골목으로 나와 구경하는 동네 사람들 표정이 유쾌했기에 '놀이'쯤으로 기억되던 그것이다.

"그런 건가요? 함 들어오는 날 같은?"

빨랫줄에 노잣돈을 거는 사람들의 행동이 이해되지 않아 저편으로 밀려난 기억까지 끄집어낸다. "함 사세요" 소리를 들은 건 그때뿐이었다. 함 들어오는 날은 차츰 사라졌다. 상엿길 문화는 상여에서 운구차로 바뀌었다. 그런데도 사람들은 한동안 네 발 달린 버스 안에 빨랫줄을 걸어두었다고 했다.

"당시 장례식장 직원 월급이 15만 원이었어요."

당시라는 건 1990년대 초. 그때 버스 기사 월급이 80만 원이라 했다. 장례식장에서 일하기 전 김영래는 버스 운전을 했기에 기억이 확실하다. 남들 한 달 살 돈의 반의반 토막을 월급이라고 주었다. 나머지는 다른 데에서 메꾸라는 이야기였다. 그게 노잣돈이다. 운구차 기사, 염사(라 불리던 장례지도사), 장례도우미(라 불리던 의전관리사) 등 장례식장에서 일하는 모두에게 해당하는 이야기였다. 사장이 줘야 할 월급이 고인의 노잣돈에서 나오고 있었다. 이렇게만 보면 임금 착복인데, 흰 상여에 매달아놓은 새끼줄을 생각하면 풍습이라 불러야 하나.

"그러다가 수도권에서 서서히 장례식장 직원 봉급이 올라가면서부터 바뀌었죠. 요즘은 상조회사가 아예 직원들에게 따로 돈을 못 받게 해요. 저 같은 경우도 후배들이나 직원들에게 수고비를 요구하지 말라고 해요. 그래도 재차 권하면 받되, 부담스러우면 부의함에 다시 네 이름 써서 넣어, 그렇게도 말해요."

제대로 된 월급을 주지 않고 그걸 노잣돈으로 메우려던 문화가 장례식장 직원의 기본급 사정이 나아지면서 점차 사라지고 있다는 이야기였다.

이거 괜찮은 직업이다

아, 그런데 돈 이야기 많이 하지 말랬는데…. 취재 때 만난 다른 장례인은 "우리 돈 밝히고 그런 사람이라 쓰진 마세요"라며 농을 섞어 말했다(농이 맞을 거다). 천만 관객을 모은 한 영화에서 장례지도사가 관에서 돈 되는 걸 가져가는 사람으로 나와 언짢은 참이라 했다. 수의 비싸게 팔아먹는 사람, 유골함 속여 파는 사람이라는 세간의 시선만으로도 충분하다고 했다. 사실 나는 그 영화를 상영관에서 두 번이나 보았다. 평소 천만 관객 영화를 거의 보지 않는 나에겐 이례적인 일이었다. 영화를 볼 때마다 같이 간 일행에게 여기가 내가 취재하는 곳이라고, 저기 나도 가본 곳이라고 귓속말을 했다. 그저 안치실이고 화장장이었으나 왠지 모르게 뿌듯했다. 자신이 문짝 하나 끼워 넣은 차이지만 도로에서 그 차종을 발견하면 본인이 만든 차라고 알려주고 싶은 직업인의 심정이랄까. 밖에다 말했다가는 네가 자동차 기업 회장이냐, 설계 기술가진 엔지니어냐 하는 핀잔을 들을 게 뻔해 가족에게밖에 말할 곳이 없는 그런 직업인. 직업이라는 게 그렇다. 뿌듯하고 자랑스럽고, 그리고 수치스럽고 때로 억울하다.

"후배들에게 그래요. 돈 보고 무조건 덤벼들지 말라고. 그러다 보면 회의감이 들 때가 온다고. 돈 보고 오면 어차피 오래 못 해요."

돈 버는 일이라고 생각하고 덤벼들기엔 이 일은 만만치 않다. 그야 사람의 죽음을 대하는 일이니. 그렇지만 김영래는 가장 어려운 건 가까운 이의 죽음을 겪은 사람을 대하는 일이라고 했다.

"그냥 직업이다 생각하고 유족을 대하다 보면, 트라우마가 생겨요. 연세 많은 분이 돌아가시면 가족들도 웃어요. 서로 농담도 하고. 그러면 우리도 마음이 좀 편하죠. 젊은 사람이거나 갑자기 돌아가셨다, 그런 경우에는 장례식장에 있는 3일 동안 진짜 가시방석이죠. 말 한마디가 조심스럽죠. 조그마한 실수라도 하면 크게 문제가 되니까요. 이거 진짜 감정 노동이거든요. 차라리 산에 올라가서 묘 파고 이런 건 하나도 안 힘들어요. 그건 감정이 안 힘들어요."

함께 일하는 의전관리사(장례도우미)들에게도 당부한단다. 귀걸이 같은 장신구 하지 말고, 화장 진하게 하지 말고, 너무 밝게 웃지 말고, 우울하게도 있지 말고⋯ 당부가 길어진다. 사별자*의 심기를 건드는 어떤 일도 없어야 한다. 슬픔, 불안, 죄책감, 분노, 무력감, 적대심, 해방감, 안도, 외로움⋯ 이 모든 감정이 사별자가 보일 수 있는 심리 반응이라 했다. 장례지도사들은 유리로 된 다

---

* 흔히 고인을 떠나보내고 남은 이를 '유족'이라 부른다. 그러나 유족이라는 말이 혈연 가족 구성원을 가리키는 의미로 한정되기에, 이 책에서는 사별자라는 표현을 병행해 쓰고자 한다.

리를 건너는 심정으로 장지까지 간다.

"행여 실수해도, 그 실수를 어떻게 슬기롭게 넘기느냐에 따라 이 사람이 장례지도사로 길게 갈 수 있냐, 중도에 포기하게 되냐가 결정되는 거 같아요. 재치나 순발력으로 넘어갈 수 있는 문제가 아니거든요. 이해하려는 마음이 달린 일이니까. 슬기롭게 문제를 넘어가면 다음번에 비슷한 상황이 닥쳤을 때 유연하게 대처할 수 있지만, 그렇게 하지 못하면 겁을 먹게 되는 거죠. 상주가 두려워져요. 그러면 이 생활 접어야지. 방법이 없어요."

이 일을 모르는 사람들은 죽은 이의 몸을 다루는 두려움에 대해 크게 생각하지만, 언제나 그렇듯 죽은 사람보다 산 사람이 무섭다. 염습은 죽은 이의 몸을 다루기 때문에 어려운 일이 아니라, 그 몸을 볼 이가 고인과 절친한 이이기에 어렵다.

"예전에는 유족들이 고인의 몸을 닦는 과정부터 다 지켜봤어요. 요즘은 우리가 옷 입혀놓으면 가족들이 입관식에 와서 30분만 얼굴을 보고 가요. 옛날에는 참관실에서 처음부터 지켜보다가 수의 입힐 때 유족이 머리를 잡아주고 그랬거든요."

고인을 누인 상태로 수의를 입혀야 하기에 고인의 몸을 사람이 좌우로 틀어줘야 한다. 그때 고인의 머리가 함부로 움직이지 않게 잡아주는 손이 필요하다. 기술 없이도 할 수 있는 일이라, 가족이나 가까운 이에게 맡겼다.

"지금은 그게 없어졌어요."

사별자들이 염습에 참관하지 않는다는 이야기다. 가까운 이의 사후 모습을 보는 것은 힘든 일이다. 피부는 누렇게 뜨고 턱 근육이 힘을 잃어 입이 벌어진다. 귀와 코에서는 진물이 나오고, 그러니까 내가 알던 그 사람이 아니다. '대통령의 염장이'라 불리는 유재철 장례지도사는 저서에서 이런 말을 했다. "사람들은 시신을 무서워한다. 죽은 사람을 붙잡고 흔들며 껴안는 사람들은 겁이 없어서가 아니다. 죽었다고 느끼지 않기 때문이다." 죽음이 주는 두려움을 이겨낸 것이 아니라 "안타까움과 슬픔이 너무 큰 나머지 죽음을 실감하지 못하는" 상태라고 했다.[1] 그러니 시체가 아닌, 단정하게 옷이 입혀지고 곱게 화장된 상태에서 '내가 알던 그'로 고인을 만나고 싶다. 점차 입관식만 참관하는 문화가 굳어져간다.

그런데 이 30분짜리 이별 의식은 사별자들의 선택인 것만은 아니다. 장례지도사 입장에서도 염습 과정에 참관하는 이가 없는 편이 부담이 적다. 보는 눈이 있으면 평소보다 더 천천히 세심하게 신경 써서 염습을 해야 한다. '툭툭'도, '후다닥'도 안 된다. 정식 매뉴얼대로 해야 한다. 평소에 매뉴얼을 엄격히 지켰든 지키지 않았든 간에 고인을 알던 사람들 앞에서는 더 조심하게 마련이다. 지켜보고 있으니까. 그러니 장례지도사들도 사별자들이 염습 과정에 참관하는 걸 권하지 않는다. 애초에 입관식에만 참여하는 게 당연하다는 듯 안내를 하기도 한다. 결국 '산 사람'이 무서운 것이다. 양측 다 편의에 따른 선택을 하고, 그 선택 사이에서 편안할 수 없는 건 죽은 사람이다. 낯선 사람들 앞에서 고인 혼자다. 혼이라는 게 정말로 있다면, 그는 지금 얼마나 외롭고 무서울까. 이따금 염습실에서 내가 하던 생각이다.

유재철은 안치실에서 무서운 건 시신이 아니라 "장례지도사 혼자 있을 때 아무도 자기를 보지 않는다고 생각하는 것"[2]이라 했다. 고인을 대하는 마음에 조심스러움이 사라지면 그보다 무서운 일이 없다는 말. 그래도 '돈이 제일 무섭지' 하며 사는 사람들이 있다. 무엇이 무서운지, 그 선택은 자신이 하는 거다.

"여기는 돈 벌려고 들어오면 결국 다 나가게 되어 있어요."

김영래 지도사가 말을 얹는다. 선택은 자기 몫이지만, 그렇게 해서는 이 일을 오래 할 순 없단다. 염습 과정에 사별자들이 함께 하길 권하는 건, 그 앞에서 못 보여줄 것도, 꺼릴 것도 없다는 이야기다. 부끄러운 게 없을 때 오래 일할 수 있다.

"사람이 돈 벌 욕심이 왜 없겠어요. 그렇지만 정도껏 부려야 하는 거죠. 우리 장인 어르신이 그런 이야기를 많이 했어요. 당신 앞에 주어진 만큼만 살아. 욕심부리지 말고 살아야 해. 반면에 우리 아버지는 욕심이 많았거든요. 재산도 많이 모았어요. 우리 아버지가 벌어놓은 재산을 내가 다 까먹었어요."

그는 사고 치는 자식이었다. 예순이 넘은 지금도 몸이 딴딴하다. 그 딴딴한 몸으로 젊은 시절 주먹도 제법 쓰고 다녔다. 아버지의 재산은 '깽값' 무는 데 쓰였다.

"한번은 내가 재판까지 갔어요. 우리 아버지가 나 구치소 있는 동안 한 번을 안 왔어요. 그런데 방청석에 있더라고. 판결이 떨어지는데, 순간 서로 딱 눈이 마주친 거야. 우리 아버지가 울고 계시더라고. 그걸 보는데 내가 진짜 나쁜 놈이었구나. 정신 차리자. 그 후로 운전 일을 했어요. 시내버스도 몰고, 펌프카도 몰고. 그러다가 장례식장에 온 거예요. 막상 장례 일을 하니 옛날에 주먹질하고 돌아다닐 때하고 차원이 달라요. 사람들이 나를 대하는 게. 옛날에는 나를 보면 슬슬 피해 다녔거든요. 그런데 마을 장례는 다 여기 병원으로 오잖아요. 내가 자기 부모를 정성스럽게 대하는 걸 본 거죠. 나에게 홀딱 반해서 막 안아주고, 고맙다 이러니까. 아, 이거 괜찮은 직업이다. 평생 직업이 될 거라곤 상상도 안 했는데, 쭉 이어져온 거예요."

대충 하면 내가 마음이 안 편해요

"하루에 열 집 넘게 염을 해. 그때는 장례식장을 갖춘 병원이 여기 하나밖에 없었어요. 아침 여섯 시부터 시작해서 밤 아홉 시까지 계속하는 거야. 나중에 장례식장이 하나둘 생기면서 일이 줄긴 했어도 하루에 보통 다섯 분 정도 모셨어요."

하지만 염습실에 들어서는 일이 쉽진 않았다.

"사수가 허 사부님인데, 연세가 많은 노인이었어요. 처음엔 기술 가르쳐주면 자기 자리가 위태로워질까 싶어 안 가르쳐줬어요. 내가 많이 따라다니면서 술도 사드리고 이러면서 배웠죠."

하루는 사수가 멀리 출타를 해 그가 혼자 염을 해야 했다. 그런데 지의를 딱 한 벌만 접어놓고 갔더란다. 지의란 죽은 이가 수의를 입기 전에 그 안에 속옷처럼 입는 종이 옷을 말한다. 한지를 접어 만드는데, 접는 방법도 입히는 방법도 정해져 있어 초보자는 보고도 모른다. 사부는 자신이 없는 새 그가 여분의 지의를 이용해 접는 법을 터득할까봐 그런 것이었다.

"고인 한 명 더 들어왔으면 어떻게 할 뻔했냐고 내가 나중에 한소리 했죠."

그런데 그 사수에 그 제자라고, 그날 김영래는 기어코 접힌 부분을 조심스럽게 펴고 펴서 지의 접는 법을 익혔다. 김영래에게 이 일은 지금까지도 너무나 '기술'이다. 그리고 장례에서 기술은 요상하게도 마음과 이어진다.

"제 손에 염을 받고 싶어 하는 가족들이 많았어요. 손을 한번 잡더라도 따뜻하게 감싸고, 시신을 품에 안아서 옮기니까. 조금 더 세심하다 보면 되더라고요."

왜 그렇게 정성을 들였냐고 물으니 그냥 그렇게 해드리고 싶었다고 한다. 누군가는 돈을 더 벌기 위해서라고 생각할지 몰라도, 그건 마음 없이는 안 되는 일이다. 염습에서 입관까지 보통 1시간 반 정도 걸린다. 대여섯 번만 염습을 해도 하루가 간다. 종일 사람을 들고 옮겼다는 이야기이다. 습에서 입관까지 한걸음에 마치면 땀이 뻘뻘 난다. 열 몇 시간을 정성 다하는 일이 쉬울 리 없다.

"대충 하면 내가 마음이 안 편해요."

대충 하지 않는 일은 염습 앞에 한 단계 더 있다. 고인이 안치실에 들어가기 전, 아직 굳지 않은 몸을 묶어 팔다리를 가지런히 펴는 일이다. 수시(收屍)라 한다. 이때 '수(거둘 수收)'는 여문 곡식을 거둬들일 때 쓰는 한자다. 볏짚을 차곡차곡 가지런히 쌓듯 시신의 몸을 정돈한다. 수시 작업이 제대로 되지 않으면, 다음 날 입관 때 팔이나 다리가 휘어져 있는 고인을 마주하게 된다.

사람 몸은 곧지 않다. 팔도, 다리도, 허리도 일자로 펴져 있는 게 당연하다고 여겨왔는데, 그 생각은 염습실에 머물며 바뀌었다. 나이 든 몸은 굽고 휘었다. 팔이 안쪽으로 꺾여 펴지지 않거나 무릎이 세워진 상태로 안치실에 왔다. 온 하루를 병상에서 보낸 몸들이다. 병원이나 요양원 병실에서 생의 마지막을 보내는 일이 늘어나면서 가지런한 몸을 보기 어려워졌다. 굳어버린 고인의 몸을 편다. 누르기도 당기기도 하며. 그러다 두두둑 뼈가 으그러지는 소리가 들리면 죽은 이라 할지라도 그에게 큰 잘못을 한 것처럼 느껴진다.

"뼈 부러질까봐 몸을 펴주질 못하는 사람들도 있어요. 안 부러져요. 절대로. 안 부러지게 만지면 돼요. 관절 꺾이는 곳을 살살 문질러주면서 눌러주면 펴져요. 힘준다고 되는 게 아니에요."

누가 가르쳐줘서 배운 기술이 아니다. "하나하나 몸을 만지면서 알게 됐어요." 그의 모든 기술은 독학에 가깝다. 30년 넘게 다양한 몸을 봐왔다.

"하루는 90도로 허리가 구부러진 할아버지가 돌아가신 거예요. 몸이 기억 자니까 들것으로는 안 돼요. 눕히면 다리가 하늘에 들려. 그렇게 모실 순 없으니까. 제가 안고 왔어요. 안아서 구급차 조수석에 앉히고 안전띠 매고. 그리고 장례식장에 왔어요."

기역 자 몸을 살살 밀어 종국에는 허리를 펴서 일자 관에 넣었다.

"관에 고인이 안 들어갔으면, 그걸 보는 유족들 마음이 어땠겠어요?"

마지막 모습이다.

"요즘은 임종도 잘 못 지켜요. 요양병원에 들어가면 일단 자주 못 보잖아요. '위독하세요' 이래서 가면 이미 돌아가셨어. 영안실로 가야 해. 나도 어머니 임종을 못 지켰어요. 그러니까 진짜 마지막으로 보는 건 입관실에서 이뤄지잖아요. 우리 일은 고인을 위한 것도 있지만, 유가족의 마음을 편하게 해주는 역할이 중요하죠."

떠나는 이의 마지막 모습을 기억할 사람들을 생각한다. 그러니 최대한 잠든 것처럼 보이게 하려고 한다.

"보통 고인들이 많이들 찡그린 채 돌아가세요. 그 상태를 가족들이 보면 좀 그렇잖아요. 얼굴을 펴 드리죠. 고인을 주무시는 것처럼 만들어요. 그게 우리가 하는 일이거든."

그래서일까. 김영래는 남겨진 사람들이 제대로 슬퍼하지 않으면, 어쩐지 섭섭하단다.

"유족한테 마지막 얼굴을 보여줄 땐 마음 아파하죠. 그런데 입관실 나가면 그것도 싹 잊어버려. 엉엉 울다가 입관실 나가고 나면 바로 저쪽으로 담배 피우러 가고, 전화통 붙들고 있고.”

자신만 괜히 마음을 쓴 느낌일까. 그는 말했다.

“나는 중국산을 안동포라고 속여 팔진 않아요. 그런 짓은 하고 싶지 않단 말이에요. 그래도 형편이 되면 국산 수의 좋은 거 쓰라고 해요.”

별안간 나온 수의 이야기는 그렇다 쳐도, 고급 수의가 무의미하다고 생각해왔건만. 그래도 잠자코 듣는다.

“빈소 제단 꽃장식은 150(만 원)짜리도 하고, 200(만 원)짜리도 해요. (사람들은 대개) 더 비싼 걸 하려고 해, 눈에 보이는 건. 그런데 수의는 안 그래요. 어차피 태울 건데 하면서. 점점 고인이 아닌, 유족 중심의 장례가 되고 있어요.”

가족을 위로하는 게 장례지도사의 역할이라고 말하지만, 정작 고인이 아닌 그 가족이 주인공인 장례가 그에겐 위태롭게 보이나 보다.

“손님 왔다고 입관식도 안 보겠다는 가족도 있어요. 아버지가 죽고 어머니가 죽었는데, 3일만이라도 좀 제대로 슬퍼했으면 좋겠어요.”

그가 이른 아침 빈소에 들어서면 상주들은 아직 잠들어 있을 때도 있다. 그는 영정 앞 향로부터 살핀다고 했다. 향불이 꺼져 있다. “많이 서운하시겠네, 하고 향 하나 피워 올려요.” 그에 따르면 이승과 저승을 연결하는 것이 향불이다. 향 연기를 타고 조상이 내려온다고 했다. 그러나 나는 그런 말을 진심으로 듣지 않는 세대이고, 빈소를 지키는 이들도 대부분 그러할 테다. 그래서인지 김영래도 그들에게 ‘향을 꼭 피워두어야 한다’ 같은 잔소리는 하지 않는다. 그저 자신이 먼저 가서 향을 피운다. 지금 가장 슬픈 건 그들이고, 어쨌거나 자신은 서비스업 종사자니까. 대신 짧은 고별식 자리를 만든다고 했다.

"대통령만 영결식을 하라는 법은 없잖아요. 다른 분들에게도 이별할 시간을 줘야지. 발인하기 전에 20분이라도 영결식을 해요. 슬픈 음악도 틀고. 보면 알아요. 누가 부모 속을 제일 많이 썩였겠구나. 당신은 내가 나갈 때 한번 울려줘야겠다. 그 마음이 뭘까요? 자기도 부모 속을 많이 썩였다는 걸 알 거잖아요. 그렇게 울고 나면 좀 마음이 후련하지 않을까요?"

장례 3일 동안 김영래는 아들 넷을 키우는 부모가 되었다가, 임종 못 지킨 자식이 되었다가, 남의 집안을 엿보는 동네 사람이 되었다가, 장례지도사의 본업으로 돌아가길 반복한다. 아무래도 빈소는 하나의 마음만으로 있긴 어려운 곳이다.

울지 않는 사별자를 괘씸하게 여기는 데는 죽음이 무서운 걸 아는 마음이 있다. 죽음은 그렇게 간단히 잊힐만한 것이 아니다. 김영래는 원래 무서운 것을 모르는 차돌 같은 사람이었다. 그러니 장례 일도 무서울 것 없이 시작했다. 이전에 했던 일에 비하면 장례 일은 담력을 필요로 하는 축에도 끼지 못했다. 아주 젊던 시절, 그는 물귀신에게 잡혀간 사람을 건져내는 일을 했다. 해양 구조대가 생기기 전에는 익사한 시신을 찾는 일을 마을에서 수영 좀 한다는 청년들이 맡았다.

"우리를 머구리*라 불렀어요. 돈을 많이 받았어요."

시신을 찾는 게 급선무이니 돈은 달라고 하는 대로 주었다.

"물속에서 건져 올리면 시신 몸에 올갱이(다슬기) 같은 게 새까

* '잠수하다'라는 뜻의 일본어 '모구루(もぐる)'에서 왔다.

많게 붙어 있어요. 그래도 무섭지가 않았어요.”

무섭기는커녕, 그게 돈이구나 했다.

“그땐 죽음 무서운 걸 몰랐어요.”

그가 무서운 줄 몰랐던 건 죽음 그 자체라기보다는, 남겨진 이들의 심정이었다. 살고 죽는 일이 무섭지가 않았다. 죽음이 누군가를 잃는 일이라는 감각이 없어서였다. 너무 철없을 때 일이라 지금은 잘 생각하려 하지 않는다고 그는 말했다. 그래도 안치실에 누운 주검과 그때 자신이 건져 올린 사람이 겹쳐 보일 때가 있다.

“이 일 시작하면서 무서워졌죠.”

자신이 나고 자란 동네에서 장례업을 하다 보니 아는 얼굴이 온다.

“내가 이쪽으로 들어선 게 좀 후회될 때가 있고 겁나기도 해요. 친구들이 죽어서 오면, 내가 이걸 왜 했지 싶고. 힘든 게 며칠은 가니까.”

아마 그가 인생의 끝을 두려워하게 된 것은 관계가 만들어졌기 때문일 거다. 가족이 생기고, 동료가 생기고, 친구라 부를 이들이 생겼다.

“한번은 초등학생이 자전거를 타고 가다가 사고가 났다고 연락을 받아서 구급차를 끌고 갔어요. 그런데 방향이 내 동생네 쪽인 거예요. 우리 애가 거기를 간다고 했거든요. 자전거 타고 사촌 동생 만난다고. 그런데 자전거가 똑같아. 멀리서 보니까 옷도 비슷한 것 같고. 한번 거기에 꽂히니까 다 똑같아 보이는 거예요. 미처 장갑 낄 새도 없이 학생 가방을 열어 확인했어요. 명찰이 있나 하고. 다른 학교였어요. 그러고 난 후에 우리 애들은 자전거 못 타요. 다 없애버렸어.”

그 아들은 훌쩍 커서 부모와 같은 길을 걷겠다며 장례지도사가 됐다. 장례업이 만들어준 관계의 자장 속에서 그는 매일같이 타인의 죽음을 본다. 감히 내가 어찌할 수 없는 일. 내 의지와 무관하게 들어와 싹둑 무언가를 잘라내듯 가져가는 것이 죽음이었다. 그러니 그 앞에서 한없이 존재의 작음을 느낄 수밖에.

아주 오래전, 사람들은 돌 위에 북두칠성 모양을 새겨 시신을 올렸다고 한다. 내 손을 떠난 이의 평온을 별에 빈다. 하늘 가장 높은 곳에서 빛나는 별인 북두칠성이 그를 무사히 인도하길 바란다. 그 마음이 지금껏 전해 내려와 장례용품인 칠성판*에 남아 있다. 돌판에 새겼던 일곱 개의 별은 자취를 감췄지만 그래도 여전히 칠성판이라 부르는 납작한 널에 고인의 몸을 누인다. 한지를 접어 만든 끈(지매)으로 고인과 칠성판을 한데 묶는다. 그렇게 몸을 반듯하게 해, 수시, 거둔다.

시간은 걸려도 다 하죠

제법 세월이 흘러 입관을 수백 번은 해봤다고 자신할 즈음, 김영래에게 다리 한쪽 없는 주검이 왔다. 다리를 만들어줘야겠다는 생각이 들었다. 선배 사수들은 잘려나간 팔이나 다리를 따로 삼베에 싸서 관에 넣었다고 했다.

"저도 몇 번은 그랬어요. 그런데 마음이 아파. 밤에 자려고 자리에 들었는데 계속 맴돌아. 사고로 돌아가시는 분들은 정말 험악

---

*   염습한 시신을 눕히기 위해 관 바닥에 까는 얇은 널판. 북두칠성을 본떠 일곱 개의 구멍이 뚫려 있다.

해요. 어떻게든 만져서 복원해보고 싶은데. 그때까지만 해도 사람 몸을 만지는 건 의사들만 하는 건 줄 알았어요. 방법이 없을까. 그래서 내가 몰래 했어요. 떨어진 팔다리를 다시 붙여주는 걸."

마침 그가 일하던 장례식장이 있던 병원이 부도가 나서 문을 닫았다. 병원이 버리고 간 바늘과 수술용 실이 있었다.

"그걸로 연습을 했어요. 그러면서 차차 기술을 익힌 거죠."

떨어진 다리는 바느질로 붙이고, 사라진 다리는 골조나 대나무로 뼈대를 만들고 그 위에 인조 피부를 씌워 만든다. 가르쳐주는 이가 없었기에 처음에는 주먹구구식으로 하나하나 재료를 구하고 만들어 연습했다. 죽은 이의 피부는 더 단단해 시중에 나온 인조 피부만으로는 연습할 수 없다고 했다. 직접 제작한 가짜 피부에 수없이 의료용 바늘을 꽂았다.

"그렇게 복원 작업을 한 지가 20년쯤 됐어요."

내가 김영래를 처음 만난 건 시신 복원 수업에서였다. 나는 학생이었고, 그는 강사로 왔다. 나는 그 수업을 꽤나 기다렸다. 그는 수업을 시작하기 전, 지금부터 보게 될 이미지가 잔인하니 비위가 약한 사람은 교실을 떠나도 좋다고 했다. 추락, 압착, 화재, 익사 등 각종 사고를 당해 훼손된 시신이 연이어 화면에 떴다. 몸 어딘가가 터지고 꺾이고 사라진 모습이었다. 사라진 부위가 팔다리일 때도 있지만, 안구나 골수인 경우도 있었다. 그는 그 부위들을 어떻게 복원했는지 하나하나 설명했다.

"두개골을 맞춘 다음에 그 안에 탈지면을 채워놔요. 그래야 얼굴이 납작했던 게 봉긋이 위로 올라와 형태가 좀 살아납니다. 지금 머리에 씌어 있는 건 스터키넷(관상 붕대)인데, 병원에 가면 환자들이 뇌 수술하고 머리에 저걸 쓰고 있죠. 압박용이에요. 이걸로 고정시켜 하루 정도 두면 형태가 잡혀요."

그가 사례로 든 인물은 한국에 온 베트남 노동자였다. 작업 중 사고가 나서 두개골이 깨졌다. 고국에서 그의 시신을 인도받으러 가족이 온다고 했다. 몇 년 만에 보는 아들을 형태 없는 얼굴로 만나게 할 순 없었다. 회사는 어느 정도 책임을 무마하려고 김영래에게 복원을 의뢰한 것이겠지만, 멀리서 고인을 보러 올 가족을 생각하면 그 또한 조바심이 났다.

"상태가 심각하지만, 내가 하는 일이 그건데. 시간은 걸려도 다 하죠. 원 상태로 만들고, 메이크업까지 해서 가족들과 마지막 이별을 하게 해드렸어요."

한번은 시신이 험악해 복원 작업을 여섯 시간에 걸쳐 진행한 적이 있다. 사정 모르는 고인의 지인이 그에게 소리를 질렀다. 무슨 입관을 여섯 시간이나 하냐고. 무얼 속이려 하냐고 했다.

"나중에 전후 사정을 듣고 저에게 찾아와서 고맙다고 하더라고요."

열차 사고였다. 장례식장마다 수의를 못 입힌다고 거절당한 시신이었다. 몇 다리를 거쳐 그에게 왔다. 그는 그때도 "내가 하는 일이 그건데" 하며 들어갔다. 다만 다음 날 예정된 여행을 취소했다.

"진짜 몇십 년 만에 가기로 한 여행이었어요. 우리는 진짜 큰마음을 먹지 않으면 단 며칠도 떠나지 못하거든요. 초상났다는 연락이 언제 올지 몰라서."

여행은 못 갔어도, 수의는 입혀 떠나보냈다.

마지막 모습은 다를 거라

"장마철에 소방관이 긴급 출동을 나갔다가 물살에 휩쓸려가 열흘 넘게 찾지 못한 사건이 있었어요."

시신은 당연하게도 부패가 상당히 진행되어 있었다. 이럴 때 시신을 물로 씻으려고 하면 피부가 다 쓸려나간다. 탈지면으로 온몸을 감싸고 기다려야 한다. 대규모 작업이라 장례지도사 서너 명이 동원됐다. 문제는 얼굴. 다른 곳은 한지로 감쌀 수라도 있지, 얼굴은 입관 때 가족에게 보여야 했다. 사라진 눈을 만들고, 부서진 코를 세우고, 눈썹마저 한 올 한 올 새로 그렸다. 피부색을 돌리는 일은 시신 메이크업을 담당하고 있는, 그의 아내이자 동료인 고정순이 담당했다.

"복원이 끝나고 입관실에 아버지가 왔는데 아들 모습을 보고, 엄마도 와서 봐도 될 걸 그랬다 그러시는 거예요. 마지막 인사를 가족이 다 같이 해도 되겠다고."

김영래는 입관을 마친 후 현충원까지 따라갔다.

"순직자 국가장이어서 저도 국가로부터 지원금을 받았어요. 나라에서 주는 거니까 당당하게 받을 수 있었죠."

국가가 준 수고비를 받았다는 건 그에게 좀 남다른 의미였다. 처음 고인의 몸에 칼을 댈 때는 영 자신이 없었다. 봉합은 의료진만 할 수 있는 거 아닌가. 알려주는 이가 없어 걱정만 늘었다. 몇 차례나 보건복지부에 문의하고, 몇 년을 기다린 끝에 복원 행위가 의료법을 위반하지 않는다는 짤막한 답변을 들었다. 그 기술로 국가로부터 녹을 받은 것이었다. 자신의 기술과 행위가 정당하다는 걸 이보다 더 명백히 증명해주는 일이 없었다.

그가 가진 기술 중에 직접 손으로 익히지 않은 것은 없다. 우물 안 개구리가 되지 말자는 아내의 말에 따라 서울에 있는 대학 장례학과를 찾아갔다. 시신 복원 기술로 장례 명장 칭호를 얻기도 했다. 그런 자부심의 바짓가랑이를 잡는 것은 단지 법 규정의 애매모호함이 아니었을 테다. 잠든 듯 모셔주어 고맙다는 인사를 받지만, 동시에 염이 왜 이리 오래 걸리냐고 큰소리를 듣는 것이 그의 직업이다.

여전히 은근슬쩍 노잣돈을 요구하는 사람도 있고, 누구도 보지 않는 염습실에서 허투루 수의를 입히는 사람도 있다. 그럼에도 나는 이들의 일을 대단하게 여긴다. 장례 일로 벌이할 것도 아닌데, 내가 시신 복원 수업을 기다렸던 까닭은 믿고 싶어서였다. 마지막 모습이 달라질 수 있다는 것을.

2014년 4월, 바다에 빠진 이들이 오랫동안 뭍으로 돌아오지 못했다. 마침내 가족의 품으로 돌아왔을 때는 예전 같은 모습을 기대하기 어려웠다. 수학여행을 간다고 손을 흔들며 멀어지던 그 얼굴이 아니었다. 마지막으로 딸의 모습을 본 아버지는 인터뷰에서 얼굴 이야기를 반복했다. 잊히지 않은 것이다.

시신 복원 명장인 김영래를 만났을 때, 사라진 귀를 만들고 사라진 피부를 덧대는 이야기를 유심히 들었다. 신체 부위 명칭을 하나하나 읊으며 이 역시 복원할 수 있을지 묻고 싶었다. 지나버린 일이라 소용이 없음을 알면서도 묻고 싶었다. 누군가는 마지막을 달리 기억할 수 있다는 믿음이 필요했다. 2024년 12월, 김영래와 동료 장례지도사들은 무안국제공항으로 갔다. 누군가의 마지막이 그렇게 달라졌다.

어떤 장례를?

"요즘 들어 친구들이 하나둘 가요."

김영래는 자신의 아버지가 세상을 떠난 나이를 더듬어본다. 지금 자신의 나이와 크게 차이가 나지 않는다.

"나도 죽으면 금방은 슬퍼하겠지만, 시간이 지나면 다들 다시 웃고 일상을 살아가겠지요."

그가 만난 상주들도 그러했으니까. 그게 산 사람의 일이라는 걸 알면서도 왠지 서글퍼진다. "늙으니까 마음이 약해지나봐요." 그에게 자신의 장례가 어떠하길 바라냐고 물었다. '간소하게'라는 답이 돌아왔다. 전통 상장례 절차부터 상차림까지 격식에 관한 이야기를 한참 열거한 그이기에 나는 조금 갸웃했지만, 떠나는 이가 간소한 장례를 원하는 이유는 빤하다. 남겨진 가족에게 부담을 주고 싶지 않아서. 결국 관계이다.

그가 생각난 듯 말했다.

"나 죽고 난 후에, 슬퍼하다가 다시 일상으로 돌아가고 그러느니, 생전에 나랑 같이 모여서 노래도 틀고, 술도 한 잔씩 하면서 그렇게 인사하고 갔으면 좋겠네요."

그걸 생전장례식이라고 한다고 일러줄까 하다가 그만둔다. 이름이 뭐가 중요할까. 물속에서 시신을 건져 올려 용돈벌이를 하던 십대 소년이 수십 년이 지나 수마에 목숨을 잃은 순직 소방관의 몸을 거두어 영면하게 하는 예순의 노인이 되었다. 그 세월을 들었다.

시간이 가는 일은, 어쩐지 나쁜 일이 아니라고. 살아 있는 일은 귀한 거라고. 어쨌건 살아만 있다면, 무엇이든 일어난다고. 그런 생각을 했다.

이름을 넣어주려고 해요

: 20년 경력 여성 장례지도사 이안나

　입관실에 들어가니 이안나 장례지도사가 명정을 쓰고 있다. 명정은 고인의 이름표 같은 것이다. 칠성판에 빨간 천을 올리고 위아래를 집게로 고정해 판판하게 만든다. 붓을 든다. 지켜보는 내가 다 긴장한다. 붓끝에 먹물이 맺혀 있다. 한 획이라도 잘못 그으면, 아니 먹 한 방울이라도 떨어지면 빨간 명정 천을 새로 꺼내야 한다. 내 걱정과 무관하게 그는 쓱 그리듯 붓을 놀린다. 그야, 스무 해 넘게 쓴 명정이다.

　"요즘은 붓으로 쓰는 곳도 별로 없어요."

　다들 프린터로 글자를 뽑는다. 세월이 달라졌다.

　빨간 천에 고인의 생전 성씨, 관직, 품계 등을 새긴다(새길 명銘). 깃대에 달아 상여 행렬에 앞서 세우고(기 정旌), 장지에 도착해서는 관 위에 덮고 함께 묻는다. 명정은 이름표 기능을 하기에 오래된 무덤을 파묘할 때면 종종 일하는 사람들의 볼멘소리를 들을 수 있다. "명정이라도 있으면 좋았을 것을." 묻을 때야 내 가족임을 한 치도 의심할 필요가 없지만, 몇십 년 후에는 조각난 유골만 남는다.

　그런데 이름표라 하기에는 이상한 점이 한두 개가 아니다. 우선, 이름표라면서 이름이 없다. 명정에 들어가야 하는 내용은 정

해져 있다. 맨 앞에는 생전 벼슬을 적는다(관작官作). 벼슬을 하지
못한 사람은 학생(學生)이라 적는데, 평생 공부하여 수련한 사람이
라는 의미로 높여 이르는 명칭인 듯하다. 벼슬자리가 사라진 요즘
은 대부분 학생이라 쓴다. 관직을 가질 수 없던 여자의 경우, 유인
(孺人)이나 부인(夫人)이라 적는다. 유인은 관직에 있는 남편을 둔
부인이라는 의미로, 남편이 곧 여자의 직위였던 시절이라 부인이
라는 말과 구분되어 쓰였다. 그 시절 이야기이지만 지금도 그렇게
쓴다.

　그다음에 나와야 할 것은 가문. 전주 이씨, 파평 윤씨 등의 성
씨를 쓴다. 마지막은 관을 뜻하는 지구(之柩)*다. 그러니까 고인이
여성일 경우, '부인파평윤씨지구' 이런 식으로 쓴다. 남자는 관직
이라도 표시되지, 내가 죽으면 '부인'이다. 비혼 여성인 나는 지금
도 그때도 누구의 부인이 아닐 거다. 이름을 적어주면 안 되나요?
묻고 싶을 때가 있었다. 하지만 인터뷰하겠다고 온 처지에, 그것
도 전통이라는 명분 앞에서 별말 못 하고 있었는데 지금 내 눈앞
에서 여덟 글자가 아닌 열 글자 명정이 쓰이고 있다. 한자 사이에
'길순(가명)'이라는 한글 두 글자가 도드라진다. 돌아가신 분의 성
함이다.

　"저는 이름을 넣어주려고 해요."

　이안나의 말이 반갑다. 이런 반가움을 주는 사람이라 그를 만나
고 싶었다.

---

　*　소유격 조사 '의'를 뜻하는 之와 시체를 넣는 '관'을 뜻하는 柩가 합쳐진
말이다.

어느 학자가 와도

이안나는 장례에 관한 생각을 전할 때면 이 말을 앞세웠다.

"다른 분들하고 생각이 다를 수도 있어요."

그건 말하기 조심스럽다기보다는 그래도 말하겠다는 뜻으로 비쳤다. 그는 전통이라는 이름에 연연하지 않았다. 그가 보기에는 과하고 불필요한 절차들이 '전통'이라는 이름을 앞세워 '고급 상품'으로 변모해 판매되고 있었다. 그중 하나가 대렴이라고 했다.

냉장 시설이 없던 그 시절엔 시취를 막기 위해 이불과 옷으로 몇 겹씩 시신을 감쌌다. 이를 대렴이라 부른다. 장례 기간이 5개월 남짓이던 조선 국왕의 주검은 아흔 벌 옷으로 감쌌다고 한다. 삼년상을 치르던 때는 시신의 몸을 닦고 수의를 입히는 절차인 소렴을 한 다음 날 대렴을 했다. 오늘날에는 소렴을 마치고 바로 이어 대렴을 한다. 이불이나 옷으로 감쌌던 방식도 달라졌다. 21가닥 매**와 고깔을 사용하여 시신을 감싸는데, 그 고깔과 매듭 모양이 점차 화려해져서 '궁중·왕실 대렴'이라는 이름이 붙은 상품도 등장했다.

"대렴은 당신이 생전 입었던 옷을 그 자리에서 넣어 관이 흔들리지 않게끔 고이고이 챙겨드린다는 의미이지, 그렇게 끝까지 고인을 꽁꽁 묶으라는 의미가 아니거든요. 대렴을 할 때 21매를 묶는 분에게 '왜 묶어야 합니까?' 하면 답 못 하시는 분도 계실 거예요. 요즘은 예전처럼 매장을 안 하잖아요. 관 이고 산 오를 일이

** 삼베 이십 자 한 필을 일곱 폭으로 자른 뒤에, 한 폭마다 세 가닥으로 나누면 모두 21개 가닥이 된다. 이를 업계에서는 흔히 '매'라고 부른다.

없잖아요. 화장 비율이 90퍼센트에 달하는 지금, 꼭 묶음을 그렇게 할 필요는 없다. 저는 어느 학자가 와도 이렇게 이야기할 거예요. 오픈형으로 하자. 좀 편하게 가자. 중요한 건 고인이 편안한 거다."

고깔 모양을 내어 고인을 삼베나 천으로 감싼 대렴은 화려하지만, 주검이 누에고치처럼 꽁꽁 묶여 있는 모습이라 갑갑해 보이기도 했다. 수의의 매듭조차 잡아당기면 단번에 풀리게 매야 한다고 들었다. 저승에 가서 쉬이 풀 수 있도록. 그런데 대렴의 저 많은 매듭은 언제 다 풀까.

"그렇게 묶는 건 전통도 아니고, 설사 전통을 따른다 해도 현실에 맞게 변화해야 한다고 봐요."

그런데 이안나는 이런 추세가 상조회사가 주도한 것만은 아니라고 했다. 장례지도사는 서비스직으로 분류되지만, 염습실 안에선 기술직이기도 하다. 그래서 장례지도사가 되고자 하는 사람은 수의 입히는 법을 익히는 데 수십 시간을 쓴다. 기능직이기에 자연히 갖게 되는 기술에 대한 자부심. 그런데 이안나는 그 자부심을 경계한다.

"이 일은 자기만족이 굉장히 강한 일이기도 해요. 그렇지만 우리가 뭘 잘한다 하는 모습을 보여주는 게 중요한 게 아니라, 유족들이 위로받고 영가(천주교에서 고인을 부르는 말)가 잘 갈 수 있도록 인도하는 게 우리의 몫인 거 같아요."

기술도, 심미도, 격식도 애도 뒤에 와야 한다.

"수의도. 미국이든 일본이든 다 자기 양복이랑 드레스 입고 하잖아요. 수의를 팔면 30만 원, 50만 원 벌이가 있겠지만, 저는 그냥 당신이 아끼던 옷을 입혀드리고 더 편안하게 마지막을 맞이하게 하는 게 맞다고 보거든요."

얼마 전 수의 제작하는 이를 만나 삼베옷의 매력에 홀딱 빠진 것도 잊고, 나는 그의 말에 고개를 끄덕인다. 가까운 이는 고운 삼베 수의를 입혀 보내드려도 나는 평소 즐겨 입던 옷을 입고 떠나고 싶다. 그게 솔직한 심정이다.

"내가 아끼는 옷이 가장 좋은 수의죠."

이번에도 고개를 크게 끄덕인다. 모든 사람이 관에 같은 모습으로 들어갈 필요는 없다. 같은 옷을 입고 갈 필요도 없다. 사실은 이런 말을 해줄 장례지도사를 기다렸다. 예비 사별자로서 전통이나 형식과 거리를 둔 사람을 만나고 싶었다.

물론 장례 명장이라 불리는 이들이 알려주는 장법은 흥미로웠다. 고리타분할 거라는 내 지레짐작이 외려 고리타분했다. 제사상에 올리는 밤, 대추, 곶감에 담긴 저마다의 의미와 상징에 관해 들으며, 기나긴 시간을 거쳐 살아남은 이야기가 전통이란 이름을 달고 오늘의 나에게 전해지는 과정에 애정이 생겼다. 그렇지만 대추가 아무리 왕이 될 재목의 자손을 상징할지라도, 자식도 없고 설사 있다 해도 왕이 되기를 바라지 않는 나와는 무관한 열매였다.

상주로서 전통 제례를 중시하는 장례지도사와 만날 일이 아찔하기도 했다. 우리 집은 더는 자손이 없으니 제사상에 밤이랑 대추 같은 것은 없어도 된다고 내가 말할 수 있을까. 대신에 제단에 생전 고인이 좋아했던 아이스크림이나 생맥주를 올려놓고 싶다 하면 장례지도사는 어떤 얼굴로 나를 볼까. 난감하거나 못마땅한 얼굴, 그 사이 어디쯤이 아닐까. 그래서 전통이라 불리는 틀에서 어느 정도 벗어난 장례인을 만나고 싶었다.

그러고 보면 제례에서 가장 전통에 '어긋'난 것은 여자 호상(그리고 여자 상주)이겠다. 이안나는 안동에서 제를 지내려다가 저지당하기도 했다. "여자가 어디 제사상에 서냐는 거예요." 안 그래도 남자들의 세계에서 어떻게 버텨왔는지 묻고 싶었다. 그가 헤쳐간 길을 보면 장례라는 의례에서 여성인 내 자리가 어디인지도 짚을 수 있지 않을까. 이런저런 세월을 거치고도 순응하지도, 지치지도 않고, "다른 분들하고 생각이 좀 달라요"라고 말하는 사람에게 예비 사별자로서 조언을 구하고 싶은 심정이었다. 조금은 숨통 트일만한 이야기를 해주지 않을까 하는 기대가 있었다.

여자 염사는 없냐?

"아주 예전에, 물에 빠져 익사한 여학생에게 수의를 입히는 과정을 봤어요. 남자 둘이 하고 있길래, 여자 지도사는 없나 궁금했어요. 굳이 수의를 입히고 있더라고요. 고등학생이라 교복을 입혀도 예쁠 것 같은데. 아니면 사복 중에 제일 좋아했던 옷. 그 나이 때는 아끼는 옷이 있잖아요."

삼베 수의 옷을 입고 떠나는 학생의 모습이 떠오른다. 시신일지라도 나이가 나이인지라 얼굴이 뽀얄 텐데. 누리끼리한 삼베는 그런 밝은 얼굴에 어울리지 않는다. 퍼스널컬러를 따지자는 게 아니다. 어울리지 않는 옷과 화장은 때로 이질감 때문에 죽음의 생경함을 도드라지게 한다. 보는 이에게 상처를 입힌다. 입관실에서 고인을 잠이 든 것처럼 보이게 하려고 애쓰는 건 남겨진 사람들의 부침을 생각해서다.

"물귀신에 홀린 듯이 그렇게 물에 들어갔대요."

그런 죽음이 있다. 젊어 죽는 일. 내가 염습실에서 가장 보고 싶지 않은 시신은 젊은 여성의 시신이다. 보는 것만으로 상처가 될 것 같다. 안치대에 올려진 젊음이 사람은 천천히 죽어간다는 믿음을 뒤흔들기 때문만은 아니었다. 헐벗은 여성의 시신을 보고 싶지 않은 마음도 있었다. 아무리 숨이 붙어 있지 않을지라도 사람이니까. 벗은 몸이 훼손되거나 농락당하는 모습을 보고 싶지 않은 마음에 가까웠다.

"우리는 영혼이 다 지켜보고 있다는 생각으로 염을 해요. 귀가 제일 늦게 닫힌다고 하잖아요. 아무리 죽었더라도 제대로 가리지도 않고 남자 지도사가 위에서 쳐다보면 너무 부끄러울 것 같아."

장의사나 시체 닦는 알바를 하는 청년이 젊은 여성 시신에 나쁜 짓을 하려다가 귀신에게 혼쭐이 난다는 내용의 괴담이 인터넷 게시판에 떠돈다. 실제로는 그런 일이 없다고 해도, 일어날 법하다고 믿어지니 이야기가 회자되는 것일 테다. 젊었을 적 이안나는 지인들에게 이렇게 말했단다. 내 몸을 염하는 남자에게 '이쁘네, 잘빠졌네' 이런 소리를 들을 바에야 그냥 '퐁당'을 하는 게 낫다고. 퐁당이란 염습을 하지 않고 죽은 상태 그대로 화장하는 장법을 이르는 은어다. 정식 명칭은 직장(直葬)이지만, 비닐이나 천에 퐁당 싸서 태운다고 하여 '퐁당(또는 풍덩)'이라 부른다. 이안나가 이 일을 본격적으로 시작한 것도 그런 마음에서였다.

"여자 염사는 없냐? 묻고 다녔어요. 우리 엄마를 내가 염하고 싶은 그 마음처럼, 여자분이 돌아가시면 같은 여자인 내가 염을 해야겠다."

여자 장례지도사가 극히 드물던 30년 전이다.

몸 닦고 기도하고, 그런 마음으로

여자 장례지도사를 찾기도 어렵고, 여자 장례지도사가 되기도 어려운 시절이었다. "여자가 무슨"이라는 말부터 들었다. 가릴 것 없이 누구나 만류했다. 염사도 권하는 직업이 아닌데, 여자 염사라니.

"나는 그때 갈망이 있었어요. 목마름이었죠. 성당에서 장례에 대해 배웠지만 그것만으로 안 될 거 같았어요."

성당 연령회 일을 도우며 장례 일을 배웠다. 연령회는 천주교 신도들이 선종할 시 가톨릭 제례에 맞춰 장례를 치르도록 돕는 봉사단체다.

"천주교 집안이에요. 모태신앙. 할아버지는 성당도 많이 건립하셨어요. 공소(평신도가 세운 성당)라 그러죠."

예순인 그의 나이에 비해 이름이 젊다 했더니, 세례명이란다. 안나, 성모 마리아의 어머니. 세례명을 이름 삼았다.

"거지도 우리 집에다가 밥을 맡길 정도로 할아버지 심성이 참 좋으셨어요. 그때는 시절이 안 좋으니까 사람이 죽으면 그냥 산에 가져다 묻기도 했는데, 할아버지가 보시고 시신을 모셔 와서 제일 깨끗한 옷으로 갈아입히고 예를 갖춰 보내드리는 일을 했어요. 할아버지가 한 봉사 이야기를 들으면서 컸어요. 그러면서 이 일은 좋은 일이구나, 그런 생각이 쌓였던 거죠."

그의 큰오빠도 할아버지를 따라 연령회 활동을 했다. 그때만 해도 이안나의 관심은 연령회가 아닌 다른 곳에 있었다.

"〈사운드 오브 뮤직〉에 나오는 마리아 수녀처럼 살고 싶었어요."

하지만 남편을 만났다. 영화에서 마리아 수녀도 조지 대령과 결혼했으니 결과적으로 마리아 수녀처럼 살게 된 걸까. 그 후로 아이 둘을 키우며 직장도 다니고, 꾸준히 성당도 나갔다.

"성당에서 레지오 마리애(평신도 신앙 공동체) 활동을 했는데, 모임 회장의 시어머니가 돌아가셨어요. 그 집에 가서 연령회가 염을 하는 걸 보는데, 다 60대, 70대, 연세가 지긋한 분들이 염을 하는 거예요. 좀 기운 있는 사람이 해야 된다는 생각이 들어서 그 옆에 가서 거들었어요. 뭐 하나 할 줄도 모르지만, 몸 닦고 기도하고. 그런 마음으로 하는 거니까."

이따금 하는 봉사가 아니라 업으로 삼고 싶었다. 그렇지만 누구 하나 장례지도사가 되는 법을 알려주지 않았다. 무작정 대학에 진학해 장례지도학과 수업을 들었다. 돈도 벌어야 하니 주말에는 장례도우미 일을 했다. 내가 이안나를 만날 수 있던 것도 그 덕분이었다. 인터뷰를 할 겸 하여 나이 지긋한 장례지도사(박재익)를 만났을 때, 그는 자신의 첫 제자를 만난 일화를 꺼냈다. 이야기는 이랬다.

"여자가 고인일 때는 여자 지도사가 몸을 닦고, 남자일 때는 남자가 닦았으면 좋겠다. 이런 생각을 가지고 1년 동안 여자 장례지도사를 찾을 생각에 현장 다닐 때마다 눈여겨봤어요. 그러다가 한 여성분이 눈에 들어온 거예요. 장례도우미라고, 지금은 의전관리사라고 표현이 바뀌었는데, 그 관리사 중 한 명이 고인이 (장지로) 나가는 발인이 있을 때마다 나와서 인사를 하더라고요. 그게 참 좋아 보였어요. 거기다가 의전하는 자세가 딱 잡혀 있는 거야. 무슨 군인 출신인가 싶을 정도로. 그래서 호기심이 생겼죠. 저 친구면 좀 같이할만하겠다."

이안나는 반가운 제안을 받게 된다. 그렇게 장례지도사 일을 시작했다.

아줌마는 나가 있으라

"나 때만 해도 여자 장례지도사에겐 사수 자리를 안 줬어요. 보조 역할만 시켰어요. 지금은 장례지도학과에 여자가 70~80퍼센트나 된다네요. 그렇게나 많대요. 깜짝 놀랐어요. 사수 역할을 할 수 있는 존경받을만한 여자 지도사들도 많이 배출되고 있으니, 나는 이제 뒤로 물러나도 될 것 같다 싶어요."

이안나는 격세지감을 느낀다.

"옛날에는 장례 상담하러 가면, 아줌마는 나가 있으라고 했어요. 그래서 내가 넥타이 매고 정복 입고 다녔어요."

얕보이고 싶지 않아 옷매무새에 힘을 줬다. 어려 보일까봐 머리를 단발로 잘랐다는 20대 여성 장례지도사의 일화[1]를 본 적 있다. 이제는 사람들의 시선도 달라져 장례지도사의 성별을 따지고 드는 일이 크게 줄었다. 장례업에 젊은 여성들의 유입이 크게 늘었다. 상조회사가 많아지면서 장례업 분위기가 달라진 까닭도 있지만, 장례의 성격이 가문의 의례에서 가족 행사로 이동하고 있는 것이 주요한 이유일 테다. 사람들은 장법을 잘 아는 호상을 필요로 하기보다 가족 행사를 매끄럽게 진행해줄 '플래너'를 원했다 (실제로 '웨딩 플래너'처럼 '엔딩 플래너'라는 명칭을 홍보에 사용하는 상조회사도 있다).

그래서일까. 시대 변화에 걸맞게 장례지도사 중에서도 자유로운 차림을 한 이들이 보인다. 20대 남성 장례지도사가 투블럭 컷을 하거나 한쪽에 귀걸이를 한 채 장례를 주관하는 모습을 보면 틀에 얽매이지 않는 모습이 반가우면서도, 넥타이를 매고 긴 머리를 잘라야 했던 예전의 여성들이 떠올랐다.

"나는 여자이길 포기하면서 이 일을 시작한 거거든요. 여자는 인정 안 해줬으니까."

"여자이길 포기했다는 게?"

포기라는 말이 지닌 강렬함에 끌려 순간 되물었지만, 모르는 이야기는 아니었다.

"리무진으로 시신을 운구하는 일도 했어요. 화장장에 가면 기사 대기실이 있어요. 화장하는 데 두어 시간 걸리니까. 대기실에는 다 남자고, 여자는 나 혼자밖에 없어. 안 편하죠. 그래도 기사 대기실에 굳이 갔던 이유가 있어요. 내가 가면 남자들이 씨팔, 씨팔 해요. '세상이 바뀌니까 여자가 남자 일을 위협하네'란 소리도 듣죠. 거기다 대고 '선생님, 지금 씨팔이라 했습니까?' 그러면, 여자가 뭐 하러 여길 오냐는 식으로 이야기를 하는 거예요. 그래서 내가 세상에 여자 할 일 남자 할 일 정해져 있는 거 아니라고 했어요. '여자건 남자건, 이 일 아무나 할 수 있습니까? 누구든 남자기만 하면, 이 일 할 수 있는 겁니까?' '선생님, 가장이지요? 저도 한 가정의 가장입니다. 일을 뺏는 게 아니라 함께할 동료라 여기며 같이 가야죠. 말조심하십시오.' 그랬죠."

내가 만난 장례인들 모두 이 일은 아무나 못 한다고 했다. '마음이 있어야' 한다고 했다. 그 마음에 여자, 남자가 따로 있을 리 없다. 이야기는 여기서 그치지 않는다.

"그리고 나서 구두 닦는 사람이 들어왔어요. 그 사람이 또 나한테 그래요. '유골함 팔러 왔어?'"

장례업계에서 유골함을 팔든, 납골 봉안당 자리를 팔든, 판매

상담은 여자 일로 치부된다.

"그런데 옆에서 아까 그 사람이, '상조회사 분인데, 어디서 그런 이야기를 하냐'고 나를 또 올려주는 거예요. 그런 일들이 있으니 남자들 사이에서 버티고 있는 거예요. 거기서 살아남아야 되니까. 내가 나가버리면 나 하나 나가는 게 아니고, 여자가 나가는 거니까."

여자 하나 나가는 게 아니다. 그 자리에 더는 여자가 못 들어온다. '이래서 여자 뽑으면 안 돼'라는 말이 남는다. 내가 실습을 나간 장례식장은 제법 이름이 알려진 기업이 인수한 곳이었는데, 기업 이미지가 있으니 여성 직원을 뽑으라는 지침이 내려온다고 했다. 그러나 현장 직원들이 이를 막고 있었다. 그들은 실습생들에게 말했다. "우리는 여자 뽑을 생각 없어요." 전에 여자 직원을 뽑았는데 도망갔다고 했다. 여자 실습생들은 도망간 이유를 알 것 같다고 했고, 남자 실습생들은 "그럼 안 되죠"라고 했다. 입장 차이가 있었다. 진짜 이유가 뭐건 우리는 '그럼 안 되죠'라고 하는 세상에 살고 있다.

"장례식장에서는 남자 쓰려고 하죠. 일 부리기 편하니까."

주 52시간 근무가 법제화되기 전까지 장례식장은 대부분 24시간 맞교대를 했다. 적요한 밤에 임종하는 경우가 많다. 그러니 장례식장은 밤에 더 들썩인다. 야밤 당직을 맡기기에 더 편한 성별이 있다. 출산, 육아, 가정에 상대적으로 덜 묶여 있는 남성을 사업주 입장에선 선호한다. 이안나가 택한 방법은 부리기 편한 사람이 되는 거였다.

이안나는 말한다. 딸들에게 자기는 '요리하는 엄마'가 아니었다고. 임종은 예고 없이 온다. 언제 자신을 찾는 연락이 올지 모른다. 장례지도사들은 손에서 핸드폰을 놓지 않는다. 그런 직업이다. 딸들에게 그는 이런 말을 했다. "나 참 자격 없는 엄마다. 너희 클 때 밥도 제대로 못 해주고." 다 커버린 딸들은 말했다. "엄마는 열심히 살았잖아요." 그거면 충분하다고 했다. 열심히 살았다. 이 시기를 버텼다고만 할 수 없다. 그는 제대로 하려 했다.

"화장장에서 예를 갖춰야 하는데, 몇몇 남자(운구차 기사)들은 주머니에 손 딱 넣고 '상주, 이리 와봐요' 이래. 그랬던 시절이에요. 그 사이에서 나는 '상주님, 이쪽으로 모시겠습니다' '이렇게 하겠습니다' 그러니까 완전 다른 거죠."

다른 이들보다 더 격식을 갖추려 했다.

"나는 동물원 원숭이였어요. 그럴수록 더 신경 써서. 나는 나 혼자가 아니다. 내가 잘하면 '여자가 이 일 해도 괜찮네' 하는 사람들이 생기는 거다. 지금도 이 자리는 남자들의 자리라는 인식이 팽배해요. 이렇게 말하는 사람들이 있죠. 여자 말고 남자(장례지도사) 보내라고. 그럼 반대로 사람들이 여자 장례지도사를 보내달라고 말하게끔 하자. 저는 역으로 운동을 하는 거죠. 고객이 원하면 결국 여자 장례지도사 자리가 마련되게 되어 있어요."

발인을 마치고 돌아오는 운구차 버스에서 그는 진심을 전한다.

"제가 고인을 제 어머니처럼 모신다고 했는데, 혹시라도 불편한 점은 없으셨는지 모르겠다. 여자 장례지도사로서 어머니를 모시게 되어 영광으로 생각한다. 이렇게 인사를 드려요."

박수받고 내려오는

이안나는 박수받고 내려오는 기분 좋은 장례를 맡고 싶다고 했다. 장례식장에서 박수라니. 어울리지 않는 단어의 조합이라, 나는 "유족들이 마지막에 박수를 쳐주시나요?"라는 이상한 질문을 하고 말았다.

"장례가 슬픔만 아니라 축제의 장이 되면, 당신을 잘 보내드렸다는 마음이 되면 절로 박수가 나오는 상황이 될 수 있다고 봐요."

이야기를 나눠보니, 그는 3일간의 장례식을 하나의 무대라 생각하는 듯했다.

"세상에서 사람을 지우는 장이 아니다, 그를 추억할 수 있는 장이 되었으면 좋겠다는 마음이에요. 기억하는 시간을 만들기 위해, 저는 장례라는 의식을 프로듀싱한다고 생각해요. 장례지도사는 프로듀서이기도 하고 보조출연자이기도 한 거죠. 이 무대의 주인공은 고인이고."

대본이 있고 대사가 있는 어떤 쇼를 연출한다는 말이 아니다.

"한 분 한 분의 죽음이 다르잖아요."

백 번 장례를 치러도 단 한 차례 똑같은 장례가 없다고 한다. 장례라는 그 시끌벅적한 의례가 그렇다. 사람마다 우는 모습이 같을 수 없듯이 장례도 저마다의 모습으로 치러진다.

"무대를 예쁘게 만드는 데 집중하는 게 아니라, 무대에 의미를 담아야죠. 그 의미를 찾아가는 게 장례지도사예요. 한 분 한 분의 죽음이 소중하고, 그 한 분에게 맞춤 서비스를 해드릴 수 있어야 한다고 생각해요. 그분에게 맞춰서 장례 진행을 도와야지요. 틀에 찍어내듯이 똑같이 염하고 똑같은 멘트로 입관을 하는 건 아니라고 보거든요."

백이면 백 다른 장례에도 기준은 있다.

"잘한다는 말보다 정성을 다하더라는 칭찬을 받고 싶어요."

그러고 나면 무대에서, 아니 장지에서 돌아와 운구차 계단을 내려올 때 오늘도 잘했다, 박수받을 만하다는 생각이 든다. 하지만 장례는 99점은 허락되지 않는 시험이다.

"1점짜리 실수도 용납되질 않아요. 사람들 마음에 깊이 각인되는 마지막 시간이잖아요."

얼음장을 걷는 것 같은 시간이다. 야박한 평을 받으면 일하는 사람으로서 서운하고 섭섭할 때도 있을 텐데.

"어떨 때는 마음을 다 했는데도 돈도 그만큼 안 되고, 고맙다는 말도 성에 차지 않을 때가 있어요. 그래도 서운하지 않은 게, 그분하고 인연을 잘 맺었잖아요. 내가 그분을 위해 기도 한번 했잖아요. 그 연으로 그 영가(영혼)가 나를 도울 거 아니에요? 그런 마음을 가지면 편안하거든요."

그가 의례의 형식에 치중하지 않는 건 인연을 믿기 때문이다. 공소를 세웠다는 그의 할아버지와 닮았다. 성직자 없이 신도들이 마음 모아 세운 성당. 시골의 작은 공소를 찾아가면 낮은 한옥 건축에 제단에는 십자가상만 걸려 있곤 했다. 소박하지만 사람들의 기원이 모이는 곳. 이안나가 추구하는 장례와 닮았다.

천생 장례지도사

마음을 평화롭게 가져도 몸은 그렇지 못 했나보다.

"몸은 다 상했죠. 자궁도 들어내버렸거든요. 애를 썼던 게 몸으로 다 왔어. 응급차에도 두어 번 실려 가고 그랬어요."

자신의 사업체를 차렸으나, 현실은 마음을 끌어내렸다. 건강을 잃었다. 회사 문을 닫고, 장례 일도 내려놓았다. 2년을 내리 쉬었다.

"살면서 제주도를 못 가봤어요. 오십이 넘어서야 친구하고 제주도를 가봤으니, 내 손한테 내 발한테 미안하다. 이제는 내가 너를 사랑해줄게. 그러면서 힘을 내서 놀러 다니고. 매니큐어도 칠해보고 했죠."

그전까지 매니큐어는 꿈도 못 꿨다. 장례 일을 하는 사람이 손에 색깔을 담을 순 없었다. 그는 다시 장례 일을 시작하고 나서는 손톱 색을 지우지 않는다. 예쁘게 색을 칠하고 일한다. 내가 너를 사랑해줄게, 라고 자기 자신에게 이야기했으니. 이 일을 하느라 젊을 때 젊게 지내지 못했다.

"하지만 후회한 적 없습니다. 좋은 일이에요."

슬럼프가 오고 사업체 문을 닫아도 이 일을 내려놓을 수가 없었다. "내 장례 치러주어야지 어디 갔냐"는 예비 고객(?)의 원성에 돌아왔다. 그이의 장례는 자신이 가장 잘 치러줄 수 있을 것 같았다.

"무탈하게 돌아가신 분의 장례를 모시고 나면 행복하다고 생각하거든요. 남의 죽음을 가까이에서 보면 어두울 거라 생각하잖아요. 아니요. 돌아가신 그분들로 인해 내 삶을 돌아보는 계기가 돼요. 내가 죽을 때도 행복하게 잘 죽을 수 있도록 늘 기회가 주어지는 것 같아요. 매번 다른 분들의 죽음을 돌아보면서, 나는 이렇게 떠나고 싶다고. 잘 죽고 싶은, 잘 살다 가고 싶은 마음이 쌓이는 것 같아요. 묵상하는 기회가 많아지죠. 그게 저를 행복하게 합니다. 저의 행복론이죠."

죽은 이도, 죽는 일도 무섭지 않다.

"차가운 시신이 제 몸에 닿을 때, 그 느낌이 참 시원하고 개운해요."

개운하다니. 누군가는 섬뜩함이라 부를 감촉이다. 이걸 뭐라 말해야 할까 했는데, 그가 대신 답을 구해준다. "천생 장례지도사."
자기는 친구들 사이에서 '천생 장례지도사'라고 불린다고. 정말 그
렇다.

3
성복

고인의 친족들이 정해진 상복으로 갈아입는 상례의 절차.
대렴을 마친 후에 상복으로 갈아입으며
이때부터 조문을 받을 수 있다.
상복은 고인과의 친소 관계에 따라 다섯 가지(오복)로 나뉘는데,
이때 상주가 입는 참최복은
죄인이 입는 옷이라 하여 가장 거친 삼베를 쓴다.

▶ ▶ ▶ ▶ ▶ ▶ ▶ ▶ ▶ ▶ ▶ ▶ ▶ ▶ ▶

시신 검안   빈소 마련   **소렴, 대렴**

사망진단서 발급   부고 알림   **입관**

                         문상객 맞이

누구든, 그게 당신이다
: 임종에서 빈소까지, 당신이 모르는 장례

　내가 장례지도사로 취업하기를 원하는 사람으로 보였을 때, "몇 살이에요?" 다음으로 많이 받은 질문은 이거였다. "상조예요, 장례식장이에요?" 상조회사에 들어갈 생각인지, 장례식장에 취업할 생각인지를 묻는 것이다. 자격증을 따려고 처음 교육원에 들어갔을 때만 해도 상조회사랑 장례식장이 뭐가 다른지도 모르고 어리바리 굴었다. 몇 주 지나니 뭘 좀 아는 것처럼 얼추 이렇게 말할 수 있게 됐다.

　"장례식장은 취업이 어렵다고 들었어요."

　이번 장은 얼마 전의 나처럼 장례식장과 상조업체*의 차이조차 모르는 이들을 위한 것이다. 꽤나 실용적인 내용이다. 당신이 남은 이로서 장례를 치를 때 더 빛을 발할 실용성이다. 내가 생각하기에 우리는 운이 좋다면 우아하게 죽을 수는 있을 것 같은데, 우아하게 장례를 치르기는 쉽지 않아 보인다. 스스로 죽음을 맞이하는 임종과 죽어가는 이의 곁을 지키는 임종은, 단어만 같지 전

---

*　상조 서비스를 제공하는 곳. 상조 서비스란 미래에 발생할 장례에 대비하기 위해 상조회사에 회원으로 가입한 사람이 매월 일정 금액을 납부하고, 상조회사는 장례 발생 시 약정된 물품 및 서비스를 제공하는 일을 말한다.

혀 다른 일이다. 장례는 움직이고 판단하고 선택하고 계산해야 하는 일의 연속이다. 나는 생각만으로도 그 일이 무서웠다. 판단 하나하나에 돈이 따라붙는데, 그 결과는 금전적 손해를 넘어 감정적 치달음으로 갈 것이 빤하기 때문이다. 내 돈 쓰고도 이토록 뭔지 모르겠고 슬픈 일이 또 있을까. 평생 겪지 않고 모른 채 지나치고 싶지만, 생명은 유한하기에 그럴 수도 없다. 그래서 하나하나 알아가기로 했다. 당신에게도 도움이 되길 바란다.

장례식장에 가기까지

가까운 이의 임종 직후, 당신은 장례식장이나 상조 서비스를 가입해둔 상조회사의 팀장에게 연락하게 될 것이다. 다들 그러니까. 팀장인 장례지도사는 임종한 장소의 주소를 묻고 운구할 차를 보내겠다고 한 뒤, 당신에게 과제를 내줄 것이다. 사망진단서를 발급받으라고.

사망진단서 없이는 장례를 시작할 수 없다. 예전에는 사망의 증거로 코에 솜을 올려 숨이 멈췄음을 확인하고, 고인이 생전 입던 옷을 들고 지붕 위로 올라가 그의 이름을 세 번 불러도 혼이 돌아오지 않으면 운명했다고 봤지만 지금은 가당치 않다. 생과 사를 결정하는 주도권이 의료진에게 있다. 의사에게서 사망진단을 받아야 한다. 고인이 병원에서 돌아가셨다면 병원 원무과로 가자. 담당의가 발급한 사망진단서를 원무과 직원이 교부해줄 것이다. 경황이 없어도 이것은 기억하자. 여러 장을 발급받아야 한다. 장례식장 빈소를 잡을 때도, 화장할 때도, 심지어 가족과 친척이 회사로부터 장례 휴가를 받으려고 해도 증명 서류가 필요하다(당신이 고인과 법적 가족 관계가 아니라면 현행법으로는 사망진단서를 발급받을 방법이 없다. 이에 대해서는 6부에서 이야기하겠다).

고인이 병원이 아닌 장소에서 세상을 떠났을 경우에는 사망진단서가 아니라 시체검안서를 떼어야 한다. 서류 내용은 흡사하지만, 그가 의료 시설에서 죽지 않았기에 검안의를 통해 '사망'을 증명하는 절차이다. 시체검안서는 법의학자나 검안의(시신의 상태를 검사하는 의사)가 발급하는데, 사망진단서와 같은 효력을 지닌다. 다만 발급 비용이 제법 된다. 검안의가 은퇴한 의사들의 '꿀 알바'라고 불리는 실정이다. 집에서 죽기 어렵게 만드는 세상이다.

사망진단서(또는 시체검안서)를 발급받았다고 안심해서는 안 된다. 주소지를 확인하자. 고인의 주민등록상 주소를 써야 한다. 돌아가신 장소를 쓰면 안 된다. 주소를 잘못 기재할 경우, 화장장 예약에 차질을 빚게 된다. 화장장이 설치된 지역의 관내 거주민 할인도 놓칠 수 있다. 당신은 장례를 치르는 동안 우리가 지자체와 국토부, 보건복지부의 영향력 아래 놓여 있다는 사실을 깨닫게 될 것이다. 죽음 앞에서 자신이 국가의 인구 기초 단위라는 걸 확인한다. 경찰 공권력을 만나게 되지 않은 것만으로 감사하게 여기자. 돌연사의 경우 고인을 부검해야 할 수도 있다.

이제 장례식장으로 가자. 장례식장(또는 상조회사) 직원이 고인을 모시러 왔을 거다. 놀란 마음으로 119구급차를 불러봤자 소용없다. 119는 산 사람만 싣고 간다. 예전에는 시신을 선점하기 위해 장례식장끼리 달리기 경쟁을 했다고도 한다. 교통사고가 났다는 소식에 응급차보다 장례식장 차가 더 먼저 출동했다. 옛이야기만은 아닌 것이, 2010년대 후반만 해도 장례식장이 119 상황실 무전을 감청해 사고 소식을 알아낸 일이 뉴스에 보도된 적이 있다. 지금은 장례식장끼리 순번을 정하여 그런 일까진 없다고 하니, 조금은 우아해졌다.

다시 사별자 입장으로 돌아와서, 그나저나 장례식장은 어디를 택해야 하는가. 장례식장 선택에 관해선 나도 아는 것이 없고, 있어도 입 밖에 낼 수 없지만 가까운 이가 임종을 앞두고 있다면 여기를 참고하자. 'e하늘장사정보시스템'.[1] 보건복지부에서 운영하는 사이트다. 국내 모든 장례식장의 위치, 규모, 장례 물품 비용 등의 정보가 나와 있다. 정부가 장례식 비용의 합리화를 위해(소위 '바가지'를 막기 위해) 가격 표기를 법제화한 이후, 장례식장은 물론 봉안 시설도 이용 가격을 고시해야 한다.

임종 직후 당신은 이 사이트를 한 번 더 찾게 된다. 화장 예약을 하기 위해서다. 이때 사망진단서를 지참해야 한다. 진단서 없는 화장은 없다. 누구인지도 모르는 사람을 태울 순 없으니까. 덧붙여 화장장 예약은 빠를수록 좋다. 화장률 90퍼센트인 사회에서 화장장 입성은 쉬운 일이 아니다. 수도권 내 화장장을 이용하고자 한다면 예약은 '오픈런'이 될 수 있다.

물론 이 과정을 장례식장 직원이 대리해주기도 한다. 지금 당신은 아마 장례식장 사무실이나 빈소 접객상 한쪽에서 상담을 진행하고 있을 거다. 본격적인 장례 상담이다.

빈소를 마련하고

당신은 장례지도사나 상담실장을 앞에 두고 조문객의 수를 예측해 빈소를 정한다. 장례 음식의 종류와 수량을 맞추고, 의전관리사의 수, 제단 꽃장식의 가격, 수의의 종류를 정하고, 상복은 몇

벌을 대여할 것이며, 관과 봉안함(유골함)은 무엇을 쓸 것이며, 입관 시 관에 생화를 넣을지 종이꽃만 넣을지도 선택해야 한다. 아직 반도 정하지 않았다. 고인을 운구하는 차량을 리무진으로 할 것인지, 버스로 할 것인지까지 가야 어느 정도 끝이 보인다. 상조회사의 경우, 선택의 편의를 위해 패키지도 있다. 280만 원 구성, 360만 원 구성, 430만 원 구성….

이쯤에서 상조회사와 장례식장의 차이를 설명하고 가자. 어느 날부터 광고에서 자꾸 "내 가족처럼 모시겠다"라고 해서 무얼 하는 곳인가 했는데, 상조회사였다. 당신이 (선불식) 상조회사에 가입했다면, 월 몇만 원쯤 선납해왔을 테다. 그건 상조회사가 장례에 제공하게 될 장례지도사와 의전관리사, 운구 차량 기사 등의 인력 '서비스' 값이다.

상조회사를 손쉽게 이해하자면, 돈을 낼 때는 보험 납부 방식을 생각하면 된다. 장례 상품을 고르고, 그에 맞춰 계산된 금액을 매달 납부한다. 그렇다고 상조가 보험은 아니다. 100만 원을 선납입하고 1000만 원의 치료비를 보장받는 일 같은 것은 없다(실상 보험회사에서도 잘 없는 일이긴 하다). 상조회사에 납부한 돈은 장례 상품을 할부로 구매하는 일에 쓰인다. 금액이 모두 납부되지 않은 상태에서 가입 대상자가 사망하여도 납부 의무는 끝나지 않는다. 나머지 금액은 운구차가 장지로 떠나기 전에 정산해야 한다. 지금까지 설명한 건 선불식 상조회사 방식이다. 반대로, 후불식 상조회사도 있다. 사전 가입 없이 장례에 들어가는 비용을 장례 후에 결산한다는 차이가 있다.

그런데 당신이 상조 상품에 가입했다고 하더라도, 장례식장과는 별도로 대관 계약을 맺어야 한다. 대개의 상조회사는 장례식장을 가지고 있지 않으니까. 장례식을 하려면 사람만 있어서는 안 된다. 빈소가 있어야 한다. 장례식장은 빈소를 대관해주는 임대업이다. 장례식장은 물론 봉안당 한 칸, 묘지 한 평도 모두 지대를 빌려주는 임대업 개념이다. 그간 장례식장은 빈소를 빌려주는 조건으로 자신들의 직원(장례지도사, 의전관리사, 운구차 기사 등)을 제공해왔다. 그런데 상조회사가 등장한 것이다. 장례식장보다 꼼꼼한 서비스를 약속하고, 장례식장에선 제공하지 않는 장지 동행 서비스 등을 내세워 가입을 확대했다. 상조회사가 세를 넓히던 2000년대 초반, 장례식장과 상조회사의 갈등은 치열했다. 장례식장 입장에선 상조회사가 굴러온 돌이니 그럴 만도 하다.

"장례식장에 들어갈 생각이냐, 상조회사로 갈 생각이냐?" 장례지도사 교육 이수자가 받는 질문과 비슷한 고민을 예비 사별자들도 한다. 상조회사 가입을 해야 하나? 아니면 가입하지 말고 장례식장에 맡겨야 하나? 이 이야기는 길다. 5부에서 이어 하기로 한다. 여기서는 우선 빈소부터 마련해보자.

상담을 마치면, 곧이어 화장 일시에 맞춰 입관과 발인 일정이 나올 것이다. 이를 토대로 부고 문자를 발송한다. 부고 내용을 고심해 작성하고 단체 문자로 알리던 시절도 지났다. 웬만한 곳에선 부고 알림 프로그램이 준비되어 있다. 세상이 좋아졌다고 해야 할지, 아니면 돈이면 다 되는 세상이 되었다고 해야 할지 모르겠다.

그러는 사이 빈소에는 장례 물품이 들어온다. (가입했다면) 상조회사 로고가 달린 근조기가 빈소 앞에 세워질 것이다. 영좌(혼백이나 영정 사진을 모시는 자리)를 놓을 제단의 꽃장식이 들어오고, 각종 일회용품이 상마다 채워진다. 영정 사진도 마련해야 한다. 대부분의 장례식장은 내부에 영정 사진을 출력할 사진관이 있거나 외부 사진관과 연계되어 있으니 파일을 전송하기만 하면 된다. 이때 액자 종류를 선택해야 할지 모른다. 선택의 연속이라 이야기하지 않았나.

빈소를 관리하는 의전관리사 실장이 당신에게 상복을 건넬 것이다. 입는 법을 몰라도 된다. 그쪽에서 다 알려준다. 그래도 상복에 관한 이야기를 한번 해보자면, 전통 상례에서 상복은 장례 첫날 입는 옷이 아니었다. 대렴까지 마친 후에야 상복을 입는데, 보통 대렴이 3일째 이루어지니 상복은 나흘째에 입었다(이를 성복이라 한다). 성복 후에야 조문객을 맞이할 수 있었고, 이날로부터 길게는 3년 가까이 지나야 상복을 벗을 수 있었다. 물론 이는 조선 시대 양반에게만 해당하는 이야기다. 서민들의 삼년상은 나라에서도 권하지 않았다. 평민들은 길게는 100일 동안 상복을 입었다.[2]

전통적으로 상복을 입는 기간은 고인과의 관계에 따라 다섯 종류로 구분하였는데, 이를 오복(참최, 재최, 대공, 소공, 시마)이라 한다. 맏아들인 상주는 참최라 하는 거친 삼베 상복을 3년여간 입었고, 사위는 가장 짧은 기간인 3개월 동안 시마를 입었다. 상주의 거친 참최복은 부모를 보낸 '죄인'으로 시간을 가지라는 의미였다.

오늘날 대렴과 입관은 사망한 지 2일 차에 한다. 삼일장이 기본인데, 옛날처럼 대렴을 마친 뒤에 상복을 입고 그제야 조문객을 맞을 순 없다. 그러니 첫날 빈소를 마련하고 문상객을 맞는다.[*]

* 오늘날엔 보통 첫날에 수시를, 둘째 날에 염습과 입관을, 셋째 날에 화장 또는 매장을 한다. 화장은 사망한 지 24시간이 지난 후에야 할 수 있도록 법으로 정해두었다.

가정의례의 형식과 내용을 규정한 '건전가정의례준칙'*은 상복을 직계 8촌, 방계 4촌(형제, 자매, 조카)까지 입는 것으로 하였으나, 솔직히 꼭 상복을 친인척만 입으라는 법이 있는가 싶다. 모든 것은 변하니까. 가정의례준칙이라는 것도 시대별로 이름을 달리하며 변화해왔다. 오늘날엔 전통 상복이라는 굴건제복(삼베옷과 머리쓰개)이 아닌 검은 양복과 한복을 입는다. 검은 양복은 1934년 의례준칙의 시행에 따라 처음으로 상복으로 지정되었다. 이때 삼일장 절차도 만들어졌다. 그렇다. 일제강점기다. (일본의 시각에서) '조선의 근대화'라는 명목으로 장례 절차가 정비됐다.

조문을 받으며

자, 이제 조문객이 온다. 얼마나 올지 모르겠다. 결혼식은 사전에 청첩장을 돌리며 인원 파악이라도 되지. 장례는 그럴 수 없다. 나이가 지긋한 사람들은 '결혼식은 안 가도 장례식장은 가야 한다'고 한다. 내가 본격적으로 장례식장을 찾게 된 것은 팬데믹 직전부터였다. 지인들의 부모 세대가 부고를 알려올 나이가 된 것이다. 하지만 얼마 지나지 않아 코로나 팬데믹이 닥치고, 장례식장에 사람이 모일 수 없게 되었다. 영정 앞에 절만 하고 바로 빈소를 나오는 식이었으니 점차 사람들은 장례식장을 찾지 않게 되었다. 모바일 부고에 계좌번호가 함께 담겨 왔다.

* 정식 명칭은 '건전가정의례의 정착 및 지원에 관한 법률'로, 법적 규제가 없는 권고적 법령이다. '맏손자의 집에서 차례를 지내야 한다' 등의 내용을 유지하고 있는 건전가정의례준칙을 폐지해야 한다는 목소리와 더불어 실제 국회에서 폐지안 발의가 이루어지고 있다.

코로나19 대유행이 지나고도 이때의 기억은 사람들에게 각인됐다. 작은 빈소, 적은 문상객, 간소한 절차는 더는 불효로 상징되거나 초라하다는 인상을 불러일으키지 않는다. 상황에 따라 가능한 것으로 학습됐다. 모두 작은 장례에 익숙해졌다. 장례식장 직원들 사이에선 걱정하는 소리가 나왔다. 발 빠른 장례식장은 가족장에 맞는 작은 빈소를 새로 마련했다. 상조회사 역시 무빈소나 가족장 상품을 만들어 내놓고 있다. 그렇다 해도 빈소가 작다는 건 조문객이 적다는 것이고, 이에 대해 업계 내부에선 우려의 목소리가 크다. 장례식장의 주 수익원이 음식 장사이기 때문이다.

사람이 많이 와야 많이 벌린다. 장례식장에서 먹는 육개장 한 상이 1인당 2~3만 원짜리다. 웬만한 한정식 가격인데, 먹는 건 한정식이 아니다. 참고로 이때 음식값은 당신이 상조회사에 납부해온 돈과 무관하다. 상조 서비스에 가입했다면, 막상 장례를 시작한 뒤 상조회사가 책임지기로 한 목록이 생각보다 적다는 것을 알아차리게 될 것이다. 빈소 대여비, 안치실 요금, 수시비, 조문객 음식값 등은 장례식장에 따로 지불해야 한다. 상조회사가 사전에 이를 제대로 고지한다 하더라도, 당신 귀에 잘 안 들어올 테니(우리는 장례를 모르니까) 지금 여기서 말해둔다. 통계청 조사에 따르면 장례식 평균 비용은 1400만 원을 웃돈다. 그러니 앞서 말한 상조회사의 240, 360(만 원) 패키지 상품들만으로는 가당치 않다. 추가 비용은 언제나 있다.

장례를 치르는 데 천만 원 단위의 돈이 든다니. 장례 비용을 조의금으로 메울 수 있던 시절도 있었다고 했다. 지금은 아니다. 조문객이 줄어든다는 건 장례 비용을 책임져줄 "유일한 사적 후원금"**에 기댈 수 없다는 말이다. 비용을 어떻게 감당해야 하나? 막막하다. (5부에서 장례 비용에 관한 이야기를 할 것이다.)

여기까지가 첫날이다. 당신이 빈소에서 분주할 동안 고인은 안치실 냉장 시설에 있다. 영하 4도로 온도를 맞춰둔 냉동고에서 몸이 차갑게 식어갈 고인을 떠올리기 전에, 장례식장에서 수시는 했는지 확인하길 권한다. 이 비용을 따로 챙겨 받는 장례식장들이 있다. 간혹 돈만 받고 수시를 안 하는 장례식장도 있다. 사별자들은 지나치기 쉽다. 이들이 보게 되는 건 수의를 다 입힌 상태의 고인이니까. 수의는 생각보다 품이 크다. 그 안에 고양이 한 마리쯤 숨겨도 모른다.

둘째 날엔 염습이 예정되어 있다. 제사도 중간중간 지내야 할 테지만, 그건 장례지도사가 주관을 맡아 진행할 것이다. 당신이 그때라도 마음을 놓고 마음껏 슬퍼했으면 좋겠다. 물론 때마다 올리는 상식(고인의 식사)이 제대로 교체되는지 확인해야 할 테고, 각 제사 시간을 조율해야 하며, 음식 추가 여부를 실시간으로 확인해야 할 테지만. 그렇다. 장례식은 우아할 수 없고 마음껏 슬퍼만 할 수도 없는 자리이다. 그렇지만 슬퍼하는 것만이 떠나는 이를 사랑했다는 증거는 아니다. 당신이 골치 아프게 판단하고 계산하는 그 일이, 그를 떠나보내는 자로서 책임을 다하는 일이라고 나는 생각한다. 당신이 그에게 보내는 최선의 애정이라고.

마지막으로, 나는 당신을 장남이나 장녀로 생각하며 글을 쓰고 있지 않다. '장남 장녀들이 알아두면 유용한 장례식 정보' 이런 기

** "조의금은 추모의 표시인 동시에, 산더미처럼 쌓인 병원비와 장례 비용을 갚기 위해 의지할 수 있는 유일한 사적후원금인 셈이다." 윤소이, 〈"혈연과 결혼뿐인 사회"에서 무연고사망자의 상주-되기〉,《페미니스트 연구 웹진 Fwd》, 2023.4.12.

사 제목을 보고 온 참이다. 상주가 맏이나 아들일 필요도 없다고 생각한다. 그의 마지막을 챙겨 보내고 싶은 이가 있다면, 누구든, 그게 당신이다.

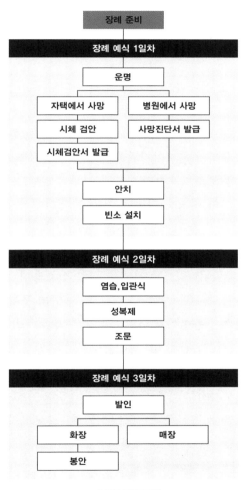

* 삼일장 장례 절차

택시 타고 가
: 부의함 앞에서

장례지도사들 저마다 추구하는 입관 스타일이 다르다. 어떤 장
례지도사는 물 흐르듯 착착 장례를 이끈다. 그가 정한 식순에 맞
춰 진행되는 행사는 매끄럽다. 사별자들에게 꽃 한 송이를 쥐여주
고 고인의 발끝에서부터 머리맡까지 둥글게 둘러싸도록 한다. 한
명씩 고인의 얼굴을 마주하며 마지막 인사를 건넨다. 고인의 가슴
팍에 놓이는 꽃이 어느새 다발을 이룬다. 영화에서 본 서양식 장
례 같다.

어떤 장례지도사는 회갑 잔치인가 싶게 가족들을 독려한다. "어
머니에게 사랑합니다~ 말씀하세요." "잘 살겠습니다~ 말해주세
요." 빈소로 장소를 옮겨 제례를 마친 후, 집안의 웃어른에게 손주
뻘 되는 아이들이 큰절까지 하면 가족 행사가 마무리된다. 이렇게
친지들이 다 모이는 날이 없다며 영정 사진을 배경으로 가족사진
도 찍는다. 명절에도 집에서 벗어날 생각만 하는 나인지라 장례식
장을 빌려 이루어지는 가족 행사에 그다지 감흥이 없을 줄 알았는
데, 예상치 못하게 훈훈하다. 그런 나를 깨닫고 퍼뜩 놀란다.

그런가 하면 카리스마로 사별자들을 휘어잡는 장례지도사도
있다. 옛 호상의 역할이 자신의 몫이라 생각하고, 격식에 맞춰 예
를 다해 보내드릴 것을 강조하며 엄숙한 분위기를 자아낸다. 그

덕에 일종의 종교 행사 같은 분위기를 풍기는 입관식이 된다.

사별자들이 흐느껴 울도록 기다려주는 장례지도사도 있다. 자신은 말을 아낀 채 가족들이 고인을 충분히 보고 만지도록 기다린다. 다른 이들이 보기에는 어떨지 몰라도, 입관 과정을 종종 함께 해온 내가 보기에 그건 장례지도사가 할 수 있는 최고의 배려다. 어느 쪽이든 저마다의 방식으로 예식을 집도한다.

분침이 빠르게

염습실 어디를 가도 반드시 벽에 걸려 있는 게 있다. 십자가도 지옥도도 아닌, 시계다. 시간이 빠듯하다. 장례식장에서 상조회사에 허용하는 입관 시간은 한 시간 삼십 분 정도. 여기서 염습으로 한 시간 남짓을 쓴다. 그 시간 안에 고인을 씻기고, 수의를 입히고, 관을 준비한다. 이렇게만 적으니 너끈히 해낼 일처럼 보이지만, 고인의 몸에 복수가 차 있을 수도 있고, 예상치 못한 상처나 손상이 있을 수도 있다. 팔이나 다리가 굽은 채 굳어 있으면 그걸 바로잡아야 한다. 그런 경우는 흔하다. 땀을 쏟고 나면 시간도 어디론가 흘러가버린다.

더구나 대형 장례식장일수록 염습에 허용된 시간이 더 적다. 장례식장이 크다는 건 빈소가 많다는 것이고, 빈소가 많다는 건 그날 염해야 하는 주검이 많다는 것이다. 입관 일정이 빼곡하게 잡혀 있다. 앞사람 입관이 끝나기도 전에 다음 차례 장례지도사가 문 앞을 서성인다. 입관식이 끝나고 사별자들이 문을 나서자마자 앞선 팀은 정리를 하고 다음 팀은 안치대에 비닐을 깔며 분주하다. 긴박한 순간을 지나면, 그다음 사별자들이 올 시간이다. 장례지도사는 황급히 작업복을 벗고 격식을 갖춘 옷(대개는 유니폼)으로 갈아입는다.

마지막 이별의 순간인데, 가족에게는 입관식이 그렇게 짧을 수가 없다. 슬픔에 몸을 가누지 못하는 이는 울다가 시간을 다 보낸다. 주어진 시간 안에 작별 인사만 나누는 게 아니다. 고인과의 인사가 끝나면 장례지도사는 대렴을 하여 주검을 관에 넣고 결관(운반하기 편하게 관을 묶는 일)을 한다. 마지막으로 고인과 입관식에 온 이들에게, 그리고 장례지도사 사수와 부사수가 서로에게 고개 숙여 인사한다. 그래야 끝이 난다.

째깍. 삼베 끈 하나 묶을 때도 시간이 가고, "아부지, 아부지" 하며 자녀들이 고인을 부를 때도 시간은 간다. 시간을 엄수하지 않아 입관 일정에 차질이 생길 경우 상조회사에 책임을 물린다는 안내문이 붙은 장례식장도 있다. 경황없는 유족들은 볼 길 없지만, 종사자들은 그 안내문에 신경이 쏠린다. 한정된 시간이 고무줄처럼 늘어날 리는 없다. 그런데도 최대한 자신의 시간을 쪼개어 남겨진 이들에게 건네는 장례지도사들이 있다.

잘 부탁드려요

그런 날의 입관이었다. 유독 많은 이가 입관식에 참석했다. 내내 눈물을 보이던 고인의 막내아들은, 장례지도사가 메이크업 도구를 꺼내자 울음을 그치고 입을 열었다.

"어머니 눈썹 예쁘게 그려주세요. 눈썹에 신경을 많이 쓰셨어요."

병실에 있을 때도 지인들이 병문안을 오는 날이면 아들이 눈썹을 그려줬다고 했다. 평소에 좀 멋쟁이라 생각했는데. 그저 아치형 눈썹이 잘 다듬어졌다고 생각했는데. 그랬구나. 고인에 대해 몰랐던 것을 알게 된다. 이날 입관을 치른 고인은 나 또한 아는 이였다. 내가 취재를 하던 상조회사에 그가 고인이 되어 왔다.

지금 염을 해야 하는 이가 지인이라고 하자, 입관에 참여한 부사수는 "그게 다 연이에요. 그렇게 연이 닿아요" 했다. 그는 이 일을 하고부터 영혼이 있고 인연이 있다는 걸 믿게 되었다고 했다. 체구가 크지도 않은데 유독 안아 옮기기 힘든 시신이 있다. "떠나고 싶지 않으신 거죠." 어떤 날은 훨훨 날 듯이 입관이 진행되기도 한다.

"수의를 다 입혀드리고 나서 얼굴을 (감싼 천을) 여는데, 고인이 눈물을 주룩 흘리는 거예요. 내가 눈물을 닦아드렸어요. 다 놓고 가시라고. 편히 가시라고. 그런 걸 겪으면 영을 믿게 돼요."

그는 나에게도 "영이 있다는 걸 믿나요?" 물었지만, 대답을 머뭇거렸다. 장례를 취재한 후부터 명확한 것이 없어졌다. 살고 죽는 일이 내 의지와 무관하다는 걸 번번이 확인하기 때문일까. 영혼의 존재는 잘 모르지만, 그날 그의 등을 안아 올릴 때 무게감이 느껴졌다. 다행히도 무게감에 비해 안아 들기 힘들지 않았다. 그 사실이 안도를 불러왔다. 하지만 입관실에 들어섰을 때는 안치대에 누운 그가 살아생전 모습과 너무 닮아, 이 당연한 사실에 좀 놀랐다. 내가 주춤하자 사수를 맡은 장례지도사가 엄하게 말했다.

"여기 와서 잡아요. 이곳에선 손 놀리는 사람 없어요."

그 말에 후다닥 알코올 솜을 잡아 들었다.

노는 손 하나 없어야 하는 분주한 입관실에서, 평소 고인의 아들이 눈썹을 그려주었다는 말에 장례지도사는 붓질을 멈추고 붓을 내민다. 허공에 들린 붓을 본 아들은 주춤하더니 이내 어머니에게 다가가 눈썹을 그린다. 그의 얼굴을 타고 눈물이 툭 떨어지는 걸 고인의 발치에서 본다. 이거 슬픈 직업이구나.

입관에 들어가기 전, 나는 장례지도사에게 말했다.

"잘 부탁드려요. 생전에 좋은 일 많이 하신 분이에요."

장례 취재도 제법 한지라, 내가 그런 말을 할 줄은 몰랐는데. 매달리는 심정이 말이 되어 나왔다. 좋은 장례지도사를 만나는 건 고인의 복이다. 이건 내가 취재를 하며 믿게 된 바다. 어떤 장례지도사를 만나느냐에 따라 그의 마지막이 달라진다. 고인은 좋은 일을 한 사람이니, 지금 이 장례지도사는 좋은 사람이겠지 하고 믿는다. 믿으면서도 잘 부탁드린다고 당부한다.

고인은 복 있는 사람이었다.

보내드릴 준비가 되셨습니까

"평생 좋은 옷 한 벌을 안 입더니, 이렇게 예쁜 옷을 입고 가네."

흰색에 연분홍이 섞인 수의는 색이 고왔다. 얼굴이 흰 그에게 잘 어울린다. 평소에 옷 한 벌 안 사고 아낀 돈이 어디로 갔는지 안다. 그는 어려운 사람, 싸우는 사람, 고립된 사람에게 손을 내주는 사람이었다. 그 손을 잡은 이들이 보낸 화환이 복도를 메우다 못해 놓을 자리가 부족해졌다. 화환에서 이름표만 떼어 벽에 진열해둔다. 가진 것 많은 이들의 빈소에서 보는 회장님, 대표님 직함이 적힌 화환이 아니었다. 그가 해준 밥을 한 번이라도 먹은 이들이 보낸 것이었다. 고인의 자매들은 오만 원권 지폐를 고인의 저고리 앞섶에 넣으며 말했다. "꼭 택시 타고 가." 저세상에서도 자신에겐 돈을 아낄까봐 걱정한다.

"걸어가지 말고, 꼭 택시 타고 가. 꿈에 올 때도 택시 타고 와. 먼 길 고생스럽게 걷지 말고."

나는 이렇게 노잣돈이라는 게 어떤 의미인지 알게 된다. 그 돈은 나중에 종이로 대체되고, 저고리 앞섶에 있던 지폐는 장례지도사에게 전해졌다. 나도 얼떨결에 지폐를 받아들었는데, 어정쩡하게 손에 들고 섰다가 입관복 주머니에 넣었다. 함께한 지도사들이 떠난 후, 빈소 입구로 가서 그 돈을 흰 봉투에 넣고 뒷면에 글을 적었다.

"○○ 님. 먼 길 조심히 가세요. 꼭 택시 타고 가세요."

내가 다른 곳에서 만난 장례지도사 박재익은 입관식에 앞서 이런 말을 했다.

"어머님은 가실 준비가 되셨는데, 여러분은 보내드릴 준비가 되셨습니까?"

그 말의 의미를 어렴풋이 알아간다. 부의함 앞에서, 그제야 나는 진짜 조문하는 마음이 된다.

눈 아픈 열 시간
: 의전관리사 되다

"할만해요?"

나란히 선 동료가 물어온다.

빈소에 입성한 지 열 시간째다. 내가 어떤 구두를 신고 왔더라. 빈소 입구 검은 구두로 가득 찬 신발장에서 내 신발을 찾으면 낯설 것만 같다.

"그럼요. 괜찮아요."

마음을 숨기고 부러 담담히 답한다. 일터에서 힘들다고 해봤자, 일터 환경이 개선되거나 일이 수월해지는 마법 같은 일은 벌어지지 않는다. 이럴 때는 무던한 근로자의 미덕이라도 보여야 한다.

"다리 안 아파요?"

"그럼요. 저 원래 튼튼해요."

속으로는 다른 말을 한다. '발바닥에 불난 것 같아요.' 열 시간을 거의 내내 서 있었다. 아무튼 먹고사는 일이란, 쉽지 않다. 그래도 웃는다. 아니다. 여기서는 웃으면 안 된다. 미소 짓는다. 장례식장이니까.

씩씩한 척하는 건 동료들 때문이다. 취재차 왔다는 사실을 숨기고 하는 일이니 누가 되면 안 된다는 생각이 앞선다. 더 열심히 몸을 움직인다. 의도적으로 취재를 숨긴 건 아니었다. 취재 과정에서 알게 된 의전관리사 관리팀장에게 경험 삼아 장례식장에서 일하고 싶다고 하니, 실습생 신분으로 들어오기를 권했다. 직원이라 하기도 애매하고, 며칠 취재를 나왔다고 하기도 애매하니, 실습생이라는 애매한 신분이 적합하겠다고 했다. 적합해 보였다.

그리하여 나는 의전관리사 실습생이 되었다. 흔히 '장례도우미'라 불리는 직업이지만, 조문객들은 우리를 그 어떤 호칭으로도 부르지 않는다. 우리가 필요할 때 '여기요' 정도랄까. 여사님이라고 하는 사람도 이따금 있다고 한다. 직원들끼리는 서로 '언니, 동생' 한다. 여느 여초 직장과 다를 바 없이 직책상의 높낮이가 있고 그와 별도로 언니, 동생이 있다. 나는 여기서 두 번째로 나이가 어린 막내급. 나보다 젊은 '새댁'이 있다. 이 일을 한 지 열흘이 되었다고 한다. 아니, 열 번째로 일을 나왔다고 한다.

출근 날이 고정되지 않는다. 호출이 오면 일을 간다. 그렇게 열 번이다. 초상은 아무 때나 생긴다. 그 말은 상이 없을 때도 있다는 말. 상조회사 팀장에게서 빈소가 열렸다는 연락을 받으면 실장급인 의전관리사가 사람(인력)을 배분한다. 빈소마다 두 명도 가고, 네 명도 간다. 오전에 연락을 받으면 출근이 시작되는 거다. 매번 가는 빈소가 다르고, 만나는 동료가 다르다. 직원은 아니고, 특수고용직이라 부르기도 애매하다. 일용근로라 해야 하나, 프리랜서라 해야 하나.

이 일을 설명하며, 다들 내게 "일하고 싶을 때 일할 수 있다. 자유롭다"라고 한 것 같은데. 프리랜서 의전관리사가 생길 수 있는 까닭은, 그네들이 아침에 연락을 해도 당일 일을 나올 수 있는 '예비' 노동력이기 때문이다. '집안의 노동자'들은 외부 노동시장의 산업예비군이 된다.

빈소에 들어서 오늘 처음 만난, 그리고 오늘이 지나면 다시 못볼 동료들에게 인사를 하자, 그들은 내가 입고 간 유니폼(앞치마 형태로 된 유니폼이다)과 머릿수건을 다듬어준다. 여기서는 첫째도 단정, 둘째도 단정이다. 잔머리가 나오지 않게 머리카락을 머릿수건에 넣어준다. 나 역시 손을 움직여 긴 머리를 동여맨다. 빈소에서는 무언의 규칙이 많다. 선배급 '언니'가 옆구리를 콕 찌르고 간다. 규칙이 만들어지는 순간이다. 고객과 눈을 맞출 때는 활짝 웃어서는 안 된다. 무표정도 안 된다. 여기는 슬픈 곳이니 슬픈 표정은 더욱 안 된다. 장례식장과 서비스직, 그 경계에 표정과 몸짓과 눈빛을 놓아야 한다. 어렵다.

뛰면 안 되지만 느리게 걸어서도 안 된다. 구부정하게 어깨를 말고 있어도 안 되고 어깨를 펴고 뒷짐을 져서도 안 된다. 그렇다고 손을 앞으로 모으고 있어서도 안 된다. "손을 앞으로 모으면 사람이 부를 때 굼떠져. 바로 움직이지 못해." 그렇다면 손을 어쩌란 말인가. '언니들' 손을 지켜본다. 한시도 가만있지 않는다. 닦고 옮기고 나르고 정리한다. 그러다가 저쪽에서 기웃, 찾는 기색만 보여도 "뭐 필요한 거 있으세요?"라며 상체를 앞으로 민다. 나보다 열 살쯤 많을까 싶은 선배가 잔걸음으로 소리 없이 빠르게 나무 테이블 사이를 누비는 모습을 보며 나는 벌새 같다고 생각한다.

신입이라 도움이 별로 안 될 텐데도 젊은 사람들이 오니 좋다며 주방에서 선배들이 싱글벙글한다. 보통 선배급들이 주방에 있다. 음식량을 맞추고 주문량을 가늠하는 일에 연륜과 경력이 필요하기 때문이다. 젊다 젊다 해주니, 회춘한 기분이다. 내가 부러 씩씩한 것은 저 선배들 때문일지도 모른다. 선배들은 젊어서 이 일을 시작한 사람들이 기특하다며 잘 대해준다. 막내인 '새댁'과 두 번째 막내인 나는 내내 관심의 대상이 된다.

"나 때는 젊은 나이에 이 일 하기가 좀 그랬어."

제일 '큰언니'가 말한다.

"빈소가 다 좌식 탁자였어. 그럼 얼마나 일이 힘든지 몰라. 앉았다 일어섰다 해야 하니까. 거기다가 사람들도 많이 왔어. 장례식장이 지금처럼 밝지도 않았고. 왠지 분위기가 어두웠어. 밤새 있는 사람들도 많았고. 세상이 달라졌어."

예순을 넘긴 그이는 세월이 달라진 게 실감도 나고, 이 일의 조건이 나아진 게 뿌듯하기도 한 모양이다. 너희는 그때 그 고생은 모르지? 하는 심정도 섞여 있는 듯했다.

"열심히 해봐. 이 일 꾸준히 하면 돈 벌어. 나도 이 일 하면서부터 돈을 모았어."

그야, 중년 여성 블루칼라 일자리에서 이 정도 돈 주는 곳이 없다. 퇴직금 없는 일용근로자 지위와 주 52시간 근무제 같은 법적 권리가 지켜질 리 없는 노동의 형태는, 주어진 일자리가 있다는 사실만으로 가려진다. 우리 사회는 나이 든 여성의 노동을 값싸게 여긴다. 하지만 빈소의 하루를 눈여겨본다면 장례라는 산업이 중년 여성으로 대표되는, 돌봄 노동으로 단련된 이들의 노동 없이는 굴러갈 수 없다는 것을 알게 된다.

돈을 모았다는 이야기에 끄덕이게 되는 또 다른 이유가 있다. 여기 들어오면, 다른 데 돈 쓸 시간이 없다. 열 시간 내내 정말 아무 생각도 할 수 없다. 오직 상주의 눈빛과 조문객들의 손짓만 본다. 핸드폰에조차 눈길 줄 시간이 없다. 오직 두 가지 순간에만 '언니'들은 핸드폰을 손에 든다. 집에서 찾는 전화와 주식 동향 확인.

"이 일 하면 아침에 밥 주지, 점심에 밥 주지, 커피 주지, 실내라

따뜻하지. 나는 이 일이 참 좋더라고." 해맑던 한 '언니'가 해준 말이 떠오른다. 그때는 그저 웃어넘겼는데, 맞다. 정말이지 점심 주지, 저녁 주지.

주방에서 제일 가까운 테이블에 펼쳐진 의전관리사들의 밥상은 육개장과 전, 코다리조림. 조문객 상차림을 기본으로 한다. 물론 그것만 올라오는 날은 거의 없다. 이 일이 아니어도 종종 취재 간 장례식장에서 밥을 얻어먹었는데, 그때마다 의전관리사가 가져온 집 반찬이 두어 개씩 꼭 올라왔다. 이날은 김장김치가 올랐다. 달걀 프라이를 해온 이도 있다. 이 또한 중년 여성이 대다수인 직장의 특징이다. 우리끼리 "사육당한다"라고 농담할 정도로 계속 챙겨 먹인다. 누룽지까지 마시고, 턱까지 음식이 차서 못 먹겠다고 손짓을 두어 번 해야 끝이 난다. 그제야 밥상에서 물러날 수 있다. 누가 이 사람들에게 '챙기고 먹이고 돌보는' 일을 이토록 익숙하게 만들었을까 하는 생각이 든다.

그렇다고 이 시간이 여유로운 건 아니다. 조문객은 계속 온다. 그들도 상차림을 받아야 하니, 밥을 먹다가도 자리에서 일어선다. 그러고 보면 의전관리사들에겐 휴게시간이 따로 없다. 대신 선배들이 빈소를 마주 보는 안쪽 자리를 선점한다. 후배들에게 조문객을 등질 수 있는 시간을 주는 것이다. 밥이라도 편히 먹으라는 의미다. 식탁 어디에 앉는가는 위계를 고스란히 보여주는데, 여기서도 마찬가지이다. 여기 선배들은 신입을 배려해준다.

빈소에서는 사람들에게서 눈을 떼지 않아야 한다. 그게 이곳의 제1법칙이다. 연신 바라보되, 거슬리게 보면 안 된다. 눈빛마저 다소곳해야 한다. 본 듯 안 본 듯 상차림을 눈여겨보며 필요한 것이 없는지 미리 살핀다. 상주의 작은 움직임에도 반응한다. 그래, 생각해보니 아픈 곳이 더 있다.

"괜찮은데, 눈이 아파요."

컴퓨터 화면을 종일 들여다본 것도 아닌데 눈이 아프다. 환한 형광등 불빛 때문만은 아니다. 계속 사람들을 주시하느라 눈이 아프다. 내 말에 막내 직원(아니, 직원은 아니다)이 피식 웃는다. 주방을 등지고 빈소를 마주 보며, 우리는 그렇게 사람들을 지켜본다. 손을 모으지 않고, 옅은 미소를 짓고, 상체는 조금 앞으로 내밀되 어깨를 수그리지 않고. 반듯하게, 단정하게.

그들이 이렇게까지 하는 마음이 무얼까 생각하며.

의전관리사 팀장들을 만나다

두 사람을 만난 건, 상조회사를 운영하는 최유정 대표 덕이었다. 그때 나는 의전관리사로 취업해보려고 면접도 보고 교육도 다니던 참이었는데, 어쩐 일인지 상조회사들은 교육이란 명목으로 장례 상품을 팔려고 한다든가, 아니면 나보고 장례 상품을 팔아야 한다고 했다. 고개를 절레절레 흔들며 교육장에서 나오길 반복하던 차에 상조에 소속된 의전관리사 팀장을 소개받을 수 있었다. 알고 보니, 이 일은 거의 다 인맥으로 이뤄진다고 했다. 지인에게 소개받아 일을 시작한다. 이들에게 일을 접한 계기부터 물었다.

김주원 팀장(이하 김주원): 처음에 이 일을 권유받을 때는, 주말에 알바 개념으로 서빙이라도 해보라고 해서. 알바처럼 한 번 해볼 생각이 있냐고 해서 시작했어요.

정해진 팀장(이하 정해진): 저는 좀 사연이 있어요. 우리 아들이 갑자기 아팠어요. 뇌종양이라 회사도 그만두고 아이를 케어하다가, 그 아이가 하늘나라로 갔어요. 납골당(봉안당)에 매일매일 갔어요. 매일 가니까 납골당 사장님이 어떻게 살려고 하냐, 그러면서 장례 일을 권하더라고요. 장례도 우미 일이라고 해서 '아, 우리 아들 (장례) 때 왔던 그분들이구나' 했어요. 매일 출근하는 일이 아니라고 하더라고요. 내가 우리 아들 보고 싶으면 일 안 가고 여기에 수시로 와도 된다고. 그래서 시작했어요. 일 시작하고 처음에는 우울했죠. 맨날 죽은 사람들 보니까. 같이 울고, 우리 아들 또래들 보면 뒤에서 울고.

김주원: 처음 일을 갔을 때, 그 장소랑 분위기를 잊을 수가 없어요. 영정 사진을 봤는데, 우리 아빠야. 아빠 영정 사진이 걸려 있는 거 같은 거예요. 하얀 백발 남자분이었는데. 눈물이 나는 거야. 종일 울면서 일했던 기억이 있어요.

정해진: 처음에는 많이 울었던 것 같아요. 그런데 하다 보니까, 뭐라고 할까, 제가 (사별한) 경험이 있잖아요. 제가 해줄 수 있는 게 있더라고요. 그러니까 너무 좋더라고요. 저 사람이 힘든데 지금 뭘 해주어야 할지, 저분들을 언제 어떻게 위로를 해드려야 할지 알겠더라고요. 지금까지도 저는 이

직업을 잘 선택했다고 생각해요.

두 사람 모두 장례 일을 한 지 15년이 넘었다. 나보고 이 일을 하기 딱 좋게 젊다고 했는데, 그들이야말로 마흔 남짓에 이 일을 시작했다.

정해진: 그때는 저보고 왜 왔냐고 그랬어요. 너무 젊으니까. 여기가 바닥인데 뭐 벌써부터 젊은 애가 바닥으로 왔냐고. 그 말이 제일 힘들었어요.

김주원: 인생 살면서 심적으로 제일 어려운 시기에 이쪽으로 오는 사람이 많아서 그래요. 그런데 그건 그때고, 지금은 아니에요. 지금은 여유가 있어도 이 일 하러 오는 사람들이 많아요.

정해진: 60세 넘어가는 여사님들도 많이 계세요. 손주들 용돈이라도 줄 수 있게 일을 하고 싶어 하세요. 제가 이 일을 처음 시작할 때만 해도 고인들 평균 연령이 70대 중후반이었어요. 지금은 여든, 아흔인 분들이 엄청 많거든요. 그 변화를 우리도 보잖아요. 100세 시대구나. 적어도 일흔까지는 내가 일을 해야 하는구나. 그런데 여자든 남자든 예순 넘어서 일하러 갈 수 있는 데는 사실 많지 않잖아요. 그러니까 이 일이 더 소중해지는 거죠.

"옛날에는 이 일이 힘들었어" 하던 나이 든 의전관리사 선배가 떠오른다. 출장을 가듯 타지로 가서 며칠씩 빈소 일을 거들고, 찜질방에서 잠을 청하는 의전관리사들이 있다고 들었다. 실제 그러하냐고 물으니 요즘도 그런 곳이 있긴 하다만, 그래도 옛날 일이라 했다.

김주원: 제가 일을 처음 시작했을 때는 지역적인 구분도 안 돼 있을 때였어요. 서울에 사는데도 안성이나 포천에서 (장례) 행사가 나면 가야 하는 거예요. 그때는 무조건 닥치는 대로 팀장님만 쫓아다니던 시기였어요. 시간이 조금 지나면서 지역적으로 의전관리사들을 구분했어요. 자기 지역에서 일어난 행사에 갈 수 있게 된 거죠. 그러니까 일이 좀 수월해지고, 이탈하는 사람이 없어요. 또 지역은 지역 사람이 제일 잘 알잖아요. 장례식장 환경이나 이런 것들도.

의전관리사들이 가까운 지역에서 일할 수 있게 된 데 일조한 사람이 김주원 자신이다. 그런 능력으로 그는 지금 의전관리사 팀장을 맡고 있다. 의전관리사들을 배치하고 관리하는 역할이다. 장례는 하루에 스무 곳도 열리고, 서른 곳도 열린다. 그의 수첩에는 장마다 장례식장 이름이 빼곡히 적혀 있다. 빈소마다 적절한 사람을 배치한다. 지역적 거리도 따지고, 일하는 사람들의 성향과 경력도 파악한다. 무엇보다 중요하게 여기는 것은 일하는 사람들끼리의 조화다.

정해진: 지금은 육체적으론 많이 편해졌어요. 그런데 정신적으론 더 힘들어요. 옛날에는 상주님들에게 우리는 그저

고마운 사람인 거예요. 장례를 도와주는 고마운 사람. 지금은 뭐랄까. 완전히 서비스로 인식이 되어서. 대기업(이 직원들에게 제공하는) 상조 서비스 같은 경우는, 상이 끝나면 해피콜(고객만족도조사)을 하거든요. 상주가 뭐가 불만이었다 이런 게 다 접수가 되어요. 말 한마디 더 조심시켜야 하고. 클레임(이의 제기) 걸리지 않게 더 교육해야 하고. 장례지도사들도 마찬가지예요. 이제는 대학도 나오고 전공학과도 있고 그러지만 대우는 옛날처럼 받지 못해요. 예전에는 장의사라 불려도 진짜 대접받으며 일했거든요.

장례가 장례 산업으로 자리를 잡으면서 장례인도 서비스직 인력이 되었다.

정해진: 하지만 흐름대로 따라가야죠. 시대가 달라진 거니까. 계속 팀원들 교육을 해요. 클레임 걸리지 않게. "눈을 왜 그렇게 뜨냐" 이런 클레임도 오니까요.

말 한마디, 눈빛 하나 조심한다. 나는 다른 장례지도사에게 들었던 말을 전한다. 장례 일에는 100점과 0점만 있다는 이야기. 99점 같은 건 없다. 1점이라도 잃어버릴 시 바로 0점이 된다.

정해진: 맞아요. 딱 맞는 말이네. 클레임 걸리면 사실 억울하죠. 이해는 되지만, 우리는 을이잖아요. 그 사람을 위해서도 두 번은 안 된다고, 충분히 이야기하죠.

김주원: 네 마음도 이해한다고 공감을 해주고요. 세상 나이로 언니, 동생이 되지 않으면 쉽지 않더라고요. 우리는 감정노동자예요. 이건 우리가 감정을 쓰는 사람들이라는 말인데, 그 감정이 닫혀버리면 회복이 안 되더라고요. 손가락 부러진 건 시간이 지나면 회복이 돼요. 그런데 절대 펴지지 않는 게 이 감정이야. 그러니까 언니 동생으로 다가가야 해요.

일은 감정으로 하는데, 돈을 받는 곳은 기업인지라 고객만족서비스 전략이 강조되고 있다. 이 간극을 메우는 존재가 옆에서 일하는 동료들이다. 팀원들을 관리하는 동시에 그들의 감정을 매만진다. 그러지 않고는 100점을 유지해야 하는 일이 지속될 수 없다.

오늘 일해도 내일은 어찌 될지 모르는 일용직들로 구성되었지만, 이들이 하는 일은 그야말로 팀 작업이다. 요즘의 기업은 사람 사이를 분리하고 해체하지만, 이상하게도 사람들은 모여 일하고 뭉쳐 일한다. 그래야 일이 되기 때문이다.

정해진: 나는 처음 이 일을 시작할 때 영○ 언니한테 일을 배웠는데, 이 바닥에서 살아남으려면 눈치껏 강해져야 한다라는 소리를 많이 들었어요. 우리 일은 혼자 하는 게 아니에요. 한 사람이 자기 일을 못 하면 다른 사람이 힘들어져요.

일을 하다 보면 손만큼이나 눈이 빠른 사람들이 있다. 그걸 볼 때마다 일하는 데 눈치라는 게 얼마나 중요한지 새삼 깨닫는다(물론 일을 하는 데 중요한 것은 더 많다). 그런데 '눈치껏 일해'가 아니라, '강해져'라니. 내가 이 표현에 의문을 표하자 여기 사람들이 다 기가 세서 그렇다고 농담하듯 말해준다. 사실 나도 그렇게 생각하긴 했다.

장례 일은 담력이 없으면 하지 못할 일이다. 꼭 시신을 만지는 일이라서 그런 게 아니다. '죽음'을 깔고 하는 일이라 그런가. 담력이 필요하다. 그건 겁이 없다는 말과는 또 다르다. 세상사를 대하는 데 담담해져야 한달까. 그렇게 따지자면, 장례일이란 한껏 유약한 내가 취재하기에 거리낌 없는 분야는 아니다. 그런데도 쫓아갈 수 있던 건 이 일이 '사람이 하는 일'이라서 그렇다.

김주원: 처음에는 아무것도 신경 안 쓰고 열 시간 일만 할 수 있다는 게 좋았어요. 바삐 움직이는 게 좋아서. 돈은 두 번째였고. 하루에 출퇴근을 두 시간씩 했어요. 그렇게 2~3년을 보내니 이제 일에 충분히 젖어 들잖아요. 그러니까 부당하게 보이더라고요. 내가 혼자 그 넓은 홀을 뛰어다니고 있는데, 아무도 나를 도와줄 생각을 안 하는 거예요. 다들 주방 테이블만 만지고 있는 거야. 서러움이 몰려오더라고요. 내가 저 자리에 가면(선배가 되면), 절대로 이런 상황은 만들지 말아야지. 나처럼 서러운 마음이 드는 사람은 없게 만들어야지. 그 생각이 쌓였던 거 같아요.

그 말을 듣고서야, 김주원이 왜 후배들에게 빈소를 등진 식탁 자리를 내주었는지 깨닫는다. 내가 만난 장례인들은 모두 엄하면서도 자신들이 '선배'의 위치에 있다는 것을 잊지 않았다. 며칠짜리 경험을 하러 온 나를 두고도 그랬다. 그게 나를 위한 일만은 아니라는 걸 안다. 한 사람이 어려움에 처하면 그날은 모두가 일이 힘들어진다. 일하는 사람이 힘이 들면, 누군가를 떠나보내야 하는 이의 삼 일도 삐걱거린다. 그걸 알기에 사람을 챙긴다. 나는 그렇다고 생각한다. 이들이 해준 말로 그 마음을 믿는다.

정해진: 처음 빈소에 가면 우리와 상주님들 간에 보이지 않는 묘한 신경전이 있어요. 상주님들이 우리를 믿지 않는 거죠. 장례도우미가 음식값 올리려고 음식을 버린다는 소문도 있으니까. 우리한테 눈치를 줘요. 그래도 우리는 최대한 상주님 편에서 장례를 도와드리러 온 사람입니다, 몸으로 눈으로 그 메시지를 전해요. 상주님이 안심하면 그때부터 일이 되기 시작하는 거예요. 그러다 보면 서로를 믿는 마음으로 퇴근을 하는 거죠. 상주의 마음을 읽는 거, 삼 일 동안 그게 저희 숙제예요. 너무 어려워. 정말 숙제야.

15년 차 경력자가 어려워하는 숙제에 대해 들었다. 이제는 내가 어렵게 여기는 숙제에 대해 묻는다. 본인의 장례는 어떤 모습이면 좋겠는지. 정해진은 단박에 무빈소로 하고 싶다고 답한다.

"딸이 하나 있는데, 그 딸이 삼 일 동안 빈소에 앉아 있는 모습을 떠올리기가 좀 그래. 차라리 빈소를 차리지 마라. 엄마를 그냥 조용히 보내줘, 해요."

이 말에 다른 이들이 반발한다. 순간 시끌해진다. 어느새 곁에 온 최유정 대표도 말을 거든다.

"그건 너무 언니만 생각하는 일이야. 남아서 언니를 지켜보고 싶은 사람들한테 그러면 안 돼. 마지막으로 인사할 수 있는 시간을 줘야 한다고 생각해."

그러면서 농담 삼아 이렇게 덧붙인다. "그게 상조하는 사람이 할 말이니." 왠지 이 말이 나에게 콕 걸린다. 애도하고 추모하는 일을 돕는 사람이 자신은 애도 없이 떠나고 싶다고 한다. 이건 괜찮은 일일까? 없던 의문이 생긴다.

"나는 나를 깨끗이만 닦아주었으면 좋겠어. 수의도 입고 싶지 않아. 제일 좋아하는 옷을 입고 가고 싶어."

장례지도사 최유정은, 염습 때 고인의 머리를 감기고 드라이롤까지 말아 마무리하는 사람이다. 그의 정성이 놀랍다. 그런 사람이 자신의 육신을 깨끗이 닦아주길 바란다. 그가 자신과 닮은 장례지도사를 만나기를, 대화가 멈추는 짧은 틈새에 빌어본다.

김주원은 가족장이면 족하다고 했다.

"나는 가족들 중심으로 조용히 치르고 싶어."

이 말에 주변에서 "이 언니는 가족이 많아. 다 가족이야" 한다. 그와 함께 일해온 의전관리사들이 모두 가족 같은 사이이다. 여기 모인 누구의 장례도 조촐할 것 같지 않다.

＊이 장에 등장하는 구술자들의 이름 일부는 당사자의 의사를 반영하여 가명으로 처리하였다.

4
발인

영구(주검이 담긴 관)가 집에서 출발해 장지로 가는 과정.
상엿길을 가는 행상의 순서는 아래와 같다.
방상씨, 명정, 영여, 만장, 공포, 운아삽, 상여, 상주, 복인, 무복친, 조객.
이 중 방상씨는 황금빛을 띤 네 개의 눈이 달린 도깨비로,
행상의 맨 앞에선 이가 방상씨 탈을 쓰고 역귀를 몰아낸다.
상여 행렬은 고인의 생시 행적이 깃든 장소나
마을 어귀, 친척 집을 지날 때면
멈춰서 장막을 치고 노제를 지내기도 했다.

▶ ▶ ▶ ▶ ▶ ▶ ▶ ▶ ▶ ▶ ▶ ▶ ▶ ▶

생활에서 익힌 거지
: 30년 경력 수의 제작자 임미숙

수의 만드는 사람을 만나고 싶었다. 아는 사람이 있을 리 있나. 무작정 수의 제작에 관한 기사를 찾고, 책을 뒤적이고, 유튜브 영상을 살폈다. 한 어르신이 눈에 들어왔다.

한상길. 80년간 수의를 만들어왔다고 했다. 남들 초등학교 갈 나이에 삼베를 만졌다. 영상 속 그는 아흔이 넘은 나이였음에도 정정했다. 얼굴이 동그란 데 비해 눈빛과 표정은 단호해 엄한 분이겠구나 싶었다. 한 가지 일을 자신만의 철칙을 가지고 오랫동안 해온 사람에게서 느껴지는 단호함이었다. 한상길 어르신을 만나보고 싶었다. 하지만 이미 많은 사람이 그를 찾았다. 여러 방송에서 그를 영상에 담아 갔다. 나까지 번잡하게 만들고 싶지 않았다.

망설이는 사이에도 이따금 한상길 어르신이 나온 영상을 찾아봤다. 크고 작은 소쿠리와 오래된 미싱 기계가 있는 작업장은 나무색이 많은 공간이었다. 마실 오듯 아내의 작업장을 찾는 할아버지의 느긋함과 그런 할아버지에게 은근히 퉁바리를 놓는 한상길 어르신의 바지런한 손길이 대비되어, 같이 늙어온 두 사람의 닮은 듯 다른 모습이, 멀리서 보는 이를 즐겁게 했다.

어르신 혼자 작업하는 건 아니었다. 한 여성이 옆에 앉아 입을 다문 채 삼베 천을 만지는 장면이 종종 화면에 비쳤다. 며느리라고 했다. 어르신의 단호함이 곧은 나무 자를 연상시킨다면, 며느리인 그는 떡갈나무나 고무나무처럼 단단한 푸른 잎사귀가 달린 나무 같은 인상이었다. 별말 없이 조용히 삼베만 솎아내는 그가 궁금했다. 내가 보던 영상은 5년 전에 제작된 것이라, 어르신이 정정하실까도 알고 싶었다. 이래저래 알아보니 영면하셨다는 소식을 들을 수 있었다. 이제 그곳은 며느리라는 이가 혼자 지키겠구나. 전화를 걸었다.

"'한상길수의' 대표님이시지요?"

"한상길은 저희 어머니이시고, 돌아가셨어요. 지금은 제가 하는데 거창하게 대표님이라고 할 것 없어요. 혼자 합니다."

수화기 너머로 차분한 목소리가 들려왔다. 평택으로 갔다.

시중을 들었죠

작업장 마당으로 들어서니, 텃밭 사이에서 임미숙이 모습을 드러낸다. 집과 붙어 있는 작업장이다.

"나는 시집와서 처음 봤어요. 수의라는 걸. 시집오니까 우리 어머니가 뻣뻣한 천을 가지고 뭘 이만하게 만들고 그러더라고요. 그래서 그거 뭐 하시는 거예요? 했더니, '수의 만들잖니?' 하셔서 '수의가 뭔데요?' 했더니 입이 딱 벌어지시는 거예요. '너는 수의도 모르니?' 그때부터 이런저런 설명을 해주시는 거야."

기독교 집안이기도 했고, 그가 어릴 적을 제외하곤 집안에 돌아가신 분이 없다보니 상 치르는 일에 관해 아는 바가 없었다. 이래서 인생은 어디로 흘러갈지 알 수 없다고 하는가보다. 수의 한번 본 적 없는 사람이 수의 만드는 집으로 왔다.

116

"직원을 뒀는데, 다른 사람들이 성에 안 차니까 혼자 하시더라고. 그러니 도와드릴 수밖에 없었지. 어쩔 수 없이 옆에서 시중을 들었죠."

자연스럽게 시작된 일이었지만 그가 원한 바는 아니었다.

"결혼하기 전에 모다 미싱*을 배웠어요. 그래서 바느질은 수월했죠. 바느질이 싫은 게 아니었으니까. 젊은 사람들은 그러지 않을 거예요. 우리 아이들만 봐도 안 하려 그래. 싫어하더라고. 나는 옛날 세대잖아. 그러니까 한 거지. 당시만 해도 시부모가 시키면 시키는 대로 하는 시대였으니까. 그래서 했지. 그런데 뭐 그렇게 힘들거나 하진 않았어요."

수의 제작이 얼마나 까탈스러운 일인데. 게다가 다른 사람이 성에 안 찼던 어르신이 며느리라고 오롯이 성에 찼을까 싶은데, 임미숙은 덤덤하게 말한다.

"그냥 삶에서 익힌 거야. 어머니하고 생활하면서 익힌 거죠. 별다를 게 없어요."

수의_재료

수의. 저승길 갈 때 입는 옷. 장례를 치를 때 입관의 절차로 시신에 옷을 입히는 과정이 있다. 지역에 따라 불러온 이름이 조금씩 다른데, 전남에서는 멀리 갈 때 입는 옷이라

*   자동 모터 재봉틀을 일컫는다.

하여 머능옷, 경북 안동에서는 미농이라고 부르기도 한다.

죽은 사람이 입는 최고의 예복이라 했다. 실제로 평상시 입던 옷이나 예복을 수의로 사용하기도 하였다. 그러니 색도 모양도 다채롭다. 당시 고급 옷감이라 선호되던 동물성 섬유(명주, 비단 등)가 양반들의 묘지에서 발견된다. 생시와 같이 치장하기에 모자부터 신까지 갖추어 입는다.[1]

마음이 쉽지 않지

"다른 한복에 비해 기술은 좀 쉬울 거예요. 바느질만 주욱 해나가는 거니까. 그런데 마음이 쉽지가 않지."

마음이 쉽지 않다니.

"사람이 세상에 와서 고생하고 마지막으로 몸에 지니고 가는 건, 그거 하나야. 잘 살았건 못 살았건 간에 마지막에 하나 지니고 가는 거야. 그거 하나 가져가는데, 그 옷을 정성스럽게 만들어드려야 되잖아요."

그러니 만드는 사람 마음도 쉬우면 안 된다.

"이 이야기를 우리 어머니한테 귀에 인이 박이도록 들었어."

산 사람 옷 만들 듯이. 아니 그것만으로 안 된다. 수의는 죽은 이가 입는 최고의 예복이라 했다. 임종한 이를 두고 '돌아가셨다'고 한다. 본디 있던 곳으로 돌아가는 중한 날이다.

"수의는 가짓수가 많아요. 잘못해서 빠트리면 큰 낭패거든. 재단부터 꼼꼼히 해놓아야 해. 재단을 하고 양쪽 짝을 맞춰 놔야 하니까, 핀을 꽂아놓는다고요. 그전에 같이 일하던 사람이 있었어요. 우리 어머니가 핀 안 뽑은 걸 발견했어. 그 사람에게 핀 잘 뽑아야 된다고 그랬어요. 그랬더니 그 사람이 하는 소리가 '죽은 사람이 알아요? 찔려도 찔리는지'. 그 소리 했다가 바로 잘렸어요. 그 마음 가지고는 절대 안 된다고. 그날 저녁에, 일한 거 계산해서 이제 안 와도 된다고, 딱 그러시더라고요."

그런 엄격함이 80년 수의 명장 인생을 만들었다.

"우리가 만들어놓잖아. 어머니가 검사를 해. 잘못 만들었다 하면 다 뜯으시는 거야."

"혼도 많이 나셨겠어요."

"우리 어머니는 혼내고 그러지 않아. 대신 보는 앞에서 다 뜯어. 저고리 만들 적에 우리 어머니가 수도 없이 뜯었어. 그러면 얼마나 민망하고 불편한 줄 알아요? 그 감정이 이루 말할 수 없는 거야. 그러니까 실수를 안 하려고 노력을 하지."

어르신이 안 계신 지금도 긴장이 된다고 했다.

"이상하게, 저고리 앞섶 꼭 그 부분에서 힘이 들더라고. 지금도 긴장이 돼. 왜냐하면 선을 굉장히 중요하게 여기셨어요. 바느질 곡선이 곱지 않으면 뜯기는 거야. 딱 이쁘게 나와야지 돼. 그런데 나는 그거를 못 하는 거야. 여기를 젤 못 하는 거야."

임미숙의 나이는 일흔에 가깝다. 이 집에 와서 삼십 년 넘게 수의를 만들었을 텐데 여전히 겁이 난다니. 더는 못 하겠다는 생각을 안 했을 리 없다. 못 견디겠다 싶어 작업실을 떠났다가도 삼베에 파묻혀 있을 시어머니가 마음에 걸려 슬그머니 문을 열고 들어가 옆에 앉았다.

"그래도 그때가 그리워. 노인네 밑에서 하니까 마음 푹 놓고 한

단 말이야. 지금은 그게 아니야. 내가 다 책임을 져야 하니까."

산 사람이 입는 것보다도 더 엄격하게

"우리 어머니가 95세에 돌아가셨거든요. 지금 살아 계셨으면 100세가 되셨겠지."

죽은 이의 나이를 센다. 그의 말에 따르면, 코로나 백신 후유증으로 돌아가셨다고 한다. 백신을 맞기에는 너무 고령이었다.

"그때 입원을 한 상태셨어요. 단체 생활을 하니 안 맞을 수가 없는 거지."

다리뼈를 다친 상태였다. 다리가 늘 말썽이셨나보다. 한 인터뷰 영상에서, 한상길 어르신은 요즘 장례에서 염습하는 꼴이 전통 방식에 크게 어긋났다고 못마땅해 했다. "더럽게 해." 에둘러 말하는 법이 없다. 이리 덧붙였다. "내가 다리만 안 아팠으면 다 나가라고 하고 내가 했을 거야."² 장례에 관한 모든 일에 엄격했다.

"그게 망자에 대한 예의야. 그래서 그러는 거야. 산 사람이 입는 것보다도 더 엄격하게."

생전 어르신의 말을 거들 듯 임미숙도 말한다. 망자에 대한 예의는 수의 제작에서 수많은 금기로 드러난다. 수의를 만들 때는 말소리도 함부로 내지 않는다. 라디오조차 켜두지 않는다. 옷감 위로 사람이 넘어 다니는 일도 있어선 안 된다. 실을 이로 끊어서도 안 되고, 타인의 바느질 도구를 써도 안 된다. 남은 자투리 천은 버리지 않고 수의 베개 속에 넣어 고인과 함께 보낸다. 수의는 조심해야 할 것이 많은 옷이다. 저승과 이어진 옷이라 그렇다. 그래서 보통 윤달이나 윤년(윤달이 있는 해)에 제작을 한다.

"윤달은 귀신이 휴가받은 때라는 거 아니에요. 귀신이 쉰다는 거지. 그때 옷을 만들어야지 무탈하다는 거예요. 그러니까 해가 지고 옷을 만들지 말라는 것도 그거지. 해가 지면은 귀신이 돌아 댕기니까. 손에 잡은 그날 다 만들어야 해요."

윤달은 음력과 양력 간 차이가 한 달 이상 벌어지지 않도록 인위적으로 날을 만들어 넣은 것이다. 2~3년에 한 번씩 돌아온다. 신명의 감시 밖에 있기에 신의 노여움을 받지 않아 온갖 일을 해도 탈이 없는 날이라고 여겨졌다. 그래서 옛사람들은 죽음에 관한 일(관이나 수의 제작, 묘지 이장 등)이나 중대한 일(혼인, 이사 등)을 윤달에 하려 했다. 장례인들이 분주해지는 시기이기도 하다. 윤달이 있는 해에 수의 제작 주문이 몰린다. 그런데 아무리 귀신을 피한다고 해도 한복을 한나절 만에 만들 수 있나.

"옛날에는 한 사람이 하지 않았어요. 손바느질로 다 만들 때는 가문이나 동네 사람들이 한데 모여서 꾸린 거죠. 상복부터 해서 다 손으로 만들었지. 이제는 기계가 손바느질을 어느 정도 대신하잖아요. 그래도 얼마나 바쁜지 몰라요. 그걸 하루 만에 끝내려고 하면 아침 꼭두새벽부터 일어나서 시작해야 한다고."

손은 바쁘고 지켜야 할 것은 많다. 아직 금기를 다 읊지 못했다. 수의는 본래의 자리로 돌아갈 때 입는 옷이기에 바늘땀을 다시 뒤로 돌려 떠서는 안 된다. 실이 짧다고 해서 다른 실을 이어 묶어 사용해서도 안 된다. 수의에는 매듭도 없어야 한다. 그래서 바느질이 끝나도 매듭을 짓지 않는다.

"매듭을 안 맺는 거는, 그렇대요, 염라대왕 앞으로 갔을 적에 이승과 저승의 끈을 풀어야 되는데 매듭을 묶으면 못 푼다는 거야."

매듭을 지어놓으면 죽은 이가 이승의 끈을 풀지 못해 꿈에 나타난다고 했다. 무서운 일이라고 생각하다가, 그리우면 꿈에라도 찾아오길 바라겠지 싶어진다. 그리운 이가 있다면 그 사람 수의에 살짝 매듭을 묶어놓으면 될까. 그러다 정말로 그가 저승을 가지 못하고 구천을 떠돌면 어떻게 하나. 내세를 믿지 않으면서도 그립다가 두렵다. 수의는 내세를 위한 옷, 내세를 믿는 마음이 없다면 존재하지도 않았을 옷이다.

옛사람들은 수의를 북두칠성의 뜻을 이어받은 옷이라 여겼다. 멧베(대마 끈)로 시신을 일곱 번 묶는 등 지금까지도 북두칠성의 의미를 따른 흔적이 남아 있다. 청동기 시절부터 조상들은 북두칠성에 죽은 이의 명복을 빌었다. 어둠 속에서 가장 밝게 빛나는 별이어서일까. 칠성신은 염원의 신으로, 평온과 장수, 무병과 태평의 기도를 들어주는 신으로 여겨진다. 기도를 들어주는 신. 죽음 앞에서는 기도가 필요하다.

수의_품목

조선 전기의 《국조오례의》에 기록된 남자의 수의 품목은 다음과 같다. 망건, 복건(머리쓰개), 흑단령(관복 두루마기), 대대(윗옷에 매는 띠), 한삼(소매 끝에 흰 헝겊으로 길게 덧대는 소매), 철릭(무관이 입던 공복), 고(홑바지), 말(버선), 이(신), 충이(귓구멍을 메우는 솜), 명목(얼굴을 싸는 천), 악수(손을 싸는 천). 여자 수의 품목은 따로 언급되지 않았으나, 조선 중기와 후기의 기록을 보면 웃옷의 일종인 원삼(또는 심의)

와 포오(저고리), 치마를 기본으로 하였다.

오늘날은 이렇다. 여자 수의는 원삼, 저고리, 속저고리, 치마, 속치마, 속바지, 여모(여성이 쓰는 모자), 명목, 원삼띠, 악수, 오낭(고인의 머리카락과 손톱 등을 넣는 다섯 주머니), 버선, 습신(종이로 만든 신)이 있다. 남성 수의는 도포, 저고리, 속저고리, 바지, 속바지, 버선, 행전(정강이에 감아 무릎 아래 매는 천), 습신, 악수, 오낭, 복건, 명목을 기본으로 한다. 부속물로 금침(이부자리와 베개), 보공(관의 빈 곳을 채우는 옷) 등이 있다. 원삼은 내·외명부의 예복인데, 민가에서는 혼례복으로 입었다. 생전에 갖고 있던 것을 입기도 했지만, 수의로 새로 맞출 때는 생전의 것보다 크게 만들었다.

이것저것 많이 넣는다고

수의 제작에 쏟는 정성에 대해 말하다가, 그가 문득 내게 물었다. "수의 입는 문화도 점점 없어지고 있다면서요? 자기가 입던 옷을 입고 간다고들 그러더라고요."

내 주변에도 수의를 입지 않겠다는 사람이 많다. 수의가 곧 삼베옷이라는 공식이 만들어지기 훨씬 전엔 사람들은 자신이 생전 입었던 가장 귀한 옷을 입고 떠났다. 보통 예복이나 혼례복을 귀하게 여겼다. 그러니 옷감도 모시, 무명, 명주, 마포 등 다양했다. 하지만 요즘 사람들이 옛날 옛적의 전통을 따르겠다고 삼베 수의를 입지 않겠다는 건 아니다.

이제는 죽으면 대부분 화장장으로 가니, 내 몸과 함께 썩어갈 옷을 고르던 때와는 다를 수밖에 없다. 그런데다가 수의는 터무니없이 비싸게 느껴진다. 중국산 삼베를 국내 삼베 수의로 속여 팔았다는 뉴스는 잊을만하면 다시 등장해 불신을 키운다. 더구나 여자는 저고리에 치마를 입고 남자는 두루마기에 바지를 입는 성별 구분도 젊은 사람들 눈에 탐탁지 않다. 생전 치마 한번 안 입은 이도 죽으면 무조건 치마를 입어야 한다니. 그리고 무엇보다, 수의를 왜 입어야 하는지 모르겠다.

이런 이유로 삼베 수의에 대한 생각이 예전 같지 않다. 나 또한 왜 수의를 입고 떠나야 하는지 모르는 사람에 가깝다. 하지만 손이 긁히도록 뻣뻣한 삼베 천을 손수 빨고 말리고 다림질해, 라디오 소리조차 없는 고요한 작업장에서 나절 내내 한 벌의 옷을 만들어내기 위해 몸을 수그린 사람 앞에서, 그런 생각을 입에 담을 수가 없다.

"수의 말고, 돌아가시기 전에 입는 옷이 또 있어요."

내가 말을 찾기도 전에 그는 다른 대목으로 넘어간다.

"광목으로 만드는 옷인데, 예전엔 사람이 죽을 때가 다가오면 그 옷으로 갈아입혔어요."

예전에는 천거정침(遷居正寢)이라 하여, 죽음을 앞둔 환자를 집안 깨끗한 곳으로 옮겼다. 임종을 준비하는 절차였다. 이때 죽음을 앞둔 이는 깨끗한 천이나 흰 광목으로 만든 옷을 입었다. 오늘날 사람들은 병원에서 죽고, 고인은 환자복 차림으로 안치실에 옮겨진다. 환자복은 대개 고름이나 혈흔으로 얼룩져 있다. 군데군데 얼룩이 남은 환자복을 폐기함에 버리다보면 존엄하게 죽는다는 게 어떤 일인지를 생각하게 된다. 그러니 임종 시 입는다는 광목

옷이 내 마음을 사로잡는다. 하지만 사라진 옷이다. 수의도 이렇게 시절을 타고 사라지려나.

시절의 변화를 알지만 임미숙은 어떤 변화도 만들지 않는다. 그저 배운 대로 만든다.

"나는 그걸 전통이라고 배웠기 때문에, 내가 달리하면 전통이 없어지는 거니까요."

나는 전통이 무엇이냐고 물었다.

"요즘은 많이 '믹스'를 해서 불필요한 것들도 수의에 집어넣는단 말이에요. 전통은 간결해. 보통 사람들이 입던 거니까. 기본에 충실한 게 전통인 거지."

'보통 사람들'이라는 말이 귀에 들어온다.

"장례식장으로 우리 수의가 들어갔는데, 장례지도사가 그걸 입히면서 자기네 쓰던 수의랑 다르니까 전화를 하더라고. 뭐가 없대. 약간 트집 잡는 식으로 이야기를 해. 그러면 내가 설명을 해요. 나는 나름대로 전통에 따라 만든 거니까. 이런 식으로 입히면 되니, 거기에 대해서는 아무 말 하지 말라고 이야기하지."

호랑이 같은 한상길 어르신과는 또 다른 단호함이다. 두 사람이 서로 다르면서도 묘하게 이질감이 없던 건 이 때문인가보다.

"요즘은 머리에 고깔을 씌우니 해. 내가 배우기로는 명목 정도면 끝인 거야. 얼굴을 명목 하나로 딱 싸매놓으면 그걸로 끝나. 괜히 사람들이 보이는 데 취해 있는 거야."

명목은 얼굴을 가리는 용도의 천이다. 거슬러 올라가면, 눈과 얼굴을 가리는 작은 천이었으나 점차 얼굴과 머리 전체를 덮는 크기의 얼굴 싸개로 바뀌어왔다고 한다. 요즘은 그 외에도 머리에 덧씌우는 고깔 등이 수의 품목에 포함되는 일이 많다. 그런데 이곳에서 보내온 것은 작은 명목 하나가 끝이었으니, 배운 대로 입혀야 하는 장례지도사에겐 당황스러운 일이기도 했겠다.

고인이 직접 수의를 준비하는 경우도 있다. 대다수는 나이가 지긋한 어르신들이다. 수의는 미리 만들어두면 장수와 화목을 가져온다고 하여, 죽기 전에 수의를 마련해두는 것이 어르신들의 커다란 바람이나 숙제일 때가 있었다. 고인이 직접 마련한 수의로 장례지도사가 입관식을 진행하는 모습을 본 적 있다. 장례지도사 이안나는 사별자들에게 이렇게 말했다.

"옛날에는 수의를 만들 때 한두 가지를 빼고 만들어야 장수한다고 했습니다. 그래서 어머니께서 준비하신 옷가지만 저희가 정성을 다해 입혀드렸습니다. 미진한 것이 있다 해도 자손들과 화목하게 더 오래 함께하고 싶으셨던 어머니 마음이었다고 생각하고 이 시간에 마음을 다해주시면 감사하겠습니다."

그래봤자 부족한 것은 오낭 같은 작은 품목이었지만 그리 말해주는 장례지도사가 좋았다.

"옛날엔 수의가 간소했지. 지금처럼 화려하지 않았어. 옛날에는 베 한 필 구하는 것도 힘들었잖아요. 그 옛날엔 베로 세금도 내고, 다 해야 하니까. 다른 천은 말해 뭐하나. 그러니 어떻게 넉넉하게 옷감을 써요?"

보통 수의 한 벌에 옷감이 여섯 필 240자 정도 들어간다고 했다. 조선 후기, 베 두 필을 내면 군역을 면제받을 수 있었다. 수의 옷감이 삼베로 고정된 것은 그로부터 한참 뒤라 하지만, 떵떵거리던 부자 양반네 아니고서야 삼베건 무엇이건 죽은 이에게 품이 넉넉한 옷을 입힌다는 것은 그만큼의 희생을 의미했다. 희생을 감수하는 마음이기도 했다. 수의가 '보통 사람들'의 옷이라면 낭비가 없어야 한다.

"뭘 이것저것 많이 넣는다고 정성은 아니잖아요. 간결하게, 그렇지만 정성 들여 만드는 거지."

나는 그제야 수의에 가졌던 오해를 푼다. 죽어서까지 부와 계층을 드러내는 허식과 세속의 옷이 아닌, 보통 사람들의 옷으로 수의를 보게 된다. 그러고 나니 수의를 생각하는 마음이 편해진다. 가장 아끼던 옷을 입고 갈 수도 있고, 조촐하고 간소하게만 수의 제작을 의뢰할 수도, 내가 직접 만들 수도 있겠다. 어떤 것을 선택하든 "보통 사람들이 입었던 것이니까"라는 임미숙의 말이 나침반이 되어줄 것만 같다.

한결 가벼워진 마음으로 전통에 관해 듣는다.

"어머니는 그러셨지. 우리가 전통이라 부르는 건 몸에 밴 습관이라고. 옛 어르신들이 당신 몸에 습관처럼 배서 지녀온 거지."

습처럼 배어 있으니 이와 다른 행동거지가 들어오면 거북하다. 한상길 어르신은 전통에 엄격한 편이었다. "지금은 전통 수의를 찾아볼래야 찾아볼 수 없어." 고개를 절레절레 흔들던 영상 속 모습이 떠오른다.

"그렇지만 그걸 만드는 사람도 그 사람대로의 뜻이 있어서 만든 것이고. 우리는 배운 게 이거니까 이게 맞다고 하는 거지. 틀리고 맞고는 없는 거예요. 그 사람은 그 사람대로 존중해주면 되는 거고. 우리는 우리대로 존중을 받으면 되는 거예요."

사실 삼베 수의는 '전통' 논란에 시달리고 있다. 삼베 수의가 일본의 잔재라는 이야기가 있다. 앞서 이야기했듯이 조선 시대는 물론 구한말까지도 대체로 생전에 입던 귀한 옷을 수의로 입었는데, 1920년대 일제에 의해 삼베 수의가 강요되었다는 주장이다. 일본이 조선의 상장례를 표준화하고자 1934년에 공포한 '의례준칙' 해설에는 수의와 대렴의 재질에 대해 아래와 같이 언급하고 있다.

"수의와 시신을 싸는 이불은 베(布)와 무명(木) 등 깨끗한 것을 숭상할 것이오."

이때를 기점으로 하여, 부모를 떠나보낸 상주가 죄인이라는 의미로 입던 삼베(참최)가 수의로 탈바꿈했다고 한다. 광복 이후에도 그전까지 귀하게 취급받던 동물성 직물에 부정적인 속설이 덧씌워져(명주는 뼈에 감겨 삭지 않는다, 모시를 쓰면 자손의 머리에 새치가 생긴다 등) 삼베 수의를 입히는 문화가 지속되었다는 것이다. 당시 좋은 수의를 가르는 기준이 '동물성 직물이냐, 식물성 직물이냐'였다면, 지금은 천연섬유와 합성섬유의 대결쯤이 되겠다. 소위 '중국산'이라 불리는 합성섬유가 섞인 수의가 지탄받고 있다. 시대가 변한다. 전통을 위협하는 존재마저 달라진다.

수고했다. 수고했다

"우리 일이 흔한 직업은 아니잖아요. 특수한 일이지."

아무리 특수하다 해도 일이니만큼 경건하기만 할 순 없다.

"바느질이 재미있지. 죽죽죽 하다 보면 완성이 됐을 적에는 재미나. 뭔가 한 가지라도 재밌으면 계속할 수 있는 거예요."

30년을 할 수 있었다. 임미숙은 그 재미를 전하지 못하고 기술이 사라지는 게 아쉽다. 수의 만드는 법을 배우겠다는 사람이 없다. 아쉬워 기록으로 남겨두려 한다고 했다. 수의 제작법에 관해 조금씩 적어둔다. 그는 글쓰기 동무를 만난 듯 나를 염려해준다.

"몇 글자 적으려고 해도 머리가 아픈데. 나는 내가 아는 걸 적어

도 그런데. 남의 머리에 있는 걸 가져다가 그걸 정리해서 적으려
니 얼마나 힘들겠어요."

일은 다 힘들죠. 그 사이로 재미있는 게 하나라도 있으면 계속
할 수 있으니까요. 나도 그를 따라 말하고 싶어진다. 임미숙은 자
리에서 일어나 작업장 구석으로 가더니 칡같이 검고 질긴 나무줄
기를 한 움큼 들고 온다. 삼베 줄기란다. 저 검은 줄기가 색이 뽀
얘질 때까지 인간의 손을 탄다. 같은 마음으로 같은 옷을 만드는
건 어려운 일이다. 손은 한번 기술을 익히면 달라질 줄 모르는데,
마음은 간사해 찰나에도 달라진다. 그런 마음을 습관처럼 다잡는
다. 누구 하나 보지 않는 곳에서도.

"솔직히 말해서 가볍게 생각할 옷은 아니거든. 왜, 사람이 한 번
살다 가는데 마지막으로 지니고 가는 걸 가볍게 생각하면, 그 사
람 인생만이 아니라 내 인생도 대수롭지 않게 생각하는 거지. 수
고했다. 수고했다. 이 세상 사는 동안에 수고했다. 곱게 입고 가라
이거야."

임미숙에게도 준비해둔 수의가 있냐고 물었다. 한상길 어르신
은 직접 만든 수의를 입고 가셨다고 했다.

"나 입을 건 내가 만들어 가라고 옷감만 준비해주셨지. 나는 내
솜씨가 있으니까 내가 만들면 되지."

오래전부터 수의를 준비한 어르신 본인 삼베는 빳빳하고, 며느
리를 위해 준비한 삼베는 보드랍다. 요즘은 기술이 좋아져 삼베
천도 희고 부드럽게 나온다. 그가 꺼내 보여준 옷감을 보며 촘촘
하게 짜인 삼베에 빠져든다. 삼베가 고운 거였구나.

"나는 속에다가 명주를 넣을 거야. 인견이나. 좀 더 부드럽겠
지."

살아오느라 애쓴 자신에게 결코 가볍지 않은 옷을 건넨다.

"수의만큼은 정갈하게 입고 싶어. 번잡스럽지 않았으면 좋겠어."

번잡스럽지 않은 생의 마지막을 원한다. 다만 존중받는.

수의_전통 논란

1934년, 조선총독부는 의례준칙을 공포하며 혼례와 상례, 제례 등의 전통 의례를 간소화하겠다고 했다. 복장을 가볍게 하고 상례 기간 3년을 축소한다는 내용이었다. 전통적으로 사후 1일째 행하는 습, 2일째 행하는 소렴, 3일째 행하는 대렴 절차를 하루에 모아 진행하도록 하였는데, 이는 오늘날 삼일장의 근원이 된다.

복장은 삼베로 만든 전통 굴건제복 상복을 생략하고, 두루마기와 두건을 상복으로 지정했다. 서양 옷인 양복을 입을 경우 완장을 차도록 하였다. 완장은 당시 일본 국가장 기간에 일본 신민들에게 규정된 복장이었다. 완장뿐 아니라 삼베 수의도 전통 장례와 무관하다고 보는 이들은 일본이 "죄인의 옷으로 인식되던 삼베 수의를 고인에게 입히는 방식으로 식민지 조선 백성들의 정신을 피폐화시"켰다고 주장한다.[3]

이를 반박하는 의견도 있다. 조선 후기부터 이미 비단 수의가 비판받았다는 것이다. 정약용, 이익 등 실학자들은 상장례가 검소해져야 한다며 포(베)의 사용을 권장했다. 따라서 삼베 수의를 일제 잔재물로 보기보다는, 조선 후기부터 삶의 방식에 따라 함께 변화한 상례 복장으로 봐야 한다는 주장이다.[4]

1986년 〈한국민속종합조사보고서 제7편(의생활)〉에 따르면, 당시에도 지역마다 주로 사용하는 수의의 재질이 달랐다. 안성은 주로 명주를 쓰고, 강원도와 충북 일부 지역은 무명을 사용했다. 제주도는 수의를 '호상옷'이라 하여 백색 마포나 명주로 만들었다. 전국적으로 삼베 수의가 정착된 역사가 의외로 짧다. 이를 근거로 삼베 수의는 화장 장법의 확산과 장례식장 장례로 인해 자리 잡은 문화라 보는 시각도 있다.

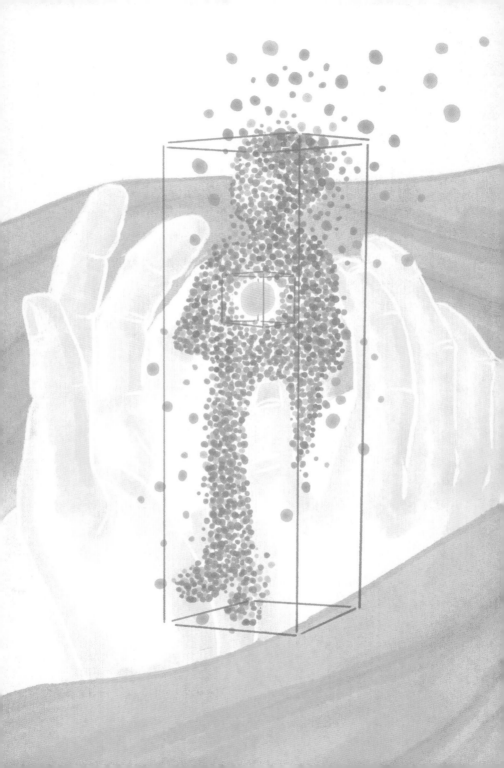

가는 길 적적하지 않게
: 선소리꾼 방동진

"애들한테 좀 미안하지. 늙은이가 노래 배운다고 이렇게 다 늘어놔서. 〈일편단심〉부른 금잔디 아시지? 몰라요? '눈물 흐르고 흐르고 흘러도 나를 위로해줄 그대라는 사람을.' 옛날에는 다 이렇게 가사를 써가지고 외웠어요. 여기 〈진또배기〉부른 이성우. 알아요?"

모른다. 어르신이 이야기하는 가수를 하나도 모르겠다.

"암으로 죽었어. 그 아들이 지금 가수예요. 이렇게 하나하나 써서 외웠어요."

하얀 종이에 손으로 눌러쓴 가사가 한 뭉치다. 어르신들의 세계에도 기술력이 들어와 카세트에 유에스비(USB)를 꽂으면 노래가 나온다. 수십 개의 유에스비마다 가수 이름이 적혀 있다. 어르신이 하나하나 적어둔 것이다. 노래가 들어 있는 유에스비는 동묘시장에서 사 온 것이라 했다. 멀리 나들이 간다고 생각하고 직접 걸음을 하거나 자식들에게 부탁한다.

그가 부르는 대중가요 몇 곡을 듣는다. 아흔이 훌쩍 넘은 나이에도 목소리가 카랑카랑하다. 단둘이 있는 고요한 시골집에서 곡이 끝날 때마다 박수를 보내기가 애매해 노래가 끝나자마자 감탄으로 박수를 대신했다.

"꿈이 가수셨어요? 그러셨을 거 같아요."

그가 손사래를 친다.

"그런 건 생각을 안 하고, 그냥 노래를 좋아했어요."

그렇지만 송해 선생이 진행한 〈전국노래자랑〉 본심에도 올랐다고 했다. 어르신은 수십, 아니 수백 번은 들춰보았을 가사집을 매만진다.

"나이가 이제 구십하고 둘이면, 언제 죽을지 모르잖아요. 이게 다 추억인데. 내가 죽으면 이것들 다 태워버려지겠지."

"버리기 너무 아까운데요."

하나하나 저리 모아둔 것도 정성인데.

"애들이 그렇게 생각하나."

"좋아하는 노래 몇 곡 뽑아서 나중에, 한참 뒤에, 돌아가실 때 관에 넣어달라 하는 건 어떠세요?"

"그럴까?"

그가 내게서 시선을 거둬들여 가사집을 본다.

"적적하지 않으시게요."

좋아하는 곡 듣고 흥 나서 가시게. 방동진 어르신을 만난 건 떠나는 길에 듣는 노래 때문이었다.

상엿소리

상엿소리. 상여를 메는 사람(상여꾼)들은 장지로 가는 길에 죽은 자와 산 자의 안녕을 비는 노랫소리를 한다. 그중 선소리(상여 앞줄에서 선창하는 소리)를 하는 이가 있다. 방동진 어르신도 종종 상여 앞에 나섰다. 소리는 어떻게 배웠냐는 말에 그가 두꺼운 책자 하나를 꺼낸다. 비닐로 커버를 씌웠는데도 닳고 닳아 몇 군데는 녹색 테이프로 보수했다. 꽤 나이를 먹은 책이다. 제목마저 한자로 써 있다. 더듬더듬 읽어보니, 가정보…. 마지막 글자는 테이프에 가려져 있다.

"가정보감이에요."

출근길에 이 책을 샀다고 했다.

"제가 젊은 시절에 KT(당시 한국통신)에서 근무를 했어요. 여기서 30년 동안을 출퇴근했는데. 입사하고 얼마 안 돼서 만난 친구가 하나 있는데, 그 친구가 선소리를 하는 거예요. 소위 지관(풍의 길흉을 고려하여 장지나 택지를 정하는 사람 또는 그런 업)도 보고 이러는 집안이었어요. 야, 나도 그거 하는 소리 좀 알려달라 했더니, 안 알려줘요. 한두 소리도 아니고 그걸 언제 알려주냐고 그래요. 마다하는 걸 억지로 졸라도 안 되겠고 해서 포기를 하려는데, 어느 날 출근을 하는데 버스에 장사(하는 사람) 하나가 올라오더라고요. 그래 이렇게 보니까《가정보감》이라는 책이야. 딱 젖히니까. 내가 정말 해보고 싶은 소리가 나오더라고. 그래서 그 책을 사다가 가사를 읽었어요."

마을에 소리를 하는 사람이 있긴 했는데, 가사를 모르고 그 앞사람이 하던 걸 흉내 내어 음만 따라 하던 수준이라고 했다. 어이야~ 어이야~ 추임새가 상엿길 내내 이어졌다. 그는 그 음에 가정보감에서 본 가사를 붙였다. 착 들어맞았다.

"읽고 와서 내가 하니까 사람들이 깜짝 놀라는 거예요."

그때부터 마을에 상이 있으면 그가 소리를 해주었다.

"나는 정말 어디 가서 노래해주고 뭐 한 푼 받은 적이 없어요."

소리가 좋아서 그냥 해줬다.

"힘든 일인데. 성의 표하는 거 좀 받고 하지 그러셨어요."

묘를 옮기는 곳에 한 번 따라갔는데, 해는 너무 뜨겁고 산길엔 그늘이 없었다. 그 길을 누구는 상여를 메고, 누구는 내내 소리를 하며 가다니. 상여꾼들에게 음식(값)을 넉넉히 쥐여주어야 한다던 옛사람들 말에 고개가 마구 끄덕여질 정도로 고되었다. 그렇지만 어르신은 가로젓는다.

"지역에서 문상 가듯 찾아가는 건데. 내가 그게 직업도 아니고 그럴 순 없지."

소리가 좋아서 소리를 하고, 떠나는 이가 서글퍼 소리를 해줬다. 지금이야 운구는 대부분 상조회사나 아르바이트를 통해 진행하지만, 그 시절 상여꾼들은 동네에서 힘 좀 쓴다던 이들이었다. 품앗이처럼 상례를 도왔다. 이웃 사람으로 문상 겸 가서 빈소를 지키고 장지를 따라간다. 그 길에 소리를 한다.

"소리 들어볼 수 있나요?"

내가 책자를 들춰 상엿소리 편을 찾으려고 하자 그가 일러준다.

"지역마다 상엿소리가 달라요."

그 말에 그가 사는 지역명이 쓰인 장을 찾아 책자를 넘기는데, 글씨가 깨알 같다. 출퇴근 버스에서 내내 이 책을 들춰보며 갔다고 했다. 젊은 시절이었다. 그는 돋보기안경을 찾더니 책을 건네받아 향두가 쪽을 펼친다.

"향두가가 상엿소리예요?"

"그렇죠. 고향 향, 머리 두. 고향이 있는 곳에 머리를 둔다는 의미예요. 여기 서창소리는 상여가 집을 나설 때 부르는 노래, 달구질소리는 무덤터 다질 때 땅을 밟으며 부르는 노래고. 회상곡 이건 신사에 위패를 넣고 하직할 때 부르는 거고."

"요령잡기는요?"

"그건 상여 메기 전에 하는 소리죠."

상여가 가는 길마다 부르는 노래가 따로 있다. 아는 것 없는 내가 책자를 들추며 두서없이 물으면 그는 꼬박꼬박 대답해주면서도 "기억이 아름아름해가지고"라고 덧붙였다. 속절없이 세월이 흘렀다. 그러면서도 노래를 청하면, 가사집 한번 보지 않고도 곡을 뽑아낸다.

나는 가네 나는 가네 북망산천으로 나는 가네
만당 같은 내 집 두고 문전옥답 다 버리고
만첩 청산에 들어가니 구척광중 길이라고
칠성으로 요를 삼고 떼장으로 이불 삼아
살은 썩어 물이 되고 뼈는 썩어 진토 되니
삼혼 칠백 흩어지니 어느 친구가 날 찾으랴
창해 유수 흐른 물은 다시 오기 어려워라*

"노랫말을 아직 다 기억하세요?"

내 쪽에선 놀라운데, 그는 대수롭지 않다는 듯 곡명을 알려준다.

"상두소리예요."

제일 앞에서 선소리꾼이 상여를 이끌며 하는 소리이다.

천년만년 살 거라고 먹고픈 것 아니 먹고

* 상엿소리는 지역에 따라 다르고 부르는 이에 따라 조금씩 다르다. 이 글에서는 방동진 어르신이 부르던 방식의 상엿소리를 따른다.

가고픈 곳 아니 가고 입고픈 것 아니 입고
쓰고픈 것 아니 쓰며 동전 한 닢 아껴 쓰며
아등바등 살았건만 인생이란 일장춘몽

'나는 가네. 나는 가네. 어이 갈까. 어이 갈까.' 추임새마저 구슬
프다.

"노래가 슬퍼요."

가사를 모를 적에는 '아이고, 아이고' 곡소리가 슬프더니 가사
가 들리니 이건 너무 내가 아는 인생 이야기다.

장가들고 학교 가고

얼추 가락을 했는지, 어르신은 이번엔 요즘 하는 공부를 보여
준다. 노래 가사가 쓰인 흰 종이 묶음 옆에, 이번에는 영어가 빼곡
적힌 종이 뭉치가 나온다. 그것도 필기체로 수려하게 쓰여 있다.
"영어 공부도 하세요?" 감탄이 절로 나온다. 복지관에서 영어 회
화 수업을 듣는다고 했다. 자신 빼고는 다 젊은 사람들. 그의 기준
에서 젊은 사람들이겠지만, 아흔 살 노인은 그 하나뿐이다.

"선생님이 여기다가 영어 대화를 녹음해줘요."

그는 핸드폰에서 녹음 파일을 찾아 들려준다. 교사의 낭랑한 영
어 문장을 선두로 해서 학생들이 합창하듯 따라 한다. 얼마 전에
는 지역 명물을 영어로 소개하는 발표회를 가졌다고 한다.

"무척 재미나게 사시는데요."

나는 취재하러 온 것도 잊고 마냥 엄지를 치켜든다. 어르신들이
부지런히 사는 걸 보면 이유를 따질 것 없이 안심된다. 아직은, 가

실 때가 아니라는 생각에 마음이 놓이는 걸까.

"학교 다닐 때도 공부하는 거 좋아하셨어요?"

"좋아했죠. 초등학교서부터 반장을 해보려고. 저기 □□국민학교에서 2학년까지 다니다가 △△국민학교 1학년으로 들어왔어요. 옛날에는 나이가 오버해도 그냥 받아줬어요. 와보니까 홍○○이라고 그 애가 학교에서 반장을 하고 있던 거야. 반장 좀 해보려고 그랬는데 걔가 반장 계속했어. 6년 동안."

"반장 욕심도 있으셨네요."

반장은 고사하고 중학교도 놓칠 지경이었다. 입학금 낼 여력이 되지 않았다.

"집이 엄청 가난했어요. 우리 동네에서 제일 가난했지. 우리 농사지은 거 다 팔아도 등록금이 안 되는 거야. 추석이어도 쌀이 없으니까. 남들은 다 지난해 농사지은 걸로 송편도 해 먹고 하는데, 우리는 쌀이 없으니까. 벼 익기도 전에 퍼런 거 털어가지고 볶아. 볶아서 말려가지고 방아에 찧어. 그걸 햇볕에 말려서 떡을 했지. 그걸로 할머니 할아버지 생신도 해드리고."

학교를 포기하고 인쇄소에 들어갔다. 그러다가 장가를 들었다.

"내가 가마 타고 장가를 갔거든. 열아홉 살에. 할아버지가 손주며느리 보고 돌아가셔야겠다고 해서. 그런데 내가 장가 안 간다고 버텼어."

젊은 시절 그의 고집이 보통은 아니었는지 혼사 전날까지 가마를 타지 않겠다고 버텼다. '왜 안 간다고 하셨어요?' 물으니, 가난해서. 당장도 입에 풀칠이 어려운데 새 식구를 들이는 일이 암담해서. 중학교도 못 보내줄 형편에 무슨 장가냐고 대들었다.

"그래가지고, 내가 장가들고 학교 다녔어."

협상의 결과물일까. 그는 염원하던 중학교에 갈 수 있게 됐다.

"할아버지가 손재주가 좋아서 돗자리 삼태기 광주리 이런 거 만들어서 동대문 시장에 가져다 팔아서 돈 마련해놓으면 내가 홀랑 가져다가 등록금 내고. 우리 할아버지가 불쌍해. 나중에 내가 직장 들어가면서, 열심히 해서 먹고살만해졌지. 입사 처음 하니까 월급이 2만 5000원이야."

지금 물가로는 얼마인지 더듬어보려다 그만둔다. 이 가족에겐 큰돈이었겠지. 남동생들은 중학교 문턱도 못 밟았다. 맏아들 중학교 졸업에 가족이 모든 것을 걸었다. 그의 배움은 가족의 생계를 책임지는 장손의 무게로 갚아야 하는 빚이었다. 죽은 이를 조상신으로 모시고 가문의 새로운 가주를 세우는 일이 장례라고 배웠는데, 방동진 어르신이 살아온 삶을 들으니 가문의 장자가 가주가 되는 그 의례를 긴 시간에 걸쳐 보는 기분이다.

"옛날에는 계가 성했어요. 계를 들어서 순서 1번을 타. 옛날엔 농지 값이 4000원 이랬어요. 그걸 사. 누가 땅 판다고 하면 내가 샀어요. 그걸로 이제 부자 소리를 들은 거예요. 아주 고생 많이 했어요."

돈이 생기면 마을 땅부터 샀다. 그가 사는 곳은 땅이 깊고 물이 많기로 소문난 마을. 논에 들어간 소가 나오질 못할 정도로 땅이 물을 머금어 질척였다. 그런 땅을 부르는 말이 '고래실'. 지금도 지명에 남아 있다. 기름진 땅에서 찰진 쌀이 나왔다. 동대문에 지사가 있던 한국통신으로 출근해 꼬박 하룻밤 당직을 하고 돌아와 논밭으로 향했다. 그 찰진 쌀을 팔아 온 가족이 먹고살았다. 돈이 생기면 땅을 샀고, 한 줌 여유가 생기면 노랫가락을 익혔다.

오래 살아서

"사 형제였는데 둘은 가고 이제 둘 남았어. 나하고 막내만 남았지."

지금은 세상에 없는 동생들은 젊었던 시절, 나이가 차자 집을 떠났다. 집을 지키는 건 맏이인 자신의 몫이라 여겼다. 지척에 문중의 사당이 있다. 떠날 마음 한번 품지 않고 살았다.

"내가 우리 집에서도 장손이지만, 전체 문중에서도 장손 갈래예요. 저기 사당에 16대 할아버지부터 주욱 있어요. 시향(제)이라고 있어. 산에 가서 제물을 차려서 가문의 제사를 지내는 거예요. 요즘은 산에들 안 가. 그래서 제실을 지어서 위패를 내리 칸칸이 모셔두었어. 10월에 시향제에서 제사를 지내는 거지."

위패를 사당으로 옮겨 조상신을 모시고, 그 후손이 가문의 가장으로서의 자리를 이어받는다는 전통 상례 이야기를 듣는다. 장손인지라 어릴 적부터 축문 쓰는 법을 익혔다고 했다.

"요즘 대학 나온 사람들보다 한문은 더 많이 알아."

집을 떠나지 못하는 사람의 운명은 그 집에서 사람들을 떠나보내는 것. 삼대가 같이 살았다. 그리고 여기서 그 모두를 떠나보냈다. 그의 조부모도, 어머니도, 아내도 이 집에서 임종을 맞았다. 조부가 돌아가셨을 땐 대청마루에 병풍을 쳐놓고 그곳에 위패를 놓았다. 상을 치른 후에는 매일 아침 조식을 올리며 3년을 보냈다.

"옛날에는 그랬어요. 3년을 챙겼어. 할아버지는 3년을 모셨고 아버지는 부모보다 먼저 갔다고 불효라고, 1년 만에 탈상했어요."

그의 아버지는 이르게 돌아가셨다.

"우리 아버지는 객사를 했어. 병원에서 돌아가셨어요."

한국전쟁 때 불타 다시 세운 이 집에서 운명하지 못한 유일한 사람.

"우리 아버지는 정말 일만 하다 돌아가셨어요. 일만 하다가. 새벽 세 시면 일어나서 일하러 가요. 배곯으면서 일했지. 지금 살아 계셨으면 쌀을 묵혀가면서 먹었을 텐데. 땅뙈기가 있어도 이제는 못 드리잖아."

주름 짙은 어르신들의 표정은 알기가 어려운데, 이 순간은 알겠다. 그는 슬프고 그립다.

삼천갑자 동방석도 한번 죽음 못 면하고
말 잘하고 말 잘하던 소진장도 결국 한을 달랬더냐
만리장성 진시황도 장생불사 찾았더냐
돈이 없어 죽었던가 기운 없어 죽었던가

돈이 없어 죽었던가. 기운 없어 죽었던가. 그의 아버지는 일만 하다 죽었다.

"일만 하던 분이라 헛소리를 어떻게 하는 줄 알아요? 병상에 누워서도 '찰벼를 털어. 찰벼를 털어야 해'. 농사짓는 분이니까 돌아가시는 순간까지도 그걸 걱정하다 간 거야. 여물 솥에 넣어 소죽 만들어야 한다고. 가는 내내 헛소리를 하는 거야. 아주 불쌍한 사람으로 돌아가셨어. 누리다가 돌아가셨으면 좋은데. 누린다는 게 뭐 별거야. 그냥 밥이라도 잘 먹고. 그런데 맨날 시래기 죽만 만들다가 돌아가셨어. 내가 왜 이렇게 오래 사는지 모르겠어."

이 집에 혼자 남아 그는 자신의 나이를 더듬는다. 며느리와 단둘이 있을 때, 어르신은 묵혀놓았던 말을 꺼냈다.

"미안하다고 했지."

"뭐가 미안하신데요?"

"오래 살아서."

우리는 그의 며느리가 반듯하게 잘라 통에 담아둔 수박을 나눠 먹던 참이었다. 먹는 사람이 없어 상한다며 다 먹고 가라는 그의 채근에 수박을 양껏 입에 넣으며 오래 살아서 미안한 이야기를 듣는다.

"나 죽으면 갈 자리를 다 해놨어요. 우리 할머니(아내) 옆에다가 해놨는데. 애들이 매장을 하겠어요? 요즘은 다 화장이지. 상여를 하려고 해도, 상여 멜 사람이 없는 거야. 동네에 젊은 사람 여덟 명, 열두 명이 어디 있어. 그런데 장례 비용은 화장하는 게 덜 들어가. 그건 그래."

그는 오래 자리를 지켜왔지만, 그가 지켜온 자리가 이어지지 못할 거라는 걸 안다. 그가 모아온 땅에도 벼와 과수가 자라지 못할 것이다. "요즘 누가 농사를 짓나." 자신이 모은 농지가 뿌듯하다가도, 나 죽고 나면 저 땅이 고스란히 팔릴 것을 알아 잠시 울적하다가도, 그렇게라도 자식에게 무언가를 남겼다는 마음에 다시 뿌듯하다. 자신의 죽음을 생각하면서도 심정이 교차한다.

요즘 시골 노인들은 한동네에서 살아온 이들과 마지막 인사조차 하지 못한다는 이야기를 들었다. 도심 병원이나 요양원에 가면 그걸로 끝이다. 다신 보지 못한다. 상여를 메고 마을로 오지 않는다. 아들딸이 사는 어느 도시에서 장례를 치렀더라 소식만 들려온다. 아마도 그는 세상을 떠난 후 처음으로 이 고래실을 떠나게 되지 않을까.

나는 간다 나는 간다

"손금 보던 사람은 나보고 수명이 64세랬어."

젊었을 적 이야기다. 당직을 서는 날이었다. 한가하기에 손금 볼 줄 안다던 동료에게 손을 내밀었다.

"'수명이 64세네요.' 그러는 거야. 조금 괘씸하더라고. 그래서 내가 (옆에 다른 동료에게) 네가 한번 봐보라고. 걔도 보더니 64세 래. 지나서 마음을 좀 가라앉히고 내가 이야기했지. 실제로 64세 가 나왔더라도 본인 앞에서는 80까지 산다고 해야지."

여든까지 산다고 했어도 그 말도 틀렸다.

"내가 소리했던 분들이 나를 더 살게 했나봐. 내가 앞에서 길 안 내했다고."

그럴 수 있겠다 싶어 선선히 끄덕인다.

"그것도 공으로 해주셨으니 얼마나 더 고마웠겠어요. 고마워서 나이를 더 드렸나보다."

오래 살아 미안하기도, 나이를 더해주어서 고맙기도 하다. 나이 가 들어 사는 일이란 그런 걸까.

어엄창 장사한 태조도 장생불사 못 하였고
이곳 불과 제왕초도 장생불사 못 하였네
삼국 사명 조자룡도 장생불사 못 하였고
사명 축돌 초패왕도 장생불사 못 하였네

영원히 오래도록 살지 못했다. 관우도, 조자룡도, 진시황도 못 한 장생불사다. 슬퍼하지 마라. 아쉬워하지 마라. 상여 속 고인에

144

게 불러주는 노래인가. 남은 이들에게 전하는 말인가. 상엿소리가 슬픈 것인지 사는 일이 슬픈 것인지 모르겠다. 그렇다고 만 리 길을 슬프다 슬프다 하며 갈 수 없다.

"자네가 추임을 좀 넣고 그래야 하는데."

"저는 그런 거 못 해요."

이번에는 내 쪽에서 손사래를 친다.

"상여 가는 길이 길어요. 상여꾼들이 추임새를 해주면서 나눠주는 거지. 이게 북을 턱턱 치면서 해야 더 어울리고 좋은데. 이거 녹음되고 있는 거 맞지?"

우느냐니 우는 줄 아나
가느냐 가는 줄 아나
어허어허 넘차 어하

"그런데 왜 그렇게 노래를 부르면서 가는 거예요?"

"먼 길 가는데 흥이 있어야 가지요."

상여가 나간다. 눈이 네 개 달린 도깨비, 방상씨가 역귀를 쫓으며 큰 창을 휘두르며 덩실덩실 춤을 춘다. 위에 달린 눈 두 개는 이승을, 아래쪽은 저승을 본다. 형형한 눈으로 거침없이 고인을 지켜주길. 방상씨의 질펀한 춤사위 뒤를 따르는 것은 명정. 빨간 천이 깃발처럼 나부낀다. 영여(상여 모형)와 만장이 뒤를 따른다. 동네에서 글 잘 쓰기로 손꼽는 이를 사서로 세워 만장에 슬픔을 적는다. 잘 가시오, 인사를 한다. 구름이 당신을 지킬 거고, 불삽이 당신을 지켜줄 겁니다. 운아(구름 운雲, 버금 아亞)라 쓰인 깃발을 든다.

자, 이제 상여가 나간다. 고인이 집을 떠나는 발인이 시작된다.

장례 3일은 짧아요
: 화장기사 이해루

"장법은 결정하셨나요?"

장례식장 직원이 물을 것이다. 장법이라는 단어가 낯설 뿐 단순한 질문이다. 고인의 시신을 매장할 것이냐, 화장할 것이냐.

옛날엔, 그러니까 아주 옛날이지만, 돈과 권력이 없으면 죽어 태워지는 일도 쉽지 않았다. 조선에서 불교식 화장법이 탄압을 받았다지만 국호가 고려였던 시절에도 화장은 귀족이나 돈 있는 집에서 하는 장법이었다. 장작으로 사람을 태우는 일은 만만치 않았다. 가난한 이들은 장작값 대는 일마저 빠듯했다. 풍장, 유기장, 세골장* 등 다채롭게 형편이 닿는 대로 고인을 떠나보냈다.**

오늘날까지 이어져온 장례법은 여유 있는 자들의 풍습이다. 지붕에 올라 죽은 이가 입던 옷을 휘날리며 고인을 애타게 부르는 고복만 해도 그렇다. 우리가 떠올리는 고복의 슬픔은 기와지붕 위에서 벌어지지만, 조선 시대 평민들은 대부분 초가 아래 몸을 누

---

* 시신을 한 곳에 안치하고 일정 기간이 지나 살이 썩으면 뼈만 추려서 항아리 등에 안치하는 장법.

** "조선 시대에 와서 장법이 규격화하기 전까지 가난하고 평범한 이들이 어떤 방식으로 장례를 지냈는지는 기록으로 잘 남아 있지 않다." 박태호, 《장례의 역사》, 서해문집, 2006.

였다.

그럼에도 불교가 한반도에 들어온 역사만큼이나 화장의 역사도 길었기에, 조선 초기까지 화장은 암암리에 이뤄졌다. 조선 9대 임금 성종은 화장을 국법으로 금한다. 화장을 치를 경우 본인은 물론 해당 고을의 관리와 이웃도 처벌을 면하지 못했다. 그런데도 화장을 하여 처벌받았다는 기록은 이후에도 어렵지 않게 찾을 수 있다. 강압과 예법이 섞인 여러 시도 끝에, 오랜 시간이 지나서야 매장은 민간에서 유일무이한 장법이 된다. 그러나 토지에 국토 개념이 덧씌워지자 묘지는 문젯거리로 떠오른다. 근대에 들어 매장 장법은 "국토의 효율적 이용과 공공복리 증진에 이바지"***하는 일을 방해하는 요소로 여겨졌다.

기록에 따르면, 조선 말 한성 주변 벌거숭이 산은 가난한 사람들의 묘지로 빼곡했다. 이 시기 누구보다 조선의 '효율적인 국토 이용'이 필요했던 조선총독부는 '묘지·화장장·매장 및 화장 취체규칙(이하 취체규칙)'을 공포한다. 시신을 매장할 때는 꼭 신고를 해야 하며, 공동묘지 매장과 화장을 권장한다는 내용이었다.[1] 당시 조선인들의 인식에서 선산이 아닌 공동묘지에 조상을 매장하는 일은 가당치 않았고, 화장은 나라 법으로 500년 동안 엄격히 금지된 행위였다. 반발과 동요가 커서 취체규칙은 발포 1년 후에야 경성(서울)에 한해 시행될 수 있었다. 전국적으로 시행되는 것은 그로부터도 2년 후였다.[2]

***'장사 등에 관한 법률(장사법)'의 목적(제1조)에서 가져왔다. "이 법은 장사(葬事)의 방법과 장사시설의 설치·조성 및 관리 등에 관한 사항을 정하여 보건위생상의 위해(危害)를 방지하고, 국토의 효율적 이용과 공공복리 증진에 이바지하는 것을 목적으로 한다."

화장장은 그 이후로도 한참이나 환영받지 못했다. 1990년대까지 국내 신문 지면을 채우던 화장장 기사에는 '주민 눈살' '신축 못해' '추진 반발' '부지 확보 난항' 같은 말들이 따라붙었다. 시신을 태우는 곳이라는 막연한 혐오 때문만은 아니었다. 시설과 기술이 미흡하니 바람이 불면 분진도 같이 날아왔다. 그 분진이 한때 사람이었던 이의 (타버린) 신체 일부라는 생각이 사람들을 괴롭혔다. 하지만 방도가 없어 보였다. 땅은 포화 상태였다.

"국토가 분묘로 뒤덮일 것을 개탄"[3]하며 화장을 해달라 한 모 기업 회장의 유언을 계기로 '화장 운동'까지 일었다. 한국에서 유난히 묘지가 거슬린 데는 높은 인구 밀도 외에도 토지가 개발과 증식, 투자의 공간이 된 까닭이 있었다. 고속도로가 놓이고 철도가 깔리고 건물이 세워지고 갯벌이 메워지는 가운데, 땅은 부지런히 사고 팔렸다. 땅은 귀해졌고 사람은 태워졌다. 1994년 20퍼센트대에 머물던 전국 화장률은 2023년 90퍼센트에 달했다.

그러는 사이 화장장은 사라졌다. 열에 아홉이 화장을 하는 시대가 왔는데, 도리어 화장장이란 이름은 찾아보기 어려워졌다. 추모공원*과 같은 이름으로 변모했기 때문이다. 어둡고 흉물스러운 시설이라는 인식을 전환하기 위해 이름에 '화장'이라는 단어를 뺐다. 예를 들어 서울시 소속 화장장은 두 곳이 있다. 경기 고양시에 있는 서울시립승화원과 서울 서초구에 있는 서울추모공원이다. 두 곳 모두 이름에 '화장'이 들어가지 않는다.

---

* 화장장은 승화원이라 부르고, 납골당은 추모의집으로 부른다. 화장 및 추모 시설 옆에 공원과 같은 휴식 공간이 함께 설치된 곳은 시민공원이라는 이름을 채택했다.

이름만 개정한 것이 아니다. 주민들의 반발을 누그러트리기 위해 시설 디자인이나 경관에 많은 신경을 썼다. 서울추모공원의 경우, '추모의 꽃'을 디자인 모티브로 삼아 생태연못과 공원을 조성하는 등 혐오 시설이라는 이미지를 탈피하려 했다. 이렇게 인식을 개선하려는 방편 중에는 '여성 화장기사'도 있었다.

내가 이해루를 알게 된 것은 12년 전 기사에서다. "여성 최초 화장로 기사 이해루·박○○ 씨"라는 기사[4] 제목이 눈을 사로잡았다. 화장장에 처음으로 공식 채용된 여성 화장기사들이다. 이들은 입사 첫해에 여러 매체와 인터뷰를 한다. 언론은 이들을 남성들만의 공간에 들어온 신기한 여성, '섭씨 1000도'에서 일하는 대견한 젊은이로 소개했다.

구체적으로 의도한 바는 없더라도, 이러한 언론 보도는 추모공원에 '젊은 여성들도 입사를 원하는 산뜻한 공간'이라는 이미지를 안겨주었다. 막 개원한 신식 시설에 어둡고 낡은 화장터라는 편견은 꽤 억울한 것이었고, 이를 벗어나는 데 '그녀'들이 도움이 필요했을 테다. 이로써 화장장은 '젊음(의 이미지)'을 획득했다.

나로서도 여성 화장기사 이야기가 반가웠다. 이해루를 만나고 싶었다. 어느 정도 매너리즘에 빠진 선배 직장인이 되었을 테다. 10년 세월을 들어보고 싶었다. 다만 걱정이 있었다. 여전히 그가 화장기사로 일하고 있을까. 1000도씨 넘는 일터라 하지 않았나. 무작정 그의 직장인(혹은 직장이었을) 추모공원에 전화를 걸었다. 그렇게 근속 12년 차 화장기사 이해루를 만날 수 있었다.

어리고 선한, 젊은 장례인?

"세월이 금방 가요."

정말이다. 내 앞에 앉은 이해루는 이제 40대에 들어섰다.

"그때도 그렇게 어리진 않았는데."

20대 후반이었으니 사회적으로 '어리다'고 하는 나이가 아니었다. 그럼에도 그는 젊고 어린 인물로 브라운관에 비쳤다. 청년 이미지는 어디에서든 선호된다. 나이 든 장례업자에겐 탐욕의 이미지를 곧잘 씌우면서, 장례업에 종사하는 젊은 세대를 소개할 때는 선하고 무해한 '착한 청년'의 이미지를 활용한다. 신기한 일이다. 이곳도 직장인데 무구함만이 존재할 리 없다.

그런데 지금으로부터 20년 전, 갓 스물이 된 이해루는 무해한 이미지를 가져야겠다고 생각했다.

"나의 선함을 증명할 수 있는 직업을 가져야 한다고 생각했어요."

무슨 말인가?

"어렸을 때부터 나를 잘 알았어요. 평범하게 회사 다니면서 사회가 원하는 대로 적응하며 살 수 없을 것 같다고. 80년대생인데, 제가 어릴 때는 고정관념이 엄청 심했잖아요. 남자 여자는 이래야 하고. 학생은 저래야 하고. 그런데 저는 그렇게 안 되는 거예요. 왜 따라야 하는지 납득도 안 되고."

고정관념을 거부하는 사람들이 가지게 되는 이미지는 '진취적이거나 깨어 있는' 사람이 아니다.

"사람들이 볼 때 저는 착한 사람은 아닌 거예요."

유순하지 않고 까칠한 사람으로 보기 일쑤다. "늘 사람들에게 나를 설명해야 하는 기분이었어요." 그가 하는 선택이 학생답지 않고, 여자답지 않고, 젊은이답지 않았기에. 이해루는 그런 자신을 보호해줄 직업을 갖기로 했다.

"사람들은 이 직업을 들으면 속으로 뭐라고 생각을 하든 겉으로는 '좋은 일 하시네요' 하잖아요. 그러면 이 직업을 가졌다는 이유만으로 저에게 다른 모습이 있더라도 그걸 굳이 설명해야 할 필요가 없어지는 거예요. 그 지점이 좋더라고요."

관혼상례의 한 조각을 담당하고 있다는 사실만으로, 그는 정례화된 규범을 거부하거나 거기에 의문을 품는 사람이라는 사실을 숨길 수 있다. 번잡한 질문에서 벗어날 수 있었다. 그가 찾은 '좋은 일'의 첫 시작은 장례지도사였다.

"사람들이 어리고 여자라서 이 일을 못 할 거라고 생각하는데, 그걸 깨부쉈을 때의 쾌감도 있거든요. 제가 장례식장에 있었을 때, 상주분들이 저랑 상담하면 안 좋아했어요. 젊은 여자가 장례를 담당한다니까. 안 좋아하는 걸 저도 느껴요. 무시도 하고. 그런데 둘째 날, 입관식을 하잖아요. 그러면 태도가 싹 바뀌거든요. 그런 게 있어요."

일을 잘하나보다. 그렇지만 현실에는 그런 통쾌함만 있는 건 아닌지라, 일을 잘하니 선배들이 좋아했겠다고 추어올리자 그는 이리 말한다.

"여직원을 뽑는다고 할 때, 사실 그분들이 저에게 기대하는 건 일 잘하는 후배가 아니잖아요. 어차피 여잔데 하면 얼마나 하겠어. 여자가 오면 사근사근 구는 맛이 있겠지. 그런 걸 기대했을 테잖아요."

그는 사근사근 구는 법을 모르는 사람이었다. 20대 초반, 이 일을 시작할 때는 더 그랬다. 소위 '뻣뻣한 사람'이었다.

"그게 더 약해 보인다는 거를 그때는 몰랐어요."

그 시절 무엇을 한다고 덜 약해 보였을까. 여러 방편으로 자신을 보호하고 방어하고자 애쓴 사람들이 직장에서 살아남아 선배가 된다. 그는 8년간 장례식장과 상조회사에서 장례지도사로 일을 한 뒤, 서울시가 위탁 운영하는 화장장으로 자리를 옮겼다. 그의 행보는 젊은 세대의 장례인들이 선호하는 코스였다. 지자체 공공기관 소속이라 안정성이 보장되고, 밤낮없는 장례식장에 비해 출퇴근 시간이 고정적이다. 그런 까닭에 입사 경쟁률이 높다고 들었다.

이해루야말로, 혼자 양육을 해야 했기에 고정된 출퇴근이라는 안정성이 꼭 필요했다. 그럼에도 그가 정말로 필요로 했던 건 안정적인 직장 그 자체가 아니었다. 장례 일을 계속할 수 있는 조건을 만들어주는 일터였다. 그는 장례업계를 떠나고 싶지 않았다. 입사 직후 운구와 화장 중 담당 파트를 선택할 수 있었는데, 보통 운구 파트를 선호하는 분위기였다.

"예전에는 화장 파트가 다른 부서에서 유배를 오는 곳이라는 이미지였대요. 아니면 사정이 있어 돈을 좀 벌어야 하는 분들이 지원하거나. 지금은 장례지도학과도 생기고 방송에도 직업이 소개되면서, 사람들이 속으론 꺼림직하게 생각해도 그걸 입 밖으로 드러내면 안 되는 분위기가 있잖아요. 예전에는 그렇지 않았어요. 선배 중에는 가족이 (시설관리)공단에서 일하는 건 아는데, 어떤 일을 하는지는 모르는 사람도 있었어요. 비밀로 하는 거죠."

유배지라던 화장장에서 일하기를 선택했다. 여전히 장례인이고 싶었다. 하지만 10년이 지나, 이해루는 자신을 그저 직장인이라고 말한다.

"저희가 순환근무를 해요. 지금은 화장기사 업무를 하고 있지만 보직이 바뀌면 다른 부서로 가야 하거든요. 그러면 직업적 정체성이 흔들리겠죠."

순환근무가 시작된 것은 최근이다. 화장 파트는 근무시간이 길다. 서울시 소속 화장장 중 가장 규모가 큰 승화원은 한 해 4만 구의 시신을 화장한다. 그보다 규모가 작은 그의 일터에서는 연간 2만 건 남짓 화장을 한다. 아침 여섯 시부터 저녁 일곱 시까지, 하루 열세 번 정도 화장 일정이 잡힌다. 열네 시간 근무가 기본이다. 연장 근무에 따른 시간외수당 때문에 여기는 돈 벌어야 하는 사람이 오는 곳이라는 말이 돌았다. 그러나 주 52시간 도입 등 근무환경이 변화하면서 시간외수당 대신 보상 휴무가 적용됐다. 그러더니 점차 화장 파트 직원들도 다른 공단 직원처럼 순환근무를 하게 됐다. 몇 년 후에는 다른 파트로 옮겨가야 할지 모를 일이다.

하지만 그는 화장기사로 살고 싶어 이곳으로 온 사람이었다. 다른 동료들이 떠나는 걸 보며 씁쓸하다.

"그냥 직장이었구나. 화장기사실 업무가 다른 파트 업무에 비해 어느 부분에서 힘든 건 맞지만, 그래도 우리끼리 잘 지내면 즐겁게 지낼 방법이 많다고 생각을 했거든요. 그런데 여기가 먼지 날리고 지저분한 옷 입고 그런 곳이라고만 생각했던 동료들이 있다는 걸 알게 되니까 회의감이 들더라고요."

화로 열로 뜨겁고, 잿가루 분진이 날리고, 쉽게 몸이 더러워지는 곳이겠지. 그렇지만 그는 안 힘든 일 없다는 말로 일축한다. 특수한 곳이라 여겨지는 일터의 사람들은 자신의 일을 설명하기 위해 '얼마나 극한 직업'인지부터 이야기해야 한다. 누굴 위해서? 20대

중반, 인터뷰에서 이해루는 기자에게 안경 렌즈마저 녹이는 뜨거운 열기에 대해 말했다. 하지만 그때도 지금도, 그에게 이 일은 힘들지만 견딜만한 것이다. 어릴 적부터 아르바이트로 단련된 태도이자, 장례인으로 그가 갖는 마음가짐이기도 했다.

볼이 벌겋게 달아오르고

오전 여섯 시, 첫 조가 출근하는 시간이다. 다음 조는 일곱 시 삼십 분에 출근한다. 화장기사 세 명이 한 조를 이루는데, 그중 한 명이 불 당번을 맡는다. 불 당번이란 화장로 담당을 뜻한다. 다른 두 명은 입로(관을 화장로에 넣는 작업)와 수골(화장하고 남은 뼈를 거두는 작업)을 한다. 불 당번은 출근해 화로 청소부터 시작한다. 화로 내부에 쌓인 잔재를 치우고, 입로 (운구용) 대차를 닦는다. 잔재가 달라붙어 거칠어진 대차 판을 닦거나 그라인더로 갈아 매끄럽게 하는 작업이다.

입로 준비를 마치면 그때부터 열 개의 화로가 분주히 돌아간다. 시신 한 구를 화장하는 데 드는 시간은 한 시간 이십 분 남짓. 모두 같은 속도로 타지 않는다. 관의 재질과 입관 내용물, 주검의 체형, 그리고 날씨도 화장 시간에 영향을 준다. 날이 더우면 화장장 내부 온도가 올라가 설비가 셧다운되기도 한다. 그럴 땐 화로를 식혔다가 다시 불을 지펴야 한다. 습한 날이나 장마철에는 산소 공급이 적어 화염이 약해진다. 그러나 날이 맑아도 흐려도 비가 와도 화장 예약 시간은 한 시간 반 간격. 무슨 일이 있어도 시간 안에 고인을 수골실로 보내야 한다.

그러니 화장기사들은 볼이 발갛게 달아오른 상태에서 화로를 살핀다. 휴게실로 돌아오면, 에어컨이 아무리 찬 바람을 내보내도 시원한 줄 모른다고 했다.

"날 더울 때는 이마에 해열 파스 하나씩 붙이고 일하죠."

사람들이 모르는 곳에서 등판을 축축하게 적시며 일한다. 장례에 필요한 많은 일이 보이지 않는 곳에서 이루어진다. 그곳에서 손발을 움직이는 이들 덕분에 장례가 물 흐르듯 진행된다. 이해루에게 화장장 매뉴얼에 대해 물었을 때, 사별자들을 대하는 태도나 인사법에 관해 들을 수 있을 거라 기대했다. 아니었다. 매뉴얼엔 화장 작업 시 공기 유입량 체크, 대차 정리, 도구 관리, 잔재 처리에 관한 내용이 담겨 있었다. 화장장이 제대로 운영되려면 뒤편에서 도구와 시설을 점검하고 관리하는 작업이 필요하다. 같이 울어주고 손을 맞잡아주는 것만큼이나 필요한 일이다. 장례 절차가 삐걱거릴수록 사별자들은 더 많은 눈물을 쏟는다.

그의 일터인 화장장은, 나에겐 누군가의 죽음을 대신 슬퍼하러 가는 장소였다. 시립 화장장의 이용 통계를 보면 항목이 크게는 대인과 소인으로 구분되어 있다. 그런데 어른과 아이 외에 하나의 목록이 더 있었다. 행려. 의미만 본다면 '떠돌아다니는 사람'이지만 여기서는 연고 없이 떠돌아다니다가 사망한 이, 즉 무연고 사망자를 의미했다(하지만 무연고는 연고가 없는 이를 가리키는 말이 아니다. 이 이야기는 6부에서 하도록 하자). 서울시립승화원에는 무연고 사망자의 장례를 치르는 공간이 따로 있다. 가끔이지만, 무연고자 장례에 참석하러 승화원에 가곤 했다. 얼굴도 모르는 이의 위패를 들고 수골실로 가서 유골함을 품에 안고 오는 일이었다.

울어주는 사람 없이 몇몇이 단촐하게 서서 화장로로 관이 들어가는 걸 지켜보고, 얼굴도 모르는 이를 잿가루 덮인 유골로 처음 접하고, 그마저 분쇄되어 유골함에 담기는 모습을 보고 있자면 어쩐지 외로워졌다. 그럴 때 위로가 되는 건 화장기사들의 깍듯한 태도였다. 유리로 가로막혀 서로 목소리를 들을 수 없기에 화장기사는 손짓으로 상황을 설명한다. 그가 고인의 성함이 적힌 표식을 내밀면, 이쪽에선 고개를 끄덕인다. 화장기사는 깊게 몸을 숙여 인사를 하고 버튼을 누른다. 알지 못하는 이는 그렇게 화장로로 들어간다. 화장기사가 다시 정중하게 목례를 건네고 유리창엔 가림막이 쳐진다. 이제 저 뒤편에서 일어나는 일은 이해루와 같은 이들의 몫이다.

유골함을 안고 유택동산(봉안하지 않는 유골을 뿌리는 장소)으로 가던 어느 날, 장례지도사들끼리 하는 이야기를 들었다. "신입들이라 시간이 걸리더라고." 분골이 평소보다 더디게 이루어졌다고 했다. 유리창 너머 화장기사가 젊다 했더니 신입이었나보다. 신입과 경력직은 분골하는 시간부터 다르다.

"경력직이 두 분 모실 때 신입은 한 분도 다 못 모시는 정도로 차이가 나죠."

이해루 역시 손이 빠르다. 하지만 빠른 손놀림은 단지 기술을 드러내는 게 아니라고 했다.

"유족들 입장에선 관이 화장장에 들어가는 걸 봤잖아요. 한 시간 뒤에 다시 왔더니, 한지 위에 뼈가 있는 거예요. 자석으로 이물질을 거르는 것부터 보게 되거든요. 처음 보는 거니까 타격을 좀 받죠. 화장기사들이야 늘 보니까 당연한 장면이겠지만, 부모님 뼈를 처음 보는데 그걸 자석으로 누르고 있어요(고철 물질을 분리하기 위해서다). 그리고 분쇄기로 옮기더니 막 가는 소리가 들려요. 저는 사람에 따라 이게 상처가 된다고 생각하거든요. 그 시간을 조금이라도 줄여주는 게 낫지 않을까 해요."

그의 말을 들으니, 내가 얼굴도 모르는 이를 화로에 넣어두고 느낀 외로움은 마음이 다친 것일 수도 있겠다 싶다. 죽음이라는 사건은 상처를 준다. 살아 있는 사람이 죽은 사람이 되고, 죽은 사람이 흰 뼈가 되는 일은 피할 길이 없어 잔혹하다. 그 잔혹함을 줄여주는 것이 화장기사들의 정중한 몸짓이라, 그걸 보며 위안을 받았었나보다.

누구나 염습을 할 수 있어야

장례인들이 주는 위안이 있다. 고인이 평온한 표정이더라. 이 한마디를 굳이 건네는 이유는 남겨진 이들의 평온을 생각해서다. 미련이건 부채감이건 털어버리기를 바라는 마음이다. 하지만 일하는 사람인 이해루는 장례인이 주는 위로에 더 엄격한 잣대를 가져다 댄다.

"일을 시작했을 땐, 제가 고인에게 정성을 다하는 모습이라든가, 남들이 하기 꺼리는 일을 서슴없이 하는 사람이라는 생각에 취해 있을 때도 있었어요. 장갑도 안 끼고 염습하고 그랬어요. 나는 시신을 더러운 걸로 취급하지 않을 거야, 이런 마음으로. 그러다가 어머니 장례를 치르면서 생각이 바뀌었어요. 어머니 시신을 입관하는 사람의 마음이 그때의 나와 같다면, 나는 싫다. 내 어머니의 죽음과 무관하게 자기감정에 취해 있는 거잖아요."

그 후로 무엇이 바뀌었나.

"아무 생각도 안 하려고 해요. 실수 없이 깔끔하게만. 담백하게 일하려고 노력하죠. 좀 사무적인 느낌으로 일하는 게 차라리 위로가 되는 순간들이 있잖아요."

장례지도사였던 시절 이해루는 실타래처럼 얽힌 감정으로 인해 정작 가족끼리 주고받지 못하는 위로를 대신 건네는 사람이 되고 싶었다. 하지만 자신이 유족의 자리에 서자, 이별과 애도는 타인이 이끌 수 있는 것이 아니라는 사실을 깨닫는다. 이후로 그는 한편에 비켜선 사람이 되고자 했다.

화장기사인 이해루는 어머니의 장례를 직접 치렀다. 여기서 '직접'이란 많은 것을 의미했다. 염습부터 입관을 거쳐 화장장에 모셔 분골하는 과정까지, 모두 그의 손을 거쳤다.

"제가 엄마를 입관하고 직접 화장도 했거든요. 그게 저에겐 의미가 참 컸어요."

내가 교육원에서 장례지도사 일을 배울 때, 부모 염습을 자기가 하고 싶어 교육을 듣는다는 사람들이 있었다. 나 또한 그랬다.

"당연히 할 수 있죠. 누구나 염습을 할 수 있어야 한다고 생각해요. 자격증 없이도요."

'아무나 할 수 없는 일'이란 말을 내내 들어온 터라 '누구나'라는 그의 말이 낯설다.

"장례 3일은 짧아요. 솔직히 그건 시신을 처리하는 기간이지, 사람들이 마음을 돌볼 수 있는 시간은 아니라고 보거든요. 애도는 장례 이후에나 할 수 있게 되는 거 같아요. 내가 직접 어머니를 입관하고 보내드렸던 게 애도에 크게 도움이 되었어요. 가족들이 떠나고 제일 많이 가지는 감정 중 하나가 죄책감이잖아요. 유가족 중에 까탈을 부리는 사람이 많아요. 그게 다 죄책감을 덜어보기 위해 하는 거라고 생각하니까 이해가 되더라고요. 그들이 직접 해야 하는 부분을 내가 대리해서 하고 있으니까, 나에게 이야기를 하는 거구나."

대리하는 사람이라.

"예전엔 사람들이 못하는 일을 내가 대신해주고 있어, 그러니 난 대단한 일을 하는 거라는 자부심도 가지고 있었는데, 착각이었어요. 사람들이 당연히 할 수 있고, 당연하게 해야 하는 과정을 내가 뺏는 걸 수도 있겠다, 그런 생각이 들더라고요."

장례 전문가라 이야기하지만, 전문가란 다른 의미로 지식을 독점하는 위치이기도 하다. 의사 한 명 한 명의 노고와 무관하게 현대 의학은 우리가 내 몸을 이해하고 판단할 권한을 소수의 전문가들에게 국한한다.* 장례라고 다를 순 없다.

"제가 상조회사에서 일할 때, 이런 적이 있어요. 나이가 좀 있는 여자 유족분이었는데, 여자 장례지도사가 온다고 해서 기다리고 있었다고 하더라고요. 그러더니 자기랑 같이 입관을 하자고 했어요. 그래서 '이 일 해본 적 있으세요?' 물었더니 없대요. 모르지만 할 수 있다는 거예요. 그때는 제가 나이도 어리고 해서 속으로 짜증이 많이 났거든요. 잘하는 사람이랑 하면 한 시간 걸릴 걸 두 시간을 하고 있으니까. 그런데 살면서 그분 생각이 계속 나더라고요. 그렇게 할 수 있다는 게 멋지다. 상주잖아요. 이 초상의 주인. 장례는 나의 상이지 장례지도사의 상이 아니거든요."

그의 말을 들으니 좀 자신감이 생긴다. 가족 구성원의 입관을 내가 직접 하겠다고 했을 때 장례식장 직원이 보일 불편한 반응이

---

*　　의료인류학자 김태우는 《아프면 보이는 것들》(후마니타스, 2021)에서 말한다. "의료는 강력한 영향력을 가진 문화의 형태를 가진다. 내 몸에 다른 사람의 개입을 허용할 정도로 강력한 문화라고 의료를 표현할 수 있다."

상상만으로도 생생해 괜히 위축되었었다.

"저는 장례의 방식을 주체적으로 결정할 수 있는 사람들이 많아져야 한다고 생각해요. 장례에 대해 잘 모르고, 다 상조(회사)를 써야 하는 줄 알잖아요. 상조를 써서 맡겨버리면 되는 일이라 생각하고. 그런 경향이 점점 심해지는 거 같아요."

'없음'과 '있었음' 사이에 채울 슬픔조차 알지 못했던 것은 나의 개인적인 무지가 아니었다. 어느 책에서 말한 것처럼 "죽음은 우리의 교과 과정에 빠져 있다".[5] 우리는 죽음에 대해 배운 것이 없다. 장례는 더욱더. 무지의 자리에 '모르는 사람'이 들어온다. 모르는 사람이 와서 내 몫의 장례를 치러준다. 나에게 남겨진 것은 "차가운 유리가 깔린 테이블 위에서 몇 번의 서명을"[6] 하는 역할뿐이다. 계약서 항목에는 선택의 폭이 넓지 않은 보기가 있다. '기본형, 중간형, 특형' '기본, 대마, 궁중수의' '오동나무, 소나무, 향나무…' 객관식 보기에서 답을 찾아야 한다. 고개를 들어 장례 전문가를 바라보면 "이 정도는 기본으로 합니다"라고 한다. 보기 몇 개를 선택하고 나면 '기본'이라는 장례의 모습이 세팅된다. 혼란스럽고 무력하고, 장례라는 게 참 틀에 박힌 무엇이구나 싶을 때쯤엔 화장장에서 대기 번호를 받고 있다.

중간 규모의 상조회사에 취재 겸 입사 교육을 받으러 간 적이 있다. 대부분의 시간을 상조회사 상품 설명(을 빙자한 판매 홍보)을 듣는 데 소비하긴 했다만, 그래도 상조회사의 현황을 들을 수 있었다. 교육을 담당한 본부장이라는 사람이 이런 말을 했다.

"옛날엔 이사를 가족들이 직접 했잖아요. 요즘은 누가 그렇게 이사를 하나요? 못 하죠. 포장이사업체를 부르지. 장례도 마찬가지입니다. 장례도 직접 치를 수가 없어요. 전문가가 필요하단 말입니다."

그게 상조회사라 했다. 나는 손을 들어 묻고 싶었다.

"이사랑 장례는 아무래도 다르지 않나요?"

이사는 가구 배치가 마음에 안 들어도 나중에 배치를 바꾸면 그만이지만, 장례는 그럴 수 없다. 마지막은 두 번 찾아오지 않는다.

"장례라는 건 되게 프라이빗한 일이잖아요. 나의 개인적인 감정이랑 맞닿아 있는 일이고. 내가 어떤 장례를 치를 것인가를 스스로 결정 못 하면, 그게 후회로 남거나 이후에 어려운 순간이 찾아올 거예요."

그때 손을 들어 묻지 못한 물음의 답을 이해루를 통해 듣는다.

"저는 장례라는 것이 결국 삶의 모습을 반영하는 거라고 생각을 하거든요. 지금의 장례는 국가에서 가정의례준칙을 정하고 그에 맞춰 형식이 갖춰지게 된 것인데. 장례라는 게 누가 기준을 정해줬다고 해서 그거에 맞춰 따라갈 필요는 없다고 생각해요."

내 삶이 반영되지 않은 장례가 무슨 의미가 있을까.

토양이 있어야

이해루는 장례에 관한 명확한 생각이 있다. 하지만 그는 직장인이다.

"장례업에 투신할 때 대단하게 장례 문화를 바꿔보자 그런 것은 아니었지만. 그래도 조그맣게 생각하던 것들이 있었는데. 그것을 이루어내기에도 제가 권한이 없는 거예요. 여기 와선 더. 화장이라는 실무적인 업무를 하는 것뿐이지, 가족들에게 가닿거나 터치할 수 있는 부분이 없거든요."

그와 사별자들 사이에는 유리 칸막이가 있다. 이건 어쩌면 이해루가 찾은 안정의 대가일 수도. 그는 인터뷰를 앞두고 이렇게 말했다. "제가 딱히 뭔가 정책적으로 결정할 수 있는 위치에서 일하는 사람은 아니니까요." 그러니 다른 사람과 인터뷰하는 게 더 낫지 않을까 했단다. 동시에 "실질적으로 결정하는 사람은 따로 있다 보니까 우리 이야기를 들어주는 사람이 많이 없기에" 인터뷰에 응했다고 했다.

무언가를 해볼 수 있겠다는 생각을 접은 후, 그는 자신에게 남은 시간을 이렇게 말했다.

"내가 땅에 떨어져 썩을 준비를 하고 있는 거 같아요."

마흔 초반 나이에 열매가 삭아 땅에 떨어지는 비유를 한다. 단지 화장이 유리 칸막이 안쪽에서 일어나는 일이기 때문은 아니었다.

"저는 제 일이 되게 대단하다고도 생각하지 않지만, 하찮다고도 여기지 않거든요. 내가 땅에 떨어진다면, 언젠간 다들 떨어지니까, 그렇다면 거름이 되면 좋겠지요. 그냥 아무 의미 없는 시간이 되진 않았으면 좋겠거든요. 내가 조금 힘들었던 거, 고생했던 거를 다음 사람들은 좀 덜 겪게, 덜할 수 있게 해주는 게 앞서 지나간 사람의 예의라 생각하거든요."

토양이 있어야 거름이 양분으로 쓰임이 있을 텐데. 이해루는 장례인으로서 정체성을 지닐 기회를 얻지 못한 채 순환보직을 받아들이며 떠나가는 후배들을 본다. 장례인이라기보다 화로에 관을 넣었다 빼는 기능을 수행하는 사람으로만 보는 안팎의 시선 속에 자부심을 잃어버린 채 화로 앞에서 시들거나 이곳을 떠난다. 하루에 적어도 열두 번, 어떻게든 주검을 화장로에 밀어 넣어야 한다.

'화장장 포화 상태'가 제일 무서운 말이 되어버린 장례 정책 속에 장례인으로서의 고민과 갈망을 놓을 곳이 없다.

장례 산업 종사자를 찾아다닌 입장인 나는 가책을 느끼며 미디어에 비친 장례인들을 더듬어 본다. '죽음'에 관한 감성적인 장면과 멘트가 필요할 때면 그들을 찾지만, 정작 이들이 일터에서 만들어내는 정동에는 관심이 없다.

"그럴 때면 우리가 크리스마스트리에 달린 장식 같아요. 중요하지 않지만 구색을 맞추기 위해 걸어둔 장식이요."

반짝이지만 점멸하는 장식.

"희망적인 이야기를 하면 좋을 텐데. 저는 냉정한 사람이니까요."

나는 그가 냉소적인 사람이라 생각하진 않아서 앞의 말에만 동의를 표한다. "삶이 보람으로만 가득 차 있지는 않으니까요." 죽음에 대해 생각하는 사람은 냉소를 품기 어렵다. 내가 보기에 그는 오히려 삶을 무겁게 누르는 사람이다. 오랜 시간 죽음과 밀착된 이가 가지는 무게감일지도.

10년 전, 어느 인터뷰에서 이해루는 버킷리스트를 물어오자 '장례식장 개원'이라 답했다.

"장례식장을 짓고 싶어요. 한 번에 한 집만 들어오는. 지금의 장례식장들처럼 여러 상주가 몰리지 않고 하루에 한 상주씩만 장례를 치르는 곳이요."[7]

이해루가 바라는 장례의 모습이다. 온전히 애도할 시간을 가질 수 있는 시공간. 그는 이제 그런 꿈은 남아 있지 않다고 할 테다. 하지만 장례인이기에, 그리고 사별자이자 예비 사별자이기 때문에 죽음과 장례에 대해 생각한다.

"사람들이 사는 데 급급해서 정작 사는 걸 모르고 있는 느낌이에요. 사람들이 정말로 살아 있는 것처럼 살지 않고 꿈꾸듯이 살아간다는 생각이 들어요. 심리학에서 페르소나라고 하잖아요. 그 가면이 나인 줄 알고 휘둘려 살고 있다는 인상을 받아요. 장례 문화만 봐도 사별자가 이거를 진짜로 하고 있는 게 아닌 거예요. 울어야 할 것 같아서 울고, 사람들한테 보이는 거를 신경 쓰다 보니까 진짜 슬퍼할 수 없는 거예요."

《인생 수업》[8]이란 책엔 이런 말이 나온다. "죽음은 삶의 가장 큰 상실이 아니다. 가장 큰 상실은 우리가 살아 있는 동안 우리 안에서 어떤 것이 죽어버리는 것이다." 내 안의 본연한 나를 상실하는 일. 그는 어머니 장례를 마치고도 눈물이 나지 않아서 한동안 힘든 시간을 보냈다고 했다. 그가 찾아간 곳은 연기학원이었다. 7개월간 이런저런 감정을 표현하는 법을 배웠고, 거기에는 슬픔도 있었다. 자신을 들여다보았다. 눈물을 쏟는다는 건 울음을 흉내 내는 일이 아니었다.

"지나온 삶에서 미처 인지하지 못했던 찌꺼기 같은 마음까지 함께 흘려보냈던 거 같아요."

그제야 이해루는 애도를 시작할 수 있었다.

좋은 집에 사는 사람은
: 장묘업체 운영자 최현

좋은 집에 살던 사람이 명당에 묻힌다. 가난한 이들은 공동묘지에 부모의 시신을 몰래 두고 가고, 힘없는 이들은 피란 도중 이름 모를 곳에 자식을 묻었는데, 번듯하게 장사 지낸 집 자손들이 명당에 묘를 썼다는 이유로 대대손손 복을 누리는 건 아무래도 경우에 맞지 않다. 그게 세상사 이치라면 이 세상이 도리에 맞지 않다.

장례지도사들 중에 지관이라 할만한 이가 여럿 있었다. 그들에게 풍수에 관해 물으면 언제든 말해줄 기세였지만, 정작 내 쪽에서 묻길 망설였다. 반지하 방에 물이 들어차 세상을 떠난 가족은 그곳이 지대가 낮다는 사실을 몰라서 집으로 삼은 게 아니다. 재벌 기업이 모셔온 지관이 지정한 명당에 건물을 올려도 건설 현장 작업자는 추락한다. 건설업체가 하청에 재하청을 주고 단가를 낮추면 그런 일이 벌어진다. 명당이라는 것이 이러하다면, 풍수 같은 건 묻고 싶지 않았다.

그렇지만 사람을 좋은 땅에 묻어야 좋은 곳으로 보냈다고 믿는 문화가 버젓이 남아 있는 나라에 살면서 땅 이야기를 하지 않을 순 없었다. '묫바람(묫자리에 탈이 나 그릇된 기운이 후손에게 영향을 미치는 일)'이 등장하는 영화가 흥행하면서 "악지(惡地) 중의 악지야"라는 대사를 열에 한 명은 알던 시기였다. 땅에 사람을 묻는 사람을 만나야 했다. 풍수가도 아니고 지관도 아니지만, 지관도 풍수 일도 하는 사람이면 좋겠다 싶었다. 그렇게 장묘업체를 운영하는 최현을 만났다.

풍수 이야기를 피하려고 했다만, 그래도 이건 묻지 않을 수 없었다. 터가 좋은 건 어떻게 아는 건가요? 그는 수월케 답했다.

"마음이 편해져요. 그런 데가 있어요."

선연한 초록이 있는 곳에선 마음이 편하다. 양지바른 곳에서 평온함을 느낀다. 그늘지고 습하고 질척이는 곳에 터를 닦는다면 인류는 생존 자체가 어려웠을 테니, 짐작건대 본능이 일깨우는 마음의 평화인지도 모른다. 다 살자고 하는 일이다. 마음의 평정을 얻을 수 있는 곳이 명당이라고 했다. 이 말을 한 풍수학자가 있었다. 별세한 최창조 선생이다.

"'기찻길 옆 오막살이 아기, 아기 잘도 잔다. 칙폭 칙칙폭폭… 기차소리 요란해도 우리 아기 잘도 잔다.' 이런 동요가 있다. 기찻길 옆이라. 말하자면 최악의 주거 입지 조건이다. 게다가 오막살이다. 역시 최악의 주거 환경이다. 그런데 아기는 잘도 잔다. 즉, 그 아기의 명당이다."[1]

명당은 주어진 것이 아니라, 사람이 '잘도 자는' 자리를 만드는 것. 그것이 풍수라고 했다. 사람은 어떻게 하면 잘도 자나.

그냥 맞춰줘야지

최현이 운영하는 장묘업체에 도착하니, 미닫이 철제문에 시트지를 덧대어 쓴 글자가 눈에 들어온다. 사초, 벌초, 이장, 화장, 지관, 석축, 석물… 바탕색이 되는 하얀 시트지는 제멋대로 갈라져

묘한 무늬를 이루고 있었다. 세월의 흔적이 엿보였다.

"한 25년 됐어요."

그가 주로 하는 일은 장묘(묘지를 만드는 일)와 묘지 관리 대행.

"이장도 하고, 묘도 쓰고. 산소에 관한 모든 일을 한다고 보면 되어요. 묘지 조경도 하고, 벌초도 하고."

매장보다는 화장을 하는 추세이지만 장묘 일은 줄지 않는다. 묘지 관리나 개장(파묘) 일은 해가 갈수록 늘어난다. 젊은 사람은 도시로 가고, 나이 든 이는 고향에 남았다. 한 해만 벌초를 하지 않아도 잡초가 무성해지는 묘지도 함께 남았다. 무덤을 쓰던 사람들은 어느새 묘지 관리 일을 대행하기 시작했다.

"이 일을 어떻게 시작하게 되셨어요?"

그러자 그는 "이건 책에 안 들어가죠?" 묻는다. 뭔가 비밀스러운 이야기가 나오려나 괜히 내 쪽에서 긴장을 한다.

"전에는 직장 생활을 했는데, 생긴 게 속없이 좋게 생기다 보니 보증을 서달라 그래서, 나에게로 오라 하면서 다섯 개쯤 보증을 서줬어요. 그 결과 망했죠. 인력 시장도 나가고, 공사장도 가고, 그러다가 지인 소개로 이 일을 배우게 된 거죠."

이 평범한 이야기가 왜 '오프 더 레코드'인지 의아했다.

"배고파서 시작한 일이니까요."

"그게 뭔 대수라고요."

"선택의 여지없이. 펜대만 굴리고 살다가, 몸 써서 할 줄 아는 게 없으니 이 일을 시작한 거죠. 그래도 해보니 괜찮은 것 같더라고요."

괜찮은 일을 찾아서 다행이다.

"처음엔 접근하기가 쉽지 않았죠. 마음속에 어떤 동요가 일어나고. 사실 그런 게 있잖아요. 내가 땅을 팠는데 시체가 나오는 거잖아요. 그런데 막상 직접 보고 나니까 그냥 하게 되더라고요. 남들은, 뭐. 여전히 그러는 사람도 있어요. 제가 집에라도 들어가려고 하면 소금을 뿌리는 사람이 있어요. 하는 일이 그러하니까."

듣는 내가 마음이 상한다.

"그러면 그냥 맞춰줘야지, 뭐 어떻게 해요. 이해해주려 해야죠. 그거는 내가 어떻게 생각하느냐에 따라서 달라지는 거죠. 그렇게 마음 안 먹으면 주먹부터 날아가야 하니까요."

시신과 죽음에 대한 터부가 크게 줄었다고 해도 여전히 꺼림직한 시선은 남아 있다. 고백하자면, 나 또한 가족들에게는 장례 일을 취재한다고 말하지 못했다. 지금까지도. 장례식장은 물론이고 남의 무덤까지 드나든다고 하면 집에 우환이 생길 때마다 내게 탓이 몰릴 것 같았다.

"그런 (나쁜) 일은 일어나니까 일어났구나 하는 거죠. 그건 내가 어떻게 생각하느냐에 따라 달라지는 거예요. 다만 그렇게 (불길하다고) 믿고 사는 분들이 계시니. 그건 인정을 하고 살아야죠. 나는 나대로 열심히 살고 있으니까."

돈을 버니까 보람인 거고

"보람이야 돈을 버니까 보람인 거고."

우문현답이다. 일의 보람이 무엇인지와 같은 상투적인 질문을 했다. 그가 하는 일에 대해 명확히 감이 잡히지 않아서 괜한 질문을 한 것이다. 단순하게는 땅 파는 일, 무섭게 보면 시신을 묻거나 꺼내는 일, 신비롭게 보면 땅의 기운을 아는 일.

"묘가 내가 생각한 대로 딱 일치가 되어 만들어졌다. 그러면 기분이 좋죠. 잘 모셔드렸다."

무엇보다 기술로 하는 일이다. 각이 딱 맞게 결과물이 나오면 기분이 좋다. 딱 들어맞는 일은 생각보다 흔치 않다.

"일단 산에 장비가 못 올라가요. 그런 곳이 꽤 돼요. 묘를 만들어야 하는데, 사람들이 다 일일이 들고 올라가야 하는 거예요."

삽이며 공구며, 잔디까지. "잔디 다섯 장이 한 다발이에요. 이걸 두어 다발씩 들고 올라요." 정사각형으로 모양 잡힌 흙에 모종처럼 잔디가 심겨 있다. 잔디를 흙째 봉분 위에 얹어 심는 것이다. 수분을 머금은 흙이라 꽤 무겁다. 그걸 이고 산길을 간다.

"옛날에는 오일장, 칠일장, 막 이랬어요. 왜 그렇게 하냐면, 묘를 쓰는 걸 사람이 다 손으로 해야 됐기 때문에. 지금은 굴착기 장비가 있으면 오전이면 다 끝나요. 장비가 못 올라가는 곳이면 사람이 해야죠. 못 하는 수도 있고. 해도 정성스럽게는 안 돼요. 사전에 견적을 보고, 여기는 장비가 못 올라갑니다, 시간이 걸립니다 하면, 3일이고 5일이고 시간이 더 걸려도 좋다, 이렇게 허락하는 분이 드물죠. 여하튼 힘닿는 한도 내에서는 해드리는데 계약 결렬도 많이 돼요. 시간이 곧 돈이니까요."

시간은 돈이다. 죽음 앞에서도 3일 안에 무엇이건 해결하고 일상으로 복귀해야 하는 시대다. 대다수 회사의 경조 휴가를 보면, 부모와 배우자 사망 시 5~7일, 조부모나 자녀 사망 시 3~5일, 형제자매 사망 시 1~3일의 휴가가 주어진다. 장례도, 슬픔도, 애도도 3일 안에 끝내야 한다. 무덤 쓰는 일도 마찬가지다. 더욱이 묘지는 예로부터 죽은 자의 집이라 여겨왔다. 집은 관리가 필요하다. 요즘은 고향에 산 사람 집은 없고 죽은 사람 집만 있다. 처음에는 마을 사람에게 벌초를 부탁하기도 하고, 최현이 운영하는 업체 같은 곳에 묘지 관리 대행을 맡기기도 해본다.

"봉분에 잔디를 깔면 예쁘지만 오래가야 3년 가요. 그 전에 다 망가져요, 관리를 안 하면. 묘를 봉긋하게 만들면 모양이 예쁘잖아요. 그런데 흙 마르고 그러면 가운데가 다 터져나가요. 손 많이 가는 게 묘예요. 요새는 매년 벌초하러 오는 사람이 없잖아요. 가서 보면 다 터져 있어요."

결국, 무덤을 개장해 유골을 봉안당으로 옮기기로 결정한다. 영화가 아닌 현실에선 못바람 때문이 아니라 묘지를 관리할 사람이 없어 파묘를 한다.

"파묘를 할 때 보면 별로 안 좋은 자리가 있어요. 물이 찬 자리. 그런 자리는 땅을 안 파도 알죠. 또 뼈가 까맣게 변했다거나 살이 다 안 내려간 자리가 있어요. 살이 내려간다는 건 썩는 과정, 육탈이라고 해요. 살이 떨어져나간다. 그 과정이 잘 안 되는 자리가 있어요."

명당이라는 땅은 개장 때 빛을 발한다. 산 사람에게도 죽은 사람에게도 좋은 땅이란, 볕은 잘 들고 물은 잘 빠지는 곳을 가리킨다. 잘못 묻은 땅에선 관에 물이 찬다.

"능선이 있죠. 물이 어떻게 흘러요? 위에서 아래로 흐르죠. 바람도 골을 타고 흐르죠. 풍수가 그런 거예요. 바람이랑 물이 고이는 골은 피해야 하는데, 의외로 골 쪽에 묘를 쓰는 분들이 많아요. 자리가 없어서 그랬는지 몰라도, 가서 보면 걱정부터 들어요. 파보면 역시나 물이 차 있거나 별로 상황이 좋지 않아요. 상식적으로만 생각해도 풍수는 보이는 거죠. 기본에만 충실하면 돌아가신 분들을 잘 모실 수 있는데, 그렇지 않은 경우를 보면 마음이 불편해지는 거죠."

한국인들에게 골(골짜기)은 썩 반기는 지형이 아니다. '골로 간다'라는, 죽음을 가리키는 관용구가 있을 정도다. 그래도 골에 묻은 무덤이 없지 않다. 묫자리를 쓸 형편이 여의치 않았기 때문이겠지. 막연히 짐작해본다.

장묘하는 사람 입장에서는 명당인 곳이 시신도 덜 망가지고 일도 수월하지만, 옆에서 지켜보는 내 입장에선 명당일 때 마음이 더 편치 않다. 볕 잘 드는 자리에 고요하게 묻힌 묘를 파헤쳐야 한다. 깊게 잠든 사람을 억지로 깨우는 기분이다.

"산 사람들이 저희 편하자고 하는 거죠."

개장에 대해 냉정하게 말하는 장례지도사도 있었다.

"내가 잘살고 있는데. 여기서 친구들도 사귀고 수십 년 잘 살았어. 어느 날 갑자기 서울로 갑시다, 하고 자손이라는 사람들이 내 집을 파. 그리고 아파트 같은 데 확 가져다놓네."

사후의 아파트란 층층이 올려진 봉안당(납골당)을 가리킨다. 서울로 가는 것도 아니다. 고인이 안치될 곳은 경기도 어디쯤인 봉안당일 것이다. 가족과도 멀고, 새로 사귄(?) 친구들과도 멀어진다. 볕 좋은 곳에서 봉안함 아래층이나 가장자리로 밀려날 수도 있다. 봉안당도 포화 상태라 그곳 명당도 자릿세가 비싸다. 200만 원에서 2000만 원까지, 자리에 따라 차이가 난다.

"저 같은 경우는 산소를 관리하기 어려우면 차라리 묵히라고 해요. 그냥 자연으로 가게 두라고. 자기들 마음 편하자고 괜히 묘를 파지 말고."

최현은 조금 더 온화하게 조언한다. 2010년 정부가 몇몇 지역을 표본으로 하여 실태 조사를 하였을 때, 조사 지역 전체 묘지의

15.6퍼센트가 무연고 분묘로 추정된다고 했다. 몇 년째 사람이 찾질 않는 무덤인 것이다. 실제로 무덤을 관리할 사람이 없다. 가족 구성원 수가 크게 줄고 있다.

묘 쓰는 일로 먹고사는 사람이지만, 최현은 이리 말한다.

"화장해요. 살아 있는 사람이 편해요. 깔끔하잖아. 여태껏 잘 모셨다. 이제 우리 선에서 끝내자 이거죠. 우리 집도 아들이 있는데, 바빠. 네가 뭘 해. 나 죽으면 화장해, 그래요. 네 마음대로 해. 죽은 놈이 뭘 알아. 우리 나이대에서 많이들 그러죠. 우리 세대가 마지막이라고."

그 자신은 벌초를 간다. 경기도에 선산이 있다.

"아들이랑 같이 가요. 아직까진 아버지가 하니까 그냥 따라주긴 하죠. 강요는 안 해요. 나도 꼰대라면 꼰대인데, 그런 쪽으로는 오픈을 시켜놔야죠. 시대가 변하고 있는데."

묫자리 쓰는 일을 하는 사람이 가족의 묘를 찾는다.

"벌초하러 가면, 가서는 아버지 저 왔어요 하는 거죠. 다 하고 나면, 안녕히 계세요. 초창기에는 막 슬프고 그랬는데. 내가 중학교 2학년 때 돌아가셨으니까. 지금은 나도 아버지가 되고, 외손도 보았으니까. 자연스러워졌죠."

농지나 묘지나

"무덤에 물이 찼는지 보려면 일단 능선을 찾아요. 가까이에 능선이 없고 밭이 펼쳐져 있다면, 저 뒤편으로 있는 산을 봐요. 골짜기가 어디로 형성되어 있는지. (골짜기를 타고 흐르는 물이) 이곳으로도 오겠네 싶죠. 주변을 보면 버드나무 가지가 뒤틀려 있고, 보여요."

치산치수는 산 사람의 자리뿐 아니라 죽은 자의 몫인 묫자리에서도 핵심이다. 지형과 무관하게 관에 물이 들어차는 경우도 있다. 광중(관을 놓을 자리)에 관을 안치하고 나면 그 위에 일곱 개의 횡대(널조각)를 올리고, 고운 흙과 생석회를 섞어 덮는다. 이때 석회가 굳기도 전에 비가 오거나 물이 흐르면 관에 물이 들어간다. 잘 썩는 것도 복이다.

"좋은 관을 쓰면 더 좋나요?"

궁금했던 걸 이것저것 물어본다.

"전혀요. 내가 봤을 때 관이 너무 튼튼하면 고인한테 별로 안 좋은 거 같아. 그것보다는 주변 흙이 좋아야 해요."

관보다는 흙이다.

"묘를 팠는데 흙이 안 좋아. 단양 같은 경우는 석산이거든요. 석회질이 많이 나오는 토양이에요. 파고 나면 딱딱해. 기술 없이 묻었다가는 돌관이 되는 거예요. 그런 관은 물이 들어가면 안 빠져요. 50년, 100년이라도 안 빠져요."

지역마다 토양이 다르다. 배수와 토양. 사는 일이나 죽는 일이나 매한가지다. 흙에 맞게 석회를 쓰고 자리를 잡고 삽질을 해야 한다. 서해안 쪽으로는 황토라 부를만한 붉고 고운 흙이 포진되어 있다. 경기도 파주 쪽으로 올라가면 잔돌이 잔뜩 섞인 흙이 나온다. 지관이 모인 자리를 따라간 적이 있다. 그들은 손가락으로 흙을 집어 비비더니 이리저리 품평했다. 영화에서처럼 흙을 먹어볼 필요도 없이 판단이 끝난다. 흙의 밀도만 보고도 개장해야 할 무덤의 시신이 어디까지 쓸려 내려가 있는지를 짐작한다.

"강원도에 고구마가 잘 자라는 이유가 뭐겠어요."

농사짓는 일과 무덤 쓰는 일이 비슷하다고 했다. 사는 일과 죽는 일이 매한가지라는, 이해하기 어렵던 그 말이 조금씩 와닿는다.

척박한 땅에 나무를 심듯

사실 매장은 어디까지나 산 사람의 일이다. 무덤을 파서 사람 간을 빼먹던 구미호도, 하얀 소복을 입고 무덤을 가르며 나오던 처녀 귀신도, "내 다리 내놔" 하며 쫓아오던 외다리 귀신도 현실에서는 법적인 서류와 행정 절차를 피할 수 없다.

묘지 문제를 관할하는 건 각 지자체와 보건복지부 그리고 국토교통부다. 애초 장사법은 제정의 목적을 "국토의 효율적 이용"이라고 밝혀두었다. 묘지에도 사용 기한이 있다. 2000년에 정부는 분묘의 사용 기한은 30년이며 1회 연장이 가능하다고 정했다. 사용 기한이 지난 분묘는 개장한다는 방침이다. 길어봤자 60년까지 무덤을 유지할 수 있다.

조선은 무덤의 나라라 부를만했다. 당시 조선을 방문한 선교사들이 조선인들을 가리켜 땅 한 평이라도 있으면 묘를 만든다고 할 정도였다. 한양도성 바깥의 산은 벌건 흙을 드러내고 둥근 봉분을 올렸다.

일제강점기 조선총독부는 정해진 장소에 신고하여 시신을 매장하도록 하는 법(묘지·화장장·매장 및 화장 취체규칙)을 만들었다. 근대 공동묘지의 시작이다. 1930년에 미아리 공동묘지를 만들었으나, 3년도 지나지 않아 또다시 망우리에 경성 부립 공동묘지를 개설한다. 이것이 지금은 망우역사공원으로 불리는 망우리 공동묘지다. 이마저 40년도 지나지 않아 포화 상태가 된다. 2만 8000기의 분묘가 들어선 망우리 공동묘지는 1963년에 매장이 금지된다.

묘지는 인구가 밀집한 도시와 갈등을 빚는 골칫거리가 되었다. 한국에서 죽은 자의 땅 묘지와 산 자의 땅 도시의 긴장 관계는 산 자의 승리로 귀결된다. 강남 개발이 한창이던 1970년 서울시는 서울의 시립묘지를 폐쇄하고, 한강 이남의 8개 공동묘지의 분묘 들을 이장하기 시작한다. 묘지가 있던 자리엔 아파트가 들어섰다. 길은 고속도로가 되고, 산은 터널이 되는 과정에서 수많은 묘가 이장되거나 무연고 묘로 분리되어 사라졌다. 이로 인해 이장이 급증해 풍수지리 전문가들도 성황을 누렸다고 한다. 하지만 영광은 잠시였다. 사람들은 풍수지리적 입지가 아닌 교통과 일자리를 찾아 모여들었다. 묘지는 사라지고, 사람들은 이제 봉안당 명당 자리를 노린다.

묘지 부족 문제는 한국만의 사안이 아니다. 인구 밀집도가 높기로 유명한 홍콩에선 산 사람이 지낼 곳도 부족하니 죽은 사람은 말할 것도 없다. 매장 기한을 6년으로 한정해두었음에도 그 배의 시간을 대기해야 한 평 땅에 묻힐 수 있다. 그리하여 가상 묘지 (virtual cemeteries)가 대안으로 제시된다. 온라인 공간에 세우는 무덤이다. 유교권 국가에서 받아들여지기 쉬운 시도가 아니나, 일본을 비롯한 몇몇 국가에선 이미 도입되었다. 부동산 현실이 전통 의례를 이긴 것이다.

건축학자 기세호의 말을 빌리면, 묘지를 어디에 둘 것인지는 "해당 공동체가 공유하는 의미와 가치관"에 의해 결정된다. 이를테면 중세 시대에는 교회 근처에 공동묘지를 만들었다. 신에게 가까이 다가가고자 한 종교적 열망이 담긴 선택이었다.[2] 조선인들이 집에서 가까운 산에 조상을 모신 것은 구복 신앙에 의한 것이겠다. 그리고 '조물주 위에 건물주'라는 현대에는 부동산이 무덤의 장소를 결정한다. 그런데 '분묘기지권'이라는 관습법을 생각하면 마냥 그렇게 볼 일도 아니다.

　분묘기지권이란, 개인의 소유지에 타인의 묘지가 있어도 그 묘지를 함부로 철거하거나 훼손할 수 없도록 정해둔 법이다. 설사 타인의 토지에 세워진 무덤일지라도 무덤을 함부로 하지 않는 것을 미덕으로 인정해온 관습이 법으로 굳은 것이다. 부동산을 최대 자산으로 치는 사회에서 토지 주인도 건들지 못하는 것이 죽은 자의 집이다. 죽은 자에 대한 예의라는 개념과 현실의 가치가 경합한다. 도시는 죽음을 떠올리게 하는 것을 밀어냈지만, 묘지는 밀려난 곳에서도 도시와 경합한다. 죽음이 삶을 에워싸듯이 "묘지는 도시를 에워"[3]싼다. 씨앗 심는 땅과 무덤 쓰는 땅이 다를 것 없다. 죽음을 밀어낸 곳에 명당이 있을 수 있을까. 앞서 언급한 풍수학자 최창조는 명당은 찾는 게 아니라 만드는 것이라 했다.

　"도선국사는 1100개의 사찰을 창건했다고 합니다. 그런데 제가 찾아본 그 사찰들은 한결같이 빼어난 길지가 아니었어요. 오히려 물이 차고 사람 살기에 불편한 땅들이 더 많았어요. 흠결 있는 땅을 찾아 좋은 곳으로 만들었던 게 아닌가 합니다."[4]

　한 인터뷰에서 그가 밝힌 이야기다. 흠결 있는 땅에 나무를 심고 풀을 기르면서 그 자리를 살만한 곳으로 만들어냈다. 먼 훗날, 사람들이 울창해진 곳을 보며 명당이구나 한다. 사는 일과 비슷하다.

　최현에게 이 일의 가장 큰 고충을 물었을 때, 나는 살갗을 태우다 못해 벗겨내는 땡볕이나 손이 곱을 지경인 산속 추위를 말할 줄 알았다. 하지만 그는 시간이라고 했다. 그에게서 보안경을 착용하지 않고 일을 하다 한쪽 시력을 잃은 작업자 이야기를 들은 적 있다. 그 또한 말벌에 쏘여 응급실로 실려간 적이 있다. 벌도 만나고 뱀도 만나고 사람도 만나는데도, 고충은 시간이다.

"우리는 땅을 상대로 하는 직업이기 때문에, 땅이 얼어도 못 하고 비 와도 일이 안 돼요. 직장 생활하다가 이렇게 나와서 있으려니, 처음에는 시간이 너무 많아 힘들더라고요."

일이 몰릴 때와 한가할 때의 구분이 분명하다. 계절만 영향을 미치는 건 아니다. '귀신'도 한몫한다. 손 없는 날에 일이 몰린다. 손은 동서남북을 돌아다니며 사람의 일을 방해하고 해를 입히는 좋지 않은 기운을 뜻한다. 손이 하늘에 가는 날을 '손 없는 날'이라 한다. 장례나 각종 기일이 손 없는 날에 잡힌다. 손이 지상에서 노는 날엔 산 사람도 논다. 일이 없어 한갓지다.

그럴 땐 주야장천 책만 읽었다고 했다. 이 일을 막 시작했을 때는 밖에 나가서 "요즘 뭐하냐?"라고 묻는 말에 답할 소리도 없어 사무실을 지키고 앉아 책을 펼쳤다고 했다. 그게 습관이 되었다. 25년을 지낸 이 작은 사무실이 그에겐 명당이었을까. 그가 척박한 땅에 나무를 심듯 가꾸어온 곳이다.

부끄러운 일이 아닌데도 부끄럽게, 아니 수줍게, 이 일을 돈 벌려고 했다고 말하는 이가 수십 년 같은 자리를 지켰다. 엄청난 철학도 엄청난 신념도 아닌, 돈 버는 게 보람이라며. 귀신과 날씨가 준 공백에는 책을 편다. 아버지 무덤을 찾아가서 '저 왔어요' 인사하지만, 자신은 화장해달라고 한다. 나무는 자라고 세월은 흘러간다.

그에게 보람을 물었던가.

"묘 상태가 안 좋으면 돈 생각을 하는 사람들이 있어요. 나 일 못

해, 한 번 튕기는 거죠. 하지만 저 같은 경우에는, 그럴 때는 아무 소리 안 하고 빨리 수습해드리는 게 최고예요. 남의 조상이지만 내 조상이라는 생각으로. 이건 이 일 하는 사람들에게도 다 어느 정도 있는 생각이에요. 앞에서는 투덜거리고 농담도 하고 그래도, 실은 마음 밑바탕에 내 조상이라는 마음이 깔려 있기 때문에, 조심스럽게 열심히 하는 거죠. 그렇게 수습을 해드리고 나면 기분이 좀 남달라지죠. 보람이라고 하긴 그렇고, 잘 해드렸네, 그런 생각. 지금 설명이 잘되고 있나요?"

"네, 잘 듣고 있습니다."

"25년 경험이니까, 그걸 그대로 이야기하고 있어요."

5
반곡

장례 후 신주를 모시고 집으로 돌아오는 의례.
반혼, 반우라 하기도 한다.
상여 행렬은 갔던 길로 천천히 돌아오는데,
집이 바라보이는 곳에 이르면 곡을 시작하여
도착할 때까지 이어간다.
집에 돌아와 혼백과 신주를 모시고 모두가 극진히 곡을 한다.

▶ ▶ ▶ ▶ ▶ ▶ ▶ ▶ ▶ ▶ ▶ ▶ ▶ ▶ ▶ ▶ ▶ ▶

장례희망[1]
: 생전장례식 기획자 한주원

일본 프로레슬링계의 악동이자 전설인 안토니오 이노키는 75세 되던 해인 2017년, 자신에게 의미가 깊었던 료코쿠 체육관에서 그의 팬과 친구가 모인 가운데 이별 파티를 했다. 그는 난치병인 '전신성 아밀로이드증'을 앓고 있었다. 3년 후, 이노키는 세상을 떠났다.

영국에 사는 76세의 린다 윌리엄스는 말기 암 판정을 받고, 2022년에 생전장례식을 열었다. 그는 "나는 장례식을 싫어하고 친구들과 밤새 춤추기를 원한다"라고 했다. 그의 소원대로 친구들은 새벽까지 모여 춤을 추며 파티를 이어갔다.

국내에서도 생전장례식이 열렸다. 2018년, 전립선암 말기 판정을 받은 김병국 씨는 자신이 입원한 병원 공간을 빌려 지인들을 초대했다. 행사명은 〈나의 판타스틱 장례식〉. 그의 나이 85세였다. "능동적인 장례"를 치르고 싶다던 김병국은 자신이 좋아하는 노래를 부르며 그날의 장례식을 마무리했다.

《모두 웃는 장례식》[2]이라는 동화에서는 이춘미 할머니가 사람들에게 생전장례식 초대장을 보낸다.

"삼가 모십니다. 저는 칠십 평생 한복장이를 천직으로 알고 살아온 이춘미입니다. 지난해 가을, 병원에서 저에게 남은 날이 많지 않다는 말을 들었습니다. 처음에는 많이 놀라고 분한 마음도 들었지만, 돌아보니 저의 삶에 좋은 일, 좋은 인연이 많았더군요. 내년 생일을 기약할 수 없어 이번 생의 마지막 생일을 고마운 분들과 함께하려고 합니다. 격식이나 예의는 생각하지 마시고 편안한 마음으로 오셔서 따뜻한 밥 한 끼 드시면 좋겠습니다."

그리고 내 앞에 앉은 이는 생전장례식 초대장을 전하며 이런 말을 했다고 한다.

"내가 결혼식은 초대 못 해도 장례식에는 초대해줄게."

그는 내가 아는 한, 가장 젊은 나이에 생전장례식을 치른 사람이다. 한주원. 39세. 마흔이 되기 전에 장례식을 치르고 싶었다. 아직 살아갈 날이 많을지도 모르니, 이름은 '나의 첫 번째 장례식'이라 했다.

몰두와 소생

"대전에 작은 공간을 가지고 있었어요. 죽음에 관한 책도 판매하고 죽음 워크숍 프로그램도 운영하는 곳이었는데. 1층 유리 통창에 레터링 스티커를 제작해서 붙여두었거든요. 햄릿 대사를 빌려서 '어떻게 죽느냐 사느냐. 그것이 문제로다'라고 적어두었는데, 동네 어르신들이 들어와서 한소리하고 가시는 거예요. 죽음을 대놓고 이야기하는 건 시기상조인가보다, 생각했어요. 이후로도 그런 일이 많아서 장소를 옮기기도 했는데, 지금은 공간 유지가 힘들어서 작은 사무실만 유지하고 있어요."

노인의 심정이 되어 그 장면을 그려본다. 누가 죽음을 말하나 싶어 슬쩍 문을 열고 들어갔는데 30대 젊은 여자가 있다. '네가 죽음에 대해 뭘 안다고.' 불경하고 불쾌하다는 인상을 받는다(그렇다고 담배꽁초 던지고 가시면 안 된다).

'어르신'들이 보기에는 한참 젊은 나이인데, 한주원은 왜 '죽느냐 사느냐'를 말하게 되었을까.

"일본에서 공부할 때, 저랑 같은 과 친구가 있었어요. 스물넷인 일본인 친구였는데, 무척 성실했거든요. 지각 한 번 안 했어요. 그런데 생각해보니 그 친구는 우리랑 밥을 같이 먹은 적이 한 번도 없는 거예요. 그런데 그 친구가 어느 날, 수업 끝나고 저한테 밥 먹으러 가자고 하는 거예요. 저는 그때 가난한 유학생이어서 그 친구랑 밥을 먹으면 차비가 없는 상황이에요. 그래서 나 지금 알바 가야 한다고 변명하고 헤어졌죠. 그게 마지막이었어요. 그다음 날부터 학교에 안 오는 거예요. 한국이었다면, 바로 연락해서 '왜 안 와?' 물었을 텐데. 일본은 프라이버시를 중시하는 분위기가 있어서 친구들끼리도 연락하는 일을 조심하거든요. 그 친구가 제 기숙사 옆옆방에 살고 있었어요. 가서 노크라도 했으면 상황이 달라졌을까 싶은데, 그것조차 하지 못했어요. 어느 날 아침에 기숙사가 엄청 소란스러운 거예요. 에어컨 공사를 한다고 들었거든요. 그래서 아, 에어컨이 들어오나보다 했는데. 그 친구가 죽은 채 발견된 거죠."

그런 일들이 있다. 내 친구의 학교 동기는 오토바이 사고로 죽었다. 내 동료는 익사한 채로 발견됐다. 내 친구는 자살 시도를 했고 다행히 목숨을 잃지 않았다. 그 일이 있고, 나는 '사람 잘 안 죽는다'는 말을 하지 않는다. 사람은 죽으려면 죽는다. 그건 의지의 문제도, 운명의 굴레도 아니다. 그런 일이 있을 뿐이다.

"친구의 마지막 모습을 봤거든요. 그게 너무 충격이었어요."

친구 부모님의 권유로 마지막 인사를 하려고 들어간 입관실에는 생경한 이가 누워 있었다.

"사후 경직 때문에 시신이 입을 벌리고 있었어요. 입을 다물어줄 수 없을 정도로 경직이 강했나봐요. 얼굴은 보랏빛이고. 친구가 죽은 것도 충격이었는데, 그 모습이 제가 알던 친구가 아닌 거예요."

그날 이후 그는 공황장애에 시달렸다. 아팠지만 누구에게도 말할 순 없었다.

"학교라는 커뮤니티에선 그 친구가 애초에 없었던 것처럼 쉬쉬하는 분위기였어요. 그래서 다른 친구들이랑도 그 이야기를 솔직하게 나눠본 적이 없어요. 지금 생각해보면, 그때 제대로 된 애도를 하지 못했기 때문에 마음의 병이 깊어진 것 같아요."

공황장애는 우울증이 되고, 우울증은 조울증으로 이어졌다. 대학원 논문 주제는 주거 빈곤. 그가 거주하며 연구하던 일본 쪽방촌은 고독사 시신이 자주 발견되는 곳이었다. 마음 놓을 곳 없이 일본에서의 유학 생활이 끝나버렸다.

"이후로 10년 정도 늘 죽음에 대해 생각했어요. 원초적인 공포였던 것 같아요. 죽음에 관한 책이나 영화를 계속 찾아보고. 건강하지 못한 몰두였던 거죠."

사람은 다른 이의 죽음을 접하며 자신에게도 닥칠 그 순간을 떠올린다. 한주원도 마찬가지였다. 다만 충격적이고 갑작스럽게 타인의 죽음을 보았다. 해소할 수 없는 마음은 두려움이 되고, 두려울수록 죽음의 실체를 눈으로 확인해야 했다. 온갖 방법으로 죽음에 대해 이야기했지만, 정작 그 친구의 일은 말할 수 없었다.

"그 이야기를 기억하고 풀어낼 수 있게 된 지 1년이 안 된 거 같아요."

그때로부터 10년이 지나서다. 어떤 일이 있었나.

"장례식장에서 일을 했어요."

그는 아예 죽음을 가까이에서 보기로 했다.

"진짜 죽음이 있는 곳으로 가보자. 막연하게 생각하지만 말고, 최전선에서 한번 보자. 그렇다고 갑자기 의사가 될 순 없으니, 그러면 장의사가 되자. 장례지도사 자격증을 땄어요. 마침 대학병원 장례식장에 공고가 나왔더라고요. 그때만 해도 죽고 싶다는 마음이 불쑥불쑥 튀어나오는 상태였거든요. 그런 마음을 가지고 장례식장으로 출근을 했는데, 일주일 만에 살고 싶다는 생각이 드는 거예요. 아니다. '살려주세요!' 노동 강도가 진짜 빡세거든요. 일단 뭐든 간에 살려주세요. 오전 시간에는 발인을 하는데, 세 번 정도 하면 온몸이 땀으로 다 젖어요. 하루에 만 보 넘게 걷는 건 기본이고."

일주일이 지나니 몸이 적응됐다. 좀 살 것 같았다. 그러자 '쉬지 않는 죽음'이 눈에 들어왔다.

"쉬지 않고 안치실로 고인들이 오는 거예요. 그런데 그 모습이 다 비슷한 거예요. 평소에 어떤 삶을 살았든 마지막 모습은 다 똑같더라고요. 미국 명문대 교수였다는 대단한 분을 염하는데, 이분이 오랫동안 병을 앓았기 때문에 기저귀를 차고 돌아가셨어요. 어차피 똑같은 거예요. 그래, 나도 어차피 죽는다. 지금을 즐겨보자 생각했던 것 같아요. 그러면서 삶이 좀 달라졌죠. 장례식장에서 일했던 시간이 배움이 되었던 것 같아요."

죽음을 피할 길 없다는 사실을 인정해야 했다. 인정하지 못해 붙들고 있던 사실을 결국 받아들였다. 인정은 그에게 체념이 아닌 여유를 주었다. 생과 사 사이에 간격이 생기자, 비로소 어떻게 살아야 하는지 생각할 틈을 가지게 되었다. 나 역시 안치실에 차곡차곡 쌓여가는 죽음을 보았다. 장례식장에서 가장 큰 VVIP 특실을 빈소로 쓰는 사람도, 상주 이름을 적어둔 전광판에 대대손손 자손 이름이 가득한 사람도 안치대 위에선 혼자였다. 아니다. 그 모습을 내려다보는 내가 있었다. 나는 어떻게 살아야 할지 생각할 수밖에 없었다.

다르게 살기로 한 그는 생전장례식을 열기로 했다. 이전의 자신과 이별하는 과정이 필요했다.

"그전부터 워크숍을 통해 사람들과 죽음에 관한 이야기를 나눠왔는데. 조금 더 다른 방식으로 이야기를 공유하고 싶더라고요. 그리고 내 인생도 다음 챕터로 넘어갔으면 좋겠다는 생각이 들고. 그간 제가 치유받은 경험들이 '소생'이라는 단어와 맞다고 생각했어요. 죽어가다가 살아난 상태. 내가 소생하는 과정을 사람들과 재미나게 풀어보고 싶어졌어요."

자신의 소생을 응원하는 자리를 마련하길 원했지만, 먹고 마시는 파티는 아니길 바랐다. 자신이 장례식의 주인공이고 싶지 않았다. 장례식에 온 사람들과 함께할 방법이 없을까 고민하다가 전시회를 열기로 했다. 나는 그의 첫 번째 장례식이자 전시회인 〈생소한 소생〉의 관람객이기도 했다.

간단한 일이에요

장례식을 찾았을 때, 전시장 벽면이 수많은 질문으로 채워져 있었다.

○ 인생의 어느 시점으로 돌아가서 다시 시작하고 싶나요?

○ 당신에게 영향을 준 죽음이 있나요?

○ 단 한 순간만을 남겨야 한다면 어떤 기억을 간직하고 싶나요?

○ 당신에겐 절대 포기할 수 없는 가치가 있나요?

관람객들은 저마다의 답을 포스트잇에 적어 질문 옆에 붙였다.

"어차피 겪을 일을 겪고 있는 거예요. 제 인생에서 바꾸고 싶은 건 아무것도 없어요. 아무것도요."

"제가 인생에서 겪은 큰일 중의 하나는, 아버지의 죽음인 것 같아요. 많이 아파하셨고 지금의 저처럼 병원 신세를 졌어요. 집착을 버리면 자유로워진다는 것. 또 그 누구의 기대도 충족시킬 필요는 없지만, 스스로 기대는 충족시켜야 한다는 걸 깨달았어요."

"제 인생에서 딱 하나 바로잡고 싶은, 후회되는 일이 하나 있는데 그건 저 혼자만 간직하고 싶어요. 사람들이 들으면 제가 왜 말하지 않았는지 이해할 거예요."

"제 믿음은 가족에게 배운 게 아니라, 인생에서 겪은 일들과 상황을 통해서 만들어진 거예요. 어려운 시기일수록 믿음에 매달리죠."[3]

이건 한주원의 생전장례식에 온 이들에게서 나온 답이 아니다. 〈생소한 소생〉 전시를 보기 두 해 전, 나는 인생의 마지막을 맞이할 이들의 이야기를 만난 적이 있다. 〈있는 것은 아름답다〉라는 전시였다. 미국 로스앤젤레스 출신 사진작가가 호스피스 병동의 사람들을 카메라에 담았다. 카메라를 고요하게 바라보는 얼굴이 담긴 사진 옆에는 그들이 전해준 이야기가 적혀 있었다. 아벨이라는 백발노인은 이렇게 말했다.

"마치 문이 열리는 것처럼 여기서 해야 할 일을 마쳤으면 돌아가는 거죠. 간단한 일이에요. 그렇지 않으면 얼마나 얄궂겠어요."[4]

그러게. 제발, 죽음이라는 것이 얄궂지 않았으면.

하지만 나는 아벨처럼 오랫동안 진지하게, 근거리로 다가온 죽음을 생각해본 적이 없기에 쾌청하게 죽음을 다루지 못하고 질척인다.

〈생소한 소생〉 전시장에 들어섰을 때, 내 눈길을 잡아끈 것은 바닥에 놓인 사각형 거울이었다. 거울에는 시옷 모양의 검은 리본이 달려 있었는데, 영정 사진을 뜻하는 표시라는 걸 알 수 있었다. 거울 쪽으로 가까이 가니 내 얼굴이 비쳐 영정 사진이 완성됐다. 순간 뒤로 물러섰다. 좀 두려웠달까. 질척인다.

"이건 제가 죽음 워크숍을 할 때 프로그램 초반에 꼭 넣는 과정이에요."

한주원은 청년들과 죽음에 관한 워크숍을 진행해왔다. 어딘가 자신처럼 죽음을 붙잡고 있는 사람들이 홀로 있을 거란 생각에 워크숍을 시작했다.

"첫 과정이 거울을 보고 초상화를 그리는 거예요. 저는 프로그램을 할 때 가정을 해요. 우리가 이 작업이 끝나고 집에 가면 다시는 일어나지 못한다. 자려고 누우면 다시는 눈뜨지 못한다. 지금 그리는 자화상이 내가 세상에 남기는 마지막 모습이라고요."

거울을 보고 자신을 따라 그린다.

"연필이나 펜으로 '내 머리카락을 쓰다듬어주듯이 그리세요' 해요. 머리카락 하나하나. 내가 나를 쓰다듬어주듯이."

수십 분간 거울 속 나를 들여다보는 경험은 어떨까. 나는 왠지 울 것만 같다.

"자화상 그리다가 우는 사람은 없나요?"

"없었는데. 그리기의 전제가, 절대 내가 그리는 종이는 보지 않고 거울만 보는 거거든요. 그래서 막상 그림을 완성하면 선이 다 밖으로 나와서 추상화처럼 표현돼요. 다들 웃죠."

그래, 아델도 이리 말했다.

"한번 보세요. 정말 바보 같아요! 우리는 무슨 일이든 복잡하게 만들어버리지만 신께서는 그렇지 않다고 말씀하시지요."

사는 일엔 심각할 필요가 없을지도. 하지만 울었다. 전시를 마치고 한주원은 울었다고 했다. 전시에 친구들이 왔기 때문이다.

"다 제 이야기를 들어준 친구들인 거예요. 그동안 힘들 때마다 친구들을 붙잡고 하소연을 해왔는데, 그래도 저를 떠나지 않고 남아준 친구들이죠. 저의 폭격에서 살아남은 생존자들? 그 얼굴들을 보는데 눈물이 나는 거예요."

주인공처럼 울긴 했지만, 자신이 주인공이 아닌 행사를 하고 싶다는 마음이 통했다.

"그때 전시를 보러 온 친구들이 사실 그때 나도 이러저러한 일 때문에 힘들었다고 이야기를 하더라고요. 나도 죽고 싶었던 순간이 있다. 저는 제 이야기만 했지, 친구들의 이야기를 들었던 적이 없는 거예요. 미안했지만 다행인 것이, 전시를 보고 삶의 마지막에 관해 이야기할 수 있게 되었다고 하더라고요. 배우자랑 같이 온 친구들도 있었는데, 전시를 보고 집으로 돌아가서 서로의 장례를 어떻게 할 건지에 대해 이야기를 나눴대요."

나에게도 죽음에 대해 이야기 나누고 싶은 친구가 있다. 그 애에게 농담 삼아 '나 죽고 나면 입었던 옷 대신 너를 넣어달라(황순원의 〈소나기〉 버전으로)'고 말하곤 했다. 두 사람 중 한 명이 죽고 난 이후의 삶을 말하기 두려워 해괴한 농담으로 대신하는 것이었다. 친구는 그런 농담을 질색한다. 전시를 같이 봤다면, 우리도 서로의 장례에 관해 이야기할 수 있었을까.

"전시를 준비하면서 사실 많이 힘들었어요. 전시에서 제 이야기를 해야 하는데, 그러면 인생을 회고하는 작업이 필요한 거예요. 괴로워서 지웠던 기억을 끄집어내야 하고. 그 작업이 너무 힘든 거예요. 그렇지만 돌아보니 저를 살려주었던 사람들이 생각나고, 고마움이 커지고. 나 아무것도 안 하진 않았구나 싶고. 열심히 살았네. 이 시간을 지나온 스스로가 대견하기도 하고. 저는 준비하는 과정, 그 자체로 충분했어요. 그래서 전시는 사람들에게 빈 스케치북을 던져주는 느낌으로 열었어요. 완성은 여러분이 하세요."

생전장례식을 하시겠어요?

"생전장례식을 하시겠어요?"

한주원은 내게 물었다. 내게도 그림을 완성할 생각이 있는지 묻는 것이다. 이야기를 나누며 사이사이 보였던 감탄이 무색하게도 나는 단호하게 고개를 저었다. 번잡한 것을 싫어해서 사후 장례식도 하고 싶지 않다고 생각할 때가 많은데, 사전 장례식이라니. 더구나 나는 생전장례식 이후의 이야기를 알지 못한다.

생전장례식을 했다는 이들의 이야기를 들으면 '그날 참 행복했겠구나' 하는 생각이 든다. 하지만 그날이 지나고 나면? 생일파티를 하고 적막한 집에 들어서는 그 순간에도 헛헛한 감정이 밀려오는데, 생전장례식에서 사랑하는 사람들을 만나고 돌아오는 길은 어떨까. 누구도 생전장례식 그 이후를 말해준 적 없기에, 내게 그곳은 갈 수 없는 길이었다.

물어볼 수도 없었다. 생전장례식을 했다는 사람들은 (내가 아는 한에선) 이미 이 세상 사람들이 아니었다. 큰 병을 진단받고 나서 생전장례식을 치르니 몇 해 넘기지 못하고 떠났다. 그러나 지금 내 앞에, 그들에 비한다면 '새파랗게' 젊은 이가 있다. 그날 이후를 물었다.

"생전장례식을 치른다고 해서 인생이 드라마틱하게 바뀌거나 그런 건 전혀 없잖아요. 그러니까 오히려 번아웃이 온 것처럼 거의 한 달을 무기력하게 보냈던 거 같아요."

생전장례식을 해도 인생이 리셋되거나 회귀하여 다시 태어나는 일 같은 것은 일어나지 않는다. 누군가처럼 나 또한 강하게 리셋의 욕구를 겪던 시기가 있었다. 하지만 그건 가능하지 않은 일이다.

"죽음 워크숍에서 던지는 질문 하나가 '기계에 리셋 버튼이 있듯이, 인생에도 리셋 버튼이 있다면 당신은 누르시겠습니까?'예요. 그런데 참여자 대다수가 누르지 않겠다고 하더라고요. 이건 제 예상과 달랐어요. 여러 이유가 있었는데. '지금 자기 자신을 잃고 싶지 않아서'라는 사람도 있고 '리셋한다고 바뀔 것 같지 않다'는 사람도 있었고요."

사람들은 왜 리셋을 선택하지 않을까. 아니, 왜 선택할 수 없을까.

"사람은 매일 같은 실수를 반복하지만, 그럼에도 불구하고 아침에 일어나 침대 정리도 하고 물도 한 잔 마시고. 그냥 그런 것 같아요. 하루하루 죽지 않고, 나 스스로를 죽이지 않고 그냥 살아가는 것 자체가 장한 일 같아요."

생전장례식을 마쳤다고 해서 새로운 삶이 오지 않는다. 죽음이 오지 않는 것처럼. 단지 살아갈 뿐이다. 다만 아침에 일어나 물 한 잔 마시는 일상을 살아가야 함을 받아들이는 힘이 생겼다.

"어떤 형태로든 간에 사람들이 생전장례식을 했으면 좋겠어요. 동네잔치가 되어도 좋고, 전시를 할 수도 있고, 그냥 소박하게 자기 이야기를 글로 써서 SNS에 올릴지라도. 생전장례식이 내가 어떻게 살았는지를 되돌아보게 하는, 있는 그대로의 나를 인정하는 작업이라고 생각을 하거든요. 누구든 그런 경험은 꼭 해봤으면 좋겠어요."

동네잔치라. 이런 기능을 옛날 옛적에는 환갑이나 칠순 잔치가 대신했을지도 모르겠다. 예순 살만 되어도 장수했다고 하던 시절이다. 잔치의 주인공들이 어찌 마냥 만수무강만 빌었을까. 자신에게 끝이 다가오고 있음을 인정하고 준비하는 마음으로 잔치가 열리는 마당에 들어섰을 것이다. 그 시절엔 자신이 살아온 삶을 증명하는 존재가 가족과 자손이었겠지. 그러니 손주에 증손주까지 불러 모아 자신이 이룬 것을 돌아본다. 핏줄로 자신을 증명하는 게 당연하지 않게 된 오늘날, 우리는 자신을 돌아보거나 인정할 시간을 얻지 못한 채 죽음으로 직행한다.

생전장례식은 멈춰 세우는 일일지도 모르겠다. '어이, 이대로 간다고? 잠시만.' 사는 대로 사는 나를 멈춰 세운다. 그러고 보면 타인의 장례식에 가는 일은 우리가 일상에서 하는 작은 생전장례식일지도 모르겠다. 장례식장으로 가는 길, 우리는 "각자의 것일 수 없는 최초의, 그리고 최후의 사건"[5]을 지닌 존재임을 자각한다. 나만의 것이 아닌 최초와 최후. 그 사이에 놓인 삶을 생각한다. 여전히 나는 생전장례식을 치르겠다는 결심을 하진 못하였으나, 타인의 장례에 가야 할 이유를 찾았다.

모를 일

한주원이 생전장례식을 했다고 해서, 장례식 그 자체를 피할 수 있는 건 아니다. 인생의 마지막을 어떻게 맞이하고 싶냐고 물었다.

"잘 모르겠어요. 제가 어떻게 죽을지 상상이 잘 안 돼요. 지금까지 제가 본 죽음들이 본인이 그려왔던 죽음은 아닐 거란 말이에요. 내 마음대로 되지 않는 게 죽음이라는 걸 알기 때문에 말하기가 더 어려워요. 그렇지만 제 장례는 거창하기보다 남은 사람들이 서로를 좀 잘 위로하는 장이면 좋겠어요. 장례식 따로 없이 제가 사람들에게 커피 쿠폰 하나씩 날려도 좋겠네요. 그 정도로만 마지막 인사를 하는 걸로 충분하다는 생각이 들어요. 생전장례식을 이미 치러서인 것도 같고. 잘 모르겠네요."

남좌여우

: 여자 상여꾼이 있다

　고령화 시대에 접어들며 사람들은 전보다 천천히 죽는다. 고령의 고인에겐 고령의 사별자들이 있다. 조문 온 이들도 나이대가 엇비슷하다. '고객'들의 연령대는 점점 높아지는데, 서비스직이 된 장례업에는 젊은 종사자들의 유입이 늘고 있다. 가족, 종교, 돈이 한날한시에 모이는 초상은 원래도 갈등의 장이라 불릴만한데, 여기에 세대 갈등까지 더해진다. 한쪽에선 소위 '꼰대'들의 막무가내 요구가 감당 안 되고, 다른 쪽에선 어린 것들의 되바라짐이 못마땅하다.

　어느 장례식장의 팀장은 '어르신'들에게 시달리고 온 젊은 직원을 이런 말로 달랬다고 했다.

　"그냥 받아줘. 어차피 4번 냉장고에 들어갈 사람들이야."

　수명이 얼마 남지 않아 조만간 안치실로 오게 될 사람들이라는 소리다. 불경스럽다. 나이 든 부모가 있는 입장에선 듣기만 해도 당혹스럽다. 하지만 초면에 다짜고짜 반말부터 나오는 어르신들의 언행에 신경 긁히는 사람으로선 위로가 될 농담이라는 걸 인정한다. '반말로 주문하면 반말로 응대합니다.' 이런 문구는 실제로 '너나들이'를 하겠다는 소리가 아니다. 마음을 지키는 보호막 역할을 한다. 그걸 아니까 불경하다가도 이해가 되고, 그러다가도 따라 웃기를 멈춘다. 나 또한 늙어갈 사람이 아니었다면 마음껏 웃었겠지. 우리는 모두 늙는다. 반드시 죽는다. 그러니 맞는 말이기도 하다. 1번이건 4번이건, 모두 안치실 냉장 시설에 들어갈 운명이다.

언젠가 죽는다. 일을 하는 데 있어 이 사실만큼 강한 동기는 없다고 했다. 유한한 존재로서 자신을 인지하고 나면, 오늘이 아닌 내일을 생각하느라 하지 못한 일이 떠오른다. 다른 사람의 시선을 생각하느라 지금껏 하지 못한 일을 할 수 있게 된다. 동시에 우리 이름 앞에 성(姓)이 붙고 누구네 자식이라는 명찰이 달리고 사회적 명함과 직책이 있는 탓에, 그러니까 누구나 온전히 혼자는 아니기에, 인생이 유한하여도 하지 못할 일과 해서는 안 되는 일이 존재한다. 개별이자 개별이 될 수 없는 존재라는 특성 때문이겠다. 누구네 자손이라는 이 끈질긴 인연이 시작된 것은 15만 년 전이다.

생물학적 죽음이 '탄생'한 것은 15만 년 전. 자가 분열을 통해 증식하던 단세포 생명체에는 개체의 소멸이라는 개념이 없다. 자신의 유전자와 똑같은 유전자를 형성하는 증식이 있을 뿐이다. 유전자는 그저 복제된다. 자손도, 번식도 없다. 그러니 죽음이 있을 수 없다. 그러다가 성(sex)이 생기고 유성생식으로 개체 번식을 한다. 이제 개체는 자신의 유전인자의 일부를 물려주고 소멸한다. 죽음이 탄생한 것이다. 그제야 비로소 우리는 유한한 존재가 되었다. 탄생이 죽음을 만들어내는 긴 시간 동안 우리는 줄타기해왔다. 유한한 존재와 연결된 존재 사이에서.

그런데 죽음을 만든 작동 버튼이 성별이라는 사실은 흥미롭다. 15만 년이 지난 지금도, 여전히 성별은 숱한 줄타기를 만들어내기 때문이다. 장례라는 의례 자체가 줄 위에서 벌어지는 일이다. '해서는 안 되는 일'이 있는 금기와 관습의 세상에선 이 한마디를 하는데도 외줄을 타듯 몸이 떨린다.

"요즘은 그렇게도 하세요."

요즘은 '그렇게' 여자가 상주를 맡기도 한다. 많은 반대를 무릅쓰고.

남자, 남자, 남자

"당연히 남자를 상주로 세우잖아요. 큰딸이 있어도 아들을 세우고. 아들이 없으면 딸이 아닌 고인의 남동생이나 사위를 상주로 세운다든가 하는 집도 많단 말이에요. 그런데 집안 어른이건 장례식장이건 누가 상주를 할 건지 물어보지도 않고 바로 아들 이름을 상주 명단에 올리잖아요."

젊은 여성 장례지도사가 한껏 미간을 좁히며 한 이야기다. 나 역시 장례식에 가면 누가 상주 완장을 차고 있는지에 눈이 간다. 어린 시절에 나와 나이 차이도 별로 나지 않던 집안의 '꼬꼬마 막내' 외삼촌이 할아버지 장례식에서 누나들을 제치고 상주로 장례를 주관하는 걸 보며 느낀 의아함이 아직도 남아 있다. 누구도 상주의 자리에 외삼촌이 앉는 일을 의심하지 않았다. 오히려 반발 세력은 이모들이 아닌 그네들의 남편, 집안의 사위들이었다. 그들이 '살아온 세월'을 내세우며 상주의 권위를 침범하고 꼬꼬마 상주가 그에 맞서는 모습을 목격하며, 이 자리가 외삼촌의 '성인식'이라는 걸 어렴풋이 느꼈다.

이후 장례는 나의 관심에서 급속히 멀어졌다. 아들이 아니기에 아무래도 장례는 '나의 것'이 아니었다. 하지만 나의 부모는 늙어갔다. 딸밖에 없는 집이다. 나의 것이 아닌 장례를 결국 치러야 하는 모순. 그 모순을 정리하지 못한 채 부모의 장수만 빌던 참이다. 그리고 나와 같은 혼란을 지난 채 장례업종에 뛰어든 여자들이 있었다. 매일 '여성의 것'은 될 수 없는 장례를 여성 장례인으로서 지켜본다. '남자(만) 상주' 같은 건 부질없는 일이라 여긴다. 의미 없는 일을 반복해 수행하니 불만이 쌓인다. 하지만 '왜 남자만 상주를 해야 하나요?'라고 대놓고 드러내지 못한다. 왜라고 물을 필요도 없다. 이유를 모르는 게 아니니.

인터넷 게시판에서 이런 질문을 보았다.

'자녀가 없는데 배우자가 상주를 할 수 있나요?'

1969년 공표된 가정의례준칙은 "주상(상주)은 장자가 되고, 장자가 없는 경우에는 장손이 된다"라고 밝혔다. 그리고 같은 항에 이 문항을 덧붙인다. "사망자의 자손이 없는 경우에는 최근친자*가 상례를 주관한다." 가정의례준칙은 30년 후 건전가정의례준칙으로 이름을 바꾸어 개정하는데, 이때는 "주상(상주)은 배우자나 장자가 된다"라고 규정해두었다. 시대의 변화에 따라, 배우자가 상주가 될 여지를 열어둔 것이다. 이때도 최근친자가 상주를 할 수 있다고 덧붙였다. 가까운 가족(최근친)인 자매, 형제, 조카 누구든 상주 노릇을 할 수 있다. '딸'도 할 수 있다.

2023년 5월에는 대법원이 최근친 직계비속 중 연장자에게 제사 주재자(상주)로서의 우선권을 부여하는 판결을 내렸다. 이건 장남이나 장손이 제사 주재자로서 우선권을 갖는다는 2008년 판결을 뒤집는 내용이었다. 고인의 사후 처리에 관한 권한을 아들에서 딸로 확장한 판결이다. (물론 여기서도 의문이 생긴다. 왜 연장자

---

* 　직계존속이나 직계비속 중에서 나를 중심으로 가까운 관계에 있는 사람.

우선인가, 왜 직계비속 우선인가. 그렇지만 준칙은 준칙일 뿐 의무 사항도 아닐뿐더러, 국가가 개인의 장례에 관해 어느 정도 관여할 수 있는가는 논해볼 거리다.)

하지만 이것은 법전 안의 내용. 현실의 답엔 다른 이야기가 적혀 있다. 게시판 질문에 답을 한 이도 1999년 개정된 준칙의 내용을 알고 있는지 배우자를 상주로 세울 수 있다고 했다. 다만 이 말을 덧붙였다. "보기에 좋지는 않습니다."

준칙은 물론, 인간사를 다 뒤집을 수 있는 말인 '남들 보기에'가 등장한다. 체면. 따지고 보면 장례식은 체면 때문에 유지되는 절차이기도 하다. 사회 통념과 타인의 시선이라는 체면의 잣대를 대어 빈소 크기를 정하고 제단 꽃장식 규모를 결정한다. 체면에 기대어 많은 것이 결정되는 장례식장 상담 테이블에서 "요즘은 다르게도 해요"라는 추임새는 사수(팀장)의 눈살을 찌푸리게 만들기에 충분하다.

남좌여우

장례식장에선 절을 하건 입관을 하건 이 순서로 불린다. 아드님, 며느님, 따님, 그 뒤로 사위, 친손주, 외손주가 따라 나온다. "아드님들 나오세요." "며느님들 나오세요." 빈소가 울음바다이건 멱살잡이 공간이건 간에 이 순서는 바뀌지 않는다. 아들(장손)이 무엇보다 우선이고, 딸보다는 며느리가 우선이다. 며느리는 아들과 한 묶음이니까. 제사상을 차릴 사람이니까. 아예 여자가 불리지 않는 순간도 있다. 관을 옮길 때다. 아들, 손주, 형제까지 집안 남자들이 순서대로 불려 가도 관을 들 여섯 명이 채워지지 않으면 상주의

198

친구는 물론 장례지도사까지 매줄(관을 동여맨 줄)을 잡는다.

"솔직히 관이 무겁지도 않아요. 그거 이고 산에 오르는 것도 아니고요."

매장을 하는 경우가 아니라면, 관을 드는 거리는 입관실에서 장례식장 앞에 세워진 운구 버스까지이다. 그 짧은 거리마저 남성만이 관에 손을 댄다. 생각해보면, 정수기 물통을 남자가 드는 세상에선 관도 남자가 든다. '회사에서 정수기 물통을 갈 때 왜 꼭 남자가 들어야 하느냐'는 '역차별' 논란이 생기는 세상에선 특정 성별이 관을 드는 일에도 불협이 생겨야 한다. 이건 육체적 힘에 따른 분배가 아니라 '남좌여우'의 문제니까.

남좌여우. 장례 일을 하는 사람이라면 이 단어를 모를 리 없다. 장례업계의 피타고라스 공식 같은 것인데, '남자일 경우 왼쪽부터, 여자일 경우 오른쪽부터'라는 의미다. 상의 앞섶을 덮을 때도, 옷고름을 맬 때도, 고인의 손을 모을 때도, 남자는 왼쪽, 여자는 오른쪽이 앞서게 한다. 장례는 성별 구분이 엄격한 의례이다. 관혼상례의 모든 의례가 그러하다(저승은 이승의 거울이라 하여 좌우를 대칭한다. 생전의 의례에선 '남우여좌'이고 장례는 '남좌여우'다). 장례 문화가 유독 엄숙하고 갑갑한 것이 아니라, 사는 일이 규범에 갇혀 있다. 사는 일 자체가 갑갑하다. 그럼에도 내가 살아가는 일에 흥미를 느끼는 건, 결국 규범대로 살 수 없는 순간들이 존재하기 때문이다. 그 어긋난 경험들이 모여 새로운 무언가를 만든다.

싱어송라이터 이랑은 언니의 장례식에서 상주를 맡고자 했으나 거절당했다. "여자는 상주 못 해요." 이런 반응을 예상한 이랑은 준비한 말을 했다.

"저 여자 아닌데요."[1]

이런 반전을 좋아한다. 이랑은 바지로 된 남자 상복을 입고, 상주를 의미하는 (동시에 문상객들이 그를 상주로 인식할 수 있도록 하는) 두 줄 완장을 찼다. 이 대답이 지닌 도발성(누가 나를 '여자/남자'로 규정하는가?)이 멋지면서도, 나는 다른 대답이었어도 좋았겠다고 생각했다. 이미 앞서 장례라는 의례에서 자신의 자리를 만들어간 여자들이 있으니까. 수십, 수백 년 전부터 여성이 장례에서 적극적인 역할을 수행해온 기록이 있다. 동네 아낙끼리 제사상에 올릴 음식을 하는 걸 말하는 게 아니다. 여자가 상엿소리도 하고 상여꾼도 되었다. 그러니 상주라고 못 했을까.

여자 상여꾼이 있다

섬아 섬아 연도 섬아, 오늘날에 이별이야
에호 에호 에가리 넘차 에호
고향 산하 이별하니, 이내 맘이 섭섭하네
에호 에호 에가리 넘차 에호
모진 강풍 불지 마소. 이 바다로 건너가오
에호 에호 에가리 넘차 에호

상여가 떠나기 전, 연도 섬의 상여꾼들은 당산할머니(마을의 수호신인 당산신)에게 인사를 한다.[2] 그리고는 관을 배에 싣는다. "모진 강풍 불지 마소." 이 바다를 건너가야 하니까. 경상남도 진해 작은 섬 연도의 장례 풍경이다. 1981년 연도에서 마지막 상여가 나갔다.

지금은 간척 사업으로 육지와 연결되었지만, 30년 전만 해도

200

연도는 진해 남단부에 있는 작은 섬이었다. 면적이 여의도의 3분의 1에 못 미친다. 이 작은 섬에서 자기 소유의 땅이 없는 이들은 인근 무인도인 솔섬을 묘지로 썼다. 솔섬까지 배에 상여를 태우고 갔다. 배에서도 상엿소리가 잇따른다.

고향 산하 이별하니 이내 맘이 섭섭하네
날씨 좋네. 날씨 좋아. 우리 동네 날씨 좋아

파도가 치고 폭우가 내려도 상여 실은 배는 사고가 없다는 속설이 있다. 당산할머니가 지켜주는 걸까. 저승차사가 안내하는 걸까. 상여 배를 끄는 발동선 맨 앞에 용왕기(용왕을 그린 깃발)를 달았다.
"오늘 저 배가 몬 가지 싶어도. 시체를 실어노모 배가 희한한 게가. 그기 신기한 기라. 바람이 이래 불어서 상여를 실었는데. 오늘 가다가 안 죽었나 이랬는데. 막상 싣고 가면 절대 이래(흔들리지) 안 하는 기라."(진해 연도 김순금)[3]
상여를 실으니 바다가 잠잠해졌다는 연도 주민의 이야기를 보며 내가 경이롭게 여긴 것은, 바다를 잠재우는 용왕의 신력이 아니었다. 놀라운 건 "바람이 이래 불"고, "오늘 가다가 안 죽었나" 싶으면서도 배를 띄우는 사람들이다. 장례가 무엇이라고 바람 부는 바다에 배를 띄우나. 그 위험을 감수하면서도 장지로 간다. 산 사람은 살아야 한다는 말이 무색해지는 순간이다. 기어코 제대로 장례를 치러주는 마음은 들여다볼수록 놀랍다.
냉장 시설도 없던 시절, 조붓한 배에 시신을 싣고 바다를 건너가면 솔솔 시취가 난다. 참꽃(진달래과)을 따서 코를 막고 갔단다. 장례 앞에서는 무엇도 문제가 되지 않았다. 관을 배에 태울 남정

네들이 없으면 아낙들이 관을 들었다. 이왕 관 드는 것, 상엿소리
도 했다.

여성들이 선소리꾼이 되고, 상여꾼이 된 까닭을 경남 민요를 채
록해온 전정효는 이렇게 이야기한다. 하나는 "일제 식민지의 여성
으로 태어난 역사적인 운명"이고 다른 하나는 "가난하고 외로운
섬으로 시집온 팔자" 때문이라고.[4] 연도에서 첫 여성 상여꾼이 난
것은 1940년대 중반. 일본군의 강제징용이 있었고, 해방 후에는
한국전쟁이 발발했다. 징병을 피해 외지로 도망간 이들이 적지 않
았다. 섬에 남자가 없었다.

더불어 먹고사는 일도 장례 문화를 바꾸어놓았다. 연도는 가파
른 지형이다. 논이 없어 다들 계단식 밭에 보리, 마늘, 고구마를
심었다. 생업은 고기잡이. 남자들은 배를 타고 음력 6월에는 조기
잡이를, 음력 10월에는 전갱이잡이를 하러 나갔다. 조기를 잡으
러 연평도까지 갔다가 8월에 돌아와 10월에 다시 전갱이를 잡으
러 흑산도까지 가는 식이었다.[5] 곤궁할수록 더 오래 집을 비웠다.
상여는 이제 여자들의 몫이 되었다.

"처음 상여를 멨을 때 발도 잘 맞추고 어찌나 잘하는지. 그 뒤로
부터는 방구 질 내듯이 상여를 자꾸 메게 되었지."[6]

연도 주민 강정수 어르신의 구술이다. 연도에는 여성계가 있었
다. 애초에 두레나 상포계(초상이 나면 도움을 주기 위해 조직한 계)
로 기능해왔다. 육지에서 친인척이나 일손이 유입되기 힘든 섬에
서는 상포계가 더 돈독하다. 그러니 누가 상여를 메고 곡을 할 것
인지, 어려움 없이 정할 수 있었다. 발도 잘 맞췄다. 강정수가 선
소리꾼 역할을 했다.

"그 누님이 머리가 좋았던가. 상이 나가는데 듣고 기억을 했다

202

가 연도 남자들이 전부 밖에 나가 있으니까 여자들이 할 수 없이 했재. 그래 유래가 내려온 거지."[7]

후에 마을 주민이 그를 두고 전한 이야기. 강정수는 1945년 해방이 되어 일본에서 시댁이 있는 진해로 돌아왔다. 남편이 다시 일본으로 떠난 후, 홀로 아이들을 데리고 친정인 연도로 온다.

어여루 가래야. 이내 가래꾼 잘도 한다
얼른 바삐 쌔기해라. 이 봉분을 지어놓고
엄마나 아기 모시 놓고 육안으로 둘러보고
잘 있으소 잘 계시소[8]

못자리를 파고 하관을 하고 봉분을 짓는 것까지 모두 아낙들이 했다. 봉분을 지으며 섬마을답게 '가래소리'를 했다. 가래소리는 물고기를 퍼담으려 가래질할 때 부르는 노래다. 여자들이 관혼상제는 물론, 생활 전반을 책임져온 연도에는 전설이 있다. 장사샘에 관한 이야기다. 마시면 엄청난 힘이 생기는 샘물인데, 이 샘물을 마셔 힘을 가지게 된 남자들은 뱃길을 막는 이가 되는 운명을 지닌다. 섬의 생존이 위협받자 마을 사람들은 아예 장사샘을 메워버렸다. 그 뒤로 연도에선 힘센 남자를 꺼리게 되었고 여자들이 생활을 주도하게 되었다는 것이다. 왜 남자들만 샘물을 마셨을까? 그런데 이 전설은, 연도만의 것이 아니다.

섬 지역일수록 여성들이 생활 전반에 참여하는 일이 두드러진다. 앞서 언급한 대로 남성이 고기잡이를 간 사이 섬의 생활과 경제를 책임지는 이가 여성이기에 자연스레 만들어진 역할 배분이다. 해안가에는 산 사람이 살고 산에는 죽은 자가 산다는 제주에는 산을 오를 때 상여를 잡아당기는 용도로 쓰는 설배 끈이 있다. 이 설배 끈을 잡아당기는 것도 제주에서는 여성의 몫이다. 영정 사진을 드는 이가 맏딸이나 맏며느리인 마을도 흔하다.

섬마을에서 고기잡이 노래가 상엿소리가 되었듯, 여자가 상여를 끄는 제주 몇몇 지역(서귀포시 표서면 등)에선 상엿소리 노랫말에 시집살이 노래가 섞여들어 갔다. 최자운 민속학 교수에 따르면, 이는 "남성의 여성 목소리 내기"[9]이다. 단지 성별의 역할이 잠시 바뀌는 것을 넘어, 남자의 자리라고 여겨진 영역에 여성의 서사가 섞여들어 전수된다.

화자가 섞이는 것은 상엿소리의 특징이다. 소리꾼은 고인의 심정이 되어 가사를 읊기도 하고, 고인을 떠나보내는 상주나 사별자의 입장이 되어 노래하기도 한다. 화자가 섞이는 와중에 나의 시집살이 설움이 고인이 가는 길의 설움과 섞인다. 연도에선 상여 배가 솔섬에 닿으면 사람들이 관에 묶인 노뿌줄(연도에서는 설배 끈을 노뿌줄이라 불렀다)을 잡아당긴다. 관이 뭍으로 가야 하는 순간, 이때는 상여꾼과 문상객이 따로 없다. 모두가 줄을 잡아당긴다.

따로 없다

유교가 통치 이데올로기인 사회에선 유교식 장례가 집행된다. 장례를 비롯해 생애주기에 따른 의례의 엄격한 형식과 절차가 그 시대의 통치술인 것은 부정할 수 없다. 다시 말해, 형식은 통치를 위해 존재한다. 그러나 한편 이런 생각을 한다. 누군가의 죽음이 인생에 들어오는 순간, 확실한 것은 없어진다. 호흡이 없다는 사실만으로 어제까지 눈 맞추던 이가 다시는 못 볼 사람이 된다. 이유가 없다. 때론 기별도 없다. 죽음을 통해 인간은 세계의 불가해함에 직면한다. 이 불가해한 세계에서 내일도 살아야 하는 사람이 있다. 산 사람들은 반동을 겪듯 변하지 않는 존재를 부여잡으려 한다. 그리하여 장례는 관례와 약속, 각종 규칙으로 채워진 의례가 된다. 불가해함에 맞서기라도 하는 듯 절차가 엄격하고 틀은 확고하다. 모든 행위에 의미가 부여된다.

장지로 가는 상여에도 엄격한 순서가 있다. 상여 뒤로 서는 행렬의 순서도 정해져 있다. 상주가 앞장을 서고, 상복을 입은 복인들이 따른다. 상복을 입을 수 없는 먼 친척(무복지친)과 조객들이 그 뒤를 잇는다. 그렇지만 상상을 해보라. 몇십 리 길을 일렬로 줄지어 갈 수만은 없다. 예전에는 마을 어귀가 나오면 상여를 세우고 제사(거릿제)를 지냈다. 조문을 가지 못한 사람들이 찾아와 절을 한다. 음식을 차리고, 조문의 답례로 상을 편다. 가는 길에 친척 집이 있으면 그곳에도 멈춰 선다. 제사상이 놓인다. 북재비가 둥둥 북을 치고 선소리꾼이 노랫가락을 뽑는다. 꽹과리와 북이 나온다. 징 치는 소리 또한 요란하다. 더덩실 춤사위도(북춤, 허튼춤 등), '어야' 하는 추임새도 나온다. 상여 행렬 앞에서 상주는 대나무* 지팡이를 짚고 몸을 숙인 채 곡을 하고(전통 장례에서 상주는 죄인이라는 의미로 허리를 펴지 못하도록 짧은 지팡이를 짚고 섰다) 행렬 뒤에선 사람들이 왁자지껄하다. 와중에 거나해진 취객도 등장할 테다.

상여가 다시 길을 떠나고, 가다 보면 개울도 나오고 외나무다리도 건너간다. 다른 마을을 넘어야 할 때면 마을 중앙을 가로지르

---

* 고인이 부친일 경우는 대나무, 모친일 경우 오동나무로 지팡이를 만들었다.

지 못하고 어귀로 돌아가야 했는데 사람 발길이 닿지 않은 곳이라 진창인데다가 다리는 끊어져 있다.

"홍수가 나서 다리가 끊어졌어. 상여는 나가야 되잖아. 그러면 일단 가. 뒤에 사람들은 그냥 들고 가고 앞에 사람들은 공중에 떠서. 상여는 길잖아. 앞에서 떠서 가 뒤에 사람들 붙잡고 있으니까. 그래서 건너가서 딱 디더."[10]

별의별 일이 닥친다. 상여 행렬 순서 같은 것은 무의미해진다. 죄인이건 효자건, 상주가 지팡이만 짚고 있을 수 없는 순간이 온다. 얽히고설켜 장지에 도착한다. 확실한 것이 없는 불가해한 세상에서 죽은 자를 장례 치르려는 이들이 있고, 이들이 지키려는 의례의 절차는 엄격해도, 그마저 뜻대로 이뤄지진 않는다. 그래도 고인은 새로운 집을 찾았고, 사람들은 땡볕에 타고 설움이 오르고 술에 익어 불콰해진 얼굴로 집으로 돌아간다.

1980년대 이후 연도에서 여자 상여가 사라진 까닭은, 고기잡이하러 갈 일이 줄어들었기 때문이다. 1970년대 이후 어업의 형태가 바뀌었다. 주민들은 양식업에 종사하거나 도시로 나갔다. 섬 주민이 세상을 떠나도, 도시로 간 가족들이 연도로 돌아와 제사를 지내지는 않았다. 노인들은 죽기 전에 도시의 병원으로 갔다. 모든 것이 변한다. 그러니 여자가 상주를 맡는 일이 무엇이 대수일까. 모든 것이 변하는데.

요즘은 그렇게도 해요

호주제는 2008년에 폐지되었다. 그러나 여전히 장례식장은 상주 성함을 적는 칸에 영희, 지영, 민지 같은 이름을 적길 꺼려 한다. 장례는 산 자를 위한 것이라고도 하는데, 문제는 산 자가 지닌 이해관계가 다양하다는 것이다. 그러니 소란스럽다. 장례는 각기 다른 자본(문화·경제·상징자본 등)을 지닌 사람들의 관계가 경합하는 장이다. 딸과 아들의 지위가 다르듯이.

여성이 상주를 획득하는 과정도 경합이지만, 이후 장례식장에서 '상주의 자리'를 올곧이 지키는 것은 투쟁에 가까운 일이다. 장례식장에서 여성 상주를 맡은 이들의 경험을 분석한 오지민은 이들이 "순수한 상주"로 인정받지 못한 경험을 따라간다.[11] 상주라는 이름을 획득했을지라도 남동생이나 남자 친척이 '실질적 상주'로 인정받고, 그 자신은 '형식적 상주'에 머물러야 했던 경험, 그로부터 느낀 소외감과 자괴감, "판이 짜여져 있는 느낌" 속에서 이들이 행한 선택이 드러난다.

나를 빗대어 보더라도, 내가 상주 완장을 차고 나타난다면 이모들이 득달같이 달려와서 한마디씩 할 것이 눈에 선했다. "이럴 때 든든한 남편이 옆에 있으면 얼마나 보기 좋았겠니." 아마 나는 상주 자리를 외삼촌이나 사촌 남동생에게 빼앗길 수도 있을 테다. 여기까지 생각이 머무니 기분이 이상하다. 나에게 닥칠 장례를 깊이 생각해본 적이 없는데도, 내게서 누군가 상주 자리를 가져간다고 생각하니 먹먹하다. 아니 울화가 인다.

"가족을 보내는 주체가 내가 되고 싶고, 당연히 내가 해야 되는 일을 방해받고 싶지 않다는 건데. 내가 가장 사랑하는 사람이니까 내가 보내고 싶은 건데. 계속 부정당하는 거예요."[12]

이 말이 남의 일처럼 들리지 않는다. 오늘날의 상주란, 가문을 이어받는 자리가 아니다. 떠난 이와 나의 관계를 증명하는 자리에 가깝다. 내가 보내주어야 한다. 내가 책임지고 싶다. 잘 보내주고 싶다. 이 마음이 성별을 이유로 가로막힌다면, 장례의 장은 정말로 '경합과 투쟁'의 장이 될 수밖에 없다.

그러니 나는 다시금 여자 상여꾼들을 소환한다. 상엿소리에 고기잡이 노래가 섞이고, 그 노래가 전수되고, 머리가 좋은 여성이 나타나 소리를 기억해 읊었다는 이야기가 섬의 전설처럼 내려오는 게 좋았다. 신비로웠다. 하지만 관을 메는 여성들의 등장을 피치 못한 비극적인 사건으로 보는 몇몇 기록을 발견할 때면, 남자만 불러대는 장례식장에 소환된 기분이 들었다. 전쟁터에 사람을 끌고 가는 일이 비극이고, 전쟁통에 양민을 학살하는 일이 비극이다. 상부계를 꾸려 이전부터 돈독하게 서로를 돕던 여성들이 에혀~ 에혀~ 구령 맞추고 발맞춰 나가는 것은 비극이 아니다.

"처음 멨는데도 어찌나 잘하는지" 자랑도 하고, 돌아오는 길에는 큰일을 잘 치렀다는 안도감에 꽹과리를 치며 "쾌지나 칭칭 나네"를 불렀다. 연도 섬의 전통이다. 옛날에도 했다. 그때도 맡은 바를 다하려 했다. 즐겁게 했다. 여자 상주는 일탈이 아니다. 살아가는 일이다.

관을 멜 필요가 어디서 오는지, 상주의 자리에 설 필요가 어디서 오는지. 필요는 우리가 살아가는 시대와 장소에 따라 변모한다. 그러니 중요한 것은 성별이 아니라, 내가 어떤 공동체에서 살아가고 있는지다. 아니다. 어떤 공동체에서 살아가고 싶은지다. 우리는 우리가 살아가고자 하는 세계를 만든다. 다만 그 시작이 "요즘은 그렇게도 해요"라고 작은 목소리로 거드는 장례지도사의 조언일 수도, "저는 여자가 아닌데요"라는 단호한 도발일 수도.

귀신을 믿나요?
: 무덤 위에 세운 마을

　이상한 일이지만, 실습 내내 염증에 시달렸다. 눈에 핏줄이 터지고, 상처가 덧났다. 주변 반응은 이랬다. "귀신 아니야?"

　그 말을 들을 때면 온도가 낮고 습한 염습실을 떠올렸다. 환기 시설도, 창문도 마땅하지 않은 공간. 염습실은 1층이나 2층의 볕이 드는 곳에 설치하는 걸 권장한다고 배웠는데. 권장은 권장일 뿐이다. 볕 잘 드는 공간이 있다면 빈소를 만들지 염습실로 줄 리 없다.

　일본 장례식장에서 일한 경험을 글로 써낸 다스승의 일화[1]가 생각난다. 다스승은 어깨 통증을 느꼈는데, 마치 무언가가 어깨에 올라탄 것 같았다. 그는 장례식장 선배들에게 조언을 구했고 그의 상태를 본 선배들은 은밀하게 그에게 '효과 좋은 곳'을 알려주었다. 영험한 무속인의 연락처일 거라 생각하고 펼쳐본 쪽지에는 마사지 가게 주소가 있었다나. 근골격계는 전 세계 장례인들의 직업병인가보다. 고인도 무겁고, 장례용품도 무겁다. 그러니 어깨가 남아날 리가.

　그런데도 주변에서는 "귀신 아니야?"라고 묻곤 했다. 2024년 기준으로, 직업병(산재) 인정 비율이 55.8퍼센트이니, 반반이다. '귀신이다, 아니다' 확률도 반반이니. 직업병이나 귀신이나. 그렇지만 나도 이런 질문을 한 적이 있다.

"귀신을 믿으세요?"

조상신이 자손을 보살피는 이치를 설명하던 나이 지긋한 장례지도사에게 제사 기일에 관해 듣던 참이었다. 요즘은 다 자기들 편한 대로 제사를 지내느라 기일을 제대로 안 챙겨서 조상들이 제삿밥을 못 얻어먹는다고 했다. "헛제사 지내는 거죠." 대화가 안동의 헛제삿밥으로 이어지려는 찰나, 나는 궁금하던 걸 물었다. 조상신 이야기를 하는 장례인들을 볼 때마다 묻고 싶었다. '귀신을 믿으세요?' 아니다. 좀 에둘러 물었다.

"진짜 영혼이 와서 식사한다고 믿으세요?"

그런 거 왜 묻나 싶었겠지만, 그는 내색하지 않고 대답했다.

"아니에요. 안 믿어요."

안 믿는다니. 살짝 배신감이 든다.

"안 믿지만, 믿고 싶은 거예요. 내 조상이 차려놓은 음식을 와서 드시고 갔구나. 마음의 위안이죠. 오기를 바라는 거고. 와서 내가 사는 모습을 둘러보고 '돌봐줘야겠네, 보태줘야겠네' 이런 마음 가져주었으면 좋겠는 거고. 그래서 제를 지내는 거잖아요."

현재까지 이어온 유교식 장례는 '조상신' 개념을 기본으로 한다. 고인을 가문의 조상으로 올리고, 장자를 가주로 세우기 위한 3년의 프로젝트였던 것이 삼일장으로 축약됐다. 장례지도사들을 보면, 기독교 교회 집사도 있고 신실한 가톨릭 신자도 있다. 일부 종교에선 조상신 개념이 반가울 리 없다. 그럼에도 거부감 없이 제례 절차를 진행하는 것은, 조상신이라는 개념이 가문과 가족을 묶어내는 관습적이자 문화적인 수단임을 부정할 수 없기 때문이다.

"예로 남아 있는 거죠. 그 예마저 사라지면 자식이 나를 기릴 이유가 없어지니까요. 내가 세상을 잘 살아갈 이유가 내 대에서 끝나는 거죠. 나 혼자 잘 먹고 잘 살다 가면 되는 거잖아요."

그렇지만 그는 영혼이라는 말에 더해 들려주고 싶은 에피소드가 있는 듯했다. 장례식장에서는 설명할 수 없는 일들이 벌어지곤 한다.

"한번은 운구차가 막 출발하려는데, 차 안에서 며느리가 그냥 뒤로 넘어가더니 막 헛소리를 하는 거예요. 시어머니가 생전에 말하듯이 굴어. 다들 눈이 동그래져서. 일단 장지는 가야 하니까. 갑시다, 하고 가면서 내가 전화를 했어요. 무속인한테."

안 믿는다면서요! 그렇지만 이런 류의 이야기는 나도 건너 들은 바 있다. 빈소에서 갑자기 누군가 음식을 게걸스럽게 먹는다든가 세상모르고 잠이 든다든가. 그런 사람이 있으면 사별자들은 외려 그에게 고맙다고 한다. 그의 몸에 잠시 죽은 이가 다녀갔다는 게다.

"무속인한테 전화해서 응급처치 방법을 물은 거죠. 바가지에다가 밥하고 나물 세 가지 하고 고춧가루에 굵은소금에 부엌칼도 준비해서. 칼을 머리 위부터 몸을 쓰다듬듯 훑어 내려요. … (자세한 내용은 생략한다.) 이건 응급조치이고. 나중에 제대로 풀어줘야죠."

원래 장례지도사가 되면 별일 다 겪으니 별것 다 할 줄 알아야 한다고 했다. 그보다 젊은 세대인 나는 며느리의 행동이 심적인 부채감의 작동이 아닐까 생각하지만, 이 세상이 내 머릿속 논리로 굴러가는 곳이 아니라는 사실을 알기에 입을 다문다.

장례식장에 다녀왔다고 문 앞에서 굵은소금을 뿌리는 집은 요즘엔 거의 없다. 사후 세계의 존재가 내 삶에 직접적인 영향을 끼칠 거라고 믿음은 희미해졌다. 귀신에 대한 공포는 범죄물과 마찬가지로 SNS나 유튜브 조회 수를 올리는 손쉬운 소재가 되고, 장례지도사는 저승과 맞닿은 일이 아니라 위생과 가정의례를 담당하는 서비스직으로 여겨진다. 동료 실습생들만 보아도 귀신보다는 시취가 걱정이고, 시취보다는 취업난이 걱정이다.

"귀신 같은 것은 없지"라며 안치실 문을 열고 들어가는 이들을 보면, 나는 어쩐지 걱정이 되었다. 죽은 자에 대한 두려움과 경외감이 사라진 자리는 무엇이 대신할까. 미지의 영역에 가깝던 자연현상을 예측하고, 더 나아가 이를 통제할 수 있다는 자신감에 휩싸인 현대인들이 인류가 지녀온 자연을 향한 경외감을 지우고, 그 자리에 다른 존중을 채워놓지 않아 벌어지는 일을 도처에서 보고 있다. 나 역시 장례식장에 다녀오면 소금이 아닌 소독제를 뿌리는 사람이지만, 두려움이 사라진 자리를 걱정한다.

사람들은 내게 시신이 무섭지 않냐고 물었다. 솔직히 무섭지 않았지만 그런 티를 대놓고 내진 않으려 했다. 두렵지 않다고 말하는 순간 함부로 대할 것 같았다. 그러던 때, 시신이 뭐가 무섭냐는 사람을 보았다. 그가 사는 곳엔 물색 고운 바다가 있었다. 그 바다로 벌건 핏물이 며칠이고 흘러 내려왔다. 빨래터 민물도 벌겋게 물들었다. 사람이 마구잡이로 죽어나갔다. 4월의 제주. 그런 시절이 있었고, 그런 짓을 저지른 자들이 있었다. 4.3 수형인이었던 어르신은 아는 얼굴을 찾기 위해 시신이 깔린 자갈길을 걸었다고 했다. 김경만 감독의 다큐멘터리 영화 〈돌들이 말할 때까지〉(2024)에서 인터뷰하는 이가 어르신에게 물었다.

"무섭지 않으셨어요?"

할머니는 말했다.

"무섭긴 뭐가 무서워. 다 산 사람들이었는데."

방금까지 살아 있던 사람들이 무작위로 살해당했다. 그런 일 앞에서 산 사람이 두려워할 것은 귀신과 죽은 사람이 아니라, 세상이다.

비석과 마을

세상의 잔혹함은 곳곳에 있다. 부산의 비석마을도 그중 하나다. 지금은 비석문화마을이라 불리는 이 마을 이야기를 하려면 19세기로 거슬러 올라가야 한다. 개항 직후 조선에 온 일본인들은 가까운 부산에 자리를 잡았다. 일제강점기에 들어서자 이주 규모는 더 커졌다. 일본 정부의 적극적인 이주 권장 정책이 있었다. 화장이 주된 장법인 나라 사람들인지라 일본인들만이 사용하던 화장터도 세워졌다. 처음에는 민간업자들이 작게 운영하던 것을 총독부가 주도해 최신 설비를 갖춘 화장장과 유골 무덤으로 조성한 것은 1928년. 임시 거주가 아니라 대를 이어 일본인들을 조선에 정착시키기 위한 정책이었다. 그렇게 공동묘지와 화장터가 부산 서구 아미동 일대에 세워진다. 아미동은 지대가 높은 언덕에 자리한 마을인데, 공동묘지가 이토록 고지대에 세워진 까닭은 거주민 조선인들의 반발이 있었기 때문이다. 부산 사람들의 주 거주지인 부두와 멀리 떨어진 곳으로 공동묘지가 밀려 올라간 것이다.

1945년 해방이 되고, 일본인들이 자국으로 물러가면서 일본인 묘지에는 잡초가 무성했다. 묘를 쓸 돈이 없는 사람들이 몰래 시신을 놓고 가는 일이 적지 않았다. 몇 년 지나지 않아 한국전쟁이 발발하고, 부산에 피란민들이 몰린다. 당시 47만여 명이던 인구가 순식간에 84만 명을 넘어섰다고 한다. 곳곳에 피란민들의 임시 거주지가 생기자 부산시는 1953년 도시 정비 계획을 앞세워 빈민촌을 철거하기 시작했다. 부두 주변에 거주했던 이주민들은 터전을 잃고 언덕을 오른다. 오르고 올라 도착한 곳이 아미동 공동묘지 터다.

"피란민들이 전부 그쪽으로 와서 기거를 하고 있으니까 시에서 천막을 준 거예요. 그러니까 쪼그마한 천막이 아니고 아주 큰 거를 갖다가. 옛날에 거기가 공동묘지 산등성이었잖아요. 근데 글로 올라가서 인제 살아라. 이 천막 세 개를 주고 살아라 하니까 이 사람들이 참 기구하잖아요. 공동묘지에 가서 이거 천막을 그냥 치고 살으라 하니까."[2]

선택의 여지가 없었다. 일본인 무덤 위에 집을 짓기 시작했다. 화강암 대리석으로 만들어진 무덤은 단단한 벽과 바닥이 되어주었고, 유골함이 자리했던 광중은 아궁이 역할을 했다. 비석이 지천에 널려 있어 자재 걱정이 없었다. 다만 죄책감과 두려움이 따라올 뿐이었다. 비석의 이름을 페인트로 덧칠해 그 흔적을 지워보았지만, 그 이후 수십 년간 아미동에는 기모노를 입은 일본 귀신과 도깨비불 이야기가 전해져 왔다. 죽은 이의 자리에 산 사람의 자리를 만든, 불편하고도 체념적인 공존이 귀신 이야기가 되어 돌아왔다. 대를 잇는 빈곤이야말로 사건·사고를 불러오기 좋은 조건이었는데도, 어떤 집에 우환이 닥치면 마을 사람들은 그 자리가 어느 무덤 자리였는지를 떠올렸다. 1990년대, 아미동 주민들은 남은 묘석들을 모아 5층 석탑을 세우고 천도재를 지낸다. 이후로 사고가 줄었다고 했다. 실제 줄어든 것은 마을 사람들의 불편한 마음일 거라 짐작해본다.

죽은 이의 자리 위에 산 사람 집터를 닦는 일이 흔하진 않지만,

세상은 언제나 그렇듯 죽은 이와 산 사람이 공존하는 공간이다. 작고한 이어령 선생은 이런 말을 했다. "영혼을 인정하지 않는 것은 유리컵 안의 빈 공간을 인정하지 않는 것"[3]이라고(정확히는, 이어령 선생에게 마지막 수업을 듣겠다고 찾아간 김지수 작가의 입을 빌려 정리된 문장이다). 선생은 빈 곳을 모른 채 유리컵에 물을 가득 채우겠다고 하는 어리석은 범인들을 안타까워했다. 그렇지만 사람은 유리컵이 넘치도록 찰랑이는 물 때문에 살아간다. 찰랑대는 마음이 없다면 무덤 위에 집을 짓고 생존을 도모할 수 없다.

하지만 그의 말대로 물은 곧잘 넘쳐흘러, 비석마을은 숱한 재개발을 겪으며 옛 모습을 찾아보기 힘들어졌다. 비석이 있던 자리에는 아파트가 들어섰다. 나이 든 주민들은 하나둘 떠나 한 집 걸러 빈집이다. 귀신은 그들을 그곳에 살게 했지만, 사람은 그들을 그곳에 살 수 없게 했다. 물은 언제나 가득 차 찰랑인다.

한편으론, 애초 물이 가득 찬 컵 같은 것은 없다. 가득 채워진 것처럼 보이는 물조차 그 안에서 분자들은 저마다의 거리를 유지하고 있다. 그 틈 사이로 도깨비불 이야기를 전하는 사람들의 두려움이, 광중에 아궁이를 짓고 그 아궁이에 물 한 바가지 올려 조왕신에게 비는 기도가, 비석으로 5층 석탑을 쌓아 올려 한숨 돌리던 얕은 위안이 담긴다. 그저 공존할 뿐이다.

장례는 이사가 아니기에

: 상조 가입해야 할까?

《잘해봤자 시체가 되겠지만》의 저자 장의사 케이틀린 도티는 이렇게 말했다.

"내가 사는 미국에서는 20세기 초부터 죽음이 커다란 비즈니스가 되었다."[1]

한국에 거주하는 나는 그의 말을 빌려와 말한다.

"내가 사는 한국에서는 21세기 초부터 죽음이 커다란 비즈니스가 되었다."

비유가 아니다. 2008년 삼성글로벌리서치(삼성경제연구소)는 그해 10대 히트 상품 중 8위로 '상조 서비스'를 뽑았다. 공중파와 케이블 TV에 상조업체 광고가 허용된 지 4년 만이었다. (당해 히트 상품 1위는 베이징 올림픽, 2위는 하이패스였다.)

당시 상조회사 광고 문구는 이러했다.

"상조 서비스는 상조 전문가에게."

상조 전문가

장례는 관혼상제 중 외부에서 행하는 것이 가장 늦게 허용된 의례다. 장례식장은 예식장보다 훨씬 늦게 들어온 공간이다. 1928년

218

《매일신보》의 〈결혼공개내용〉을 보면, 결혼식을 올리는 장소로 '공회당(교회 예배당), 동아일보사 강당, 식도원(음식점)' 등을 짚었다. 이때부터 혼인식을 집 앞마당에서 해야 한다는 개념이 사라져 갔다. 그에 비해 이로부터 30년이나 지난 1969년에야 가정의례 준칙은 장례를 치르는 장소를 집과 더불어 '기타 편리한 장소'로 확대했다.[2]

1990년대만 해도 장례식장이 세워진다는 소식이 기삿거리가 되었다. "아파트 셋집 살며 상 치르기 고역"이라며 종합병원 영안실에만 존재하던 장례식장을 늘려야 한다는 주장을 어렵지 않게 볼 수 있었다. 정부는 수십억 단위 재원을 마련해 장례식장 개설에 장기 저리 대출을 지원한다. 이는 도시화와 맞물린 정책이었다. 1990년대 서울 인구는 천만 명을 넘어서며 최고점을 찍었다. 고향을 떠난 사람들은 도시의 병원에서 죽고, 병원 지하에서 장례를 치렀다. 이러한 지원 정책으로 인해, 1970년대에 전국에 10개소도 되지 않던 장례식장이 1995년에는 321개소, 2000년에는 465개소, 2010년에는 815개소로 늘어났고 지금은 천여 개에 이른다.[3] 장례 산업이 성행하자, 이전까지 개인 영세업자로 존재하던 장의사들은 장례식장에 취업하거나 직접 장례식장을 운영하기 시작했다.

장례에는 꽤 많은 제례 절차가 존재한다. 빈소를 차리고 가장 먼저 치르는 초배상, 상복으로 갈아입고 조문받기 전에 치르는 성복제, 아침저녁으로 고인의 식사를 차리는 상식(제), 장지나 화장장으로 고인이 떠나기 전에 치르는 발인제 등. 그러나 의례 절차를 세심하게 챙기기에 장례식장은 알맞은 장소가 아니었다. 앞서 말했지만, 장례식장은 임대업이다. 빈소를 제공하는 것이 주요한 역할이다. 게다가 장례식장 직원들은 너무 바빴다. 빈소는 늘 가득 차 있었다. 그래도 괜찮았다, 대가족을 이루던 시절에는. 집안에 제사 예법을 잘 아는 사람이 하나둘 있게 마련이었다. 그러나 시간이 흐르고, 이제 가족 구성원 중 누구에게도 그런 역할을 기대하기 어려워졌다. 가족 구성원 수 자체가 줄기도 했다. 이 빈자리를 메우며 등장한 것이 상조회사였다. 상조업체는 장례 '서비스' 개념을 들고 왔다.

첫 시작은 1982년. 부산상조가 개업한다. 일본에서 성행한 상조회사(호조회)를 모델로 했다. 1990년대에는 수도권으로 확산된다. 임대 공간 없이 사람(장례인)만 가지고 발을 들이민 상조회사가 장례식장 입장에서 좋게 보일 리 없었고, 초반에는 빈소를 내주지 않는 등 견제가 심했다. 감히 상조 직원은 장례식장 사무실에 들어오지도 못했다는 시절(이라고 해봤자 10년 전이다만)이 있다. 그럼에도 상조업은 빠르게 성장했다. 그 성장 배경에는 장례식장을 향한 사람들의 불신이 있었다.

장례용품 가격 부풀리기, 일명 '바가지'는 단골 소재였다. 강매도 만연했다. 내가 만난 한 장례지도사는 자신의 장인어른 장례에도 불필요하게 비싼 관을 판매할 수밖에 없었다고 했다. 고용주인 장례식장 사장의 눈치가 보인 것이다. 그에 따라 장례업 종사자들의 암묵적인 노잣돈 요구 수위도 높아져갔다.* 이런 식으로 장례

---

* 2006년 한국소비자연맹이 조사한 바에 따르면, 동일한 재료로 만든 장례용품이더라도 장례식장마다 가격 차이가 상당했다. 오동나무 관의 경우, 적게는 8만 원에서 많게는 135만 원까지 무려 16배가 넘는 금액 차이가 났다. 2014년 국정감사에서는 국립대 병원의 장례식장에서마저 매입 단가 대비 3배 이상의 금액으로 장례 용품을 판매하며 폭리를 취한다는 지적이 나오기도 했다.

를 치르고 싶지 않다는 사람들이 있었지만, 대안이 없었다. 상조회사는 그 균열의 틈새를 파고들었다. 더는 독식이 불가능하다고 판단한 장례식장은 상조회사와 나름의 평화조약을 맺는다. 이 평화조약에는 장례식장이 지정한 업체와 물품을 이용하는 등의 이면 계약, 알선 수수료, 영업 사례금이 끼어 들었다.[4] 빈소를 내주지만 제단 꽃은 장례식장(과 계약을 맺은) 업체에서 해야 한다는 조항 따위다.

장례를 크루즈로 맞바꾸면

국내에 상조회사가 생겨난 지 30여 년. 이제 상조업은 선수금만 10조에 가까운 거대 시장을 형성하고 있다. 이 변천을 설명하기 위해 '나름' 전문가의 말을 빌려오자.

"옛날에는 자본금 3000만 원만 있으면 누구나 상조회사를 운영할 수 있었습니다. 그래 놓고 고객이 가입한 뒤 몇 년 후에 폐업해서 먹튀를 합니다. 언론에서도 상조회사가 문제라고 어마무시하게 이야기를 했어요. 그래서 국가에서 법을 만듭니다."

모 상조회사의 본부장이 고객 유치를 위해 열을 올리며 한 말이다. 선불식 상조회사가 얼마나 안전해졌는지 강조하려고 상조 시장의 역사를 훑고 있다. 그가 언급한, 국가에서 만들었다는 법은 선불식 할부거래법(일명 상조법)이다.

우후죽순 생겨난 상조업체는 원래도 맑지 않았던 상조업 연못을 아예 진흙탕으로 만드는 미꾸라지 같은 존재로 취급받았다. 그럴 만도 한 것이, 2008년 한 해에만도 16개 상조업체가 광고법 위반, 다단계판매법 위반 등으로 과태료를 부과받는다. 2010년에는 보람상조, 현대종합상조 임원이 횡령과 배임 혐의로 구속되는 일이 벌어진다. 이런 일이 일어나는 건, 상조가 미리 돈을 받는 선불식 할부 판매를 하는 업종이기 때문이다. 판매한 적 없는 상품의 대가로 선불 현금을 받는다. 선불금을 유용하여 수익을 내는 구조인데, 이 과정에서 사고가 난다. 상조회사의 난립으로 내부 경쟁도 극심해 부도나 파산의 위험이 뒤따랐다. 파산 뒤에 오는 것은 '먹튀' 문제였다. 선입한 상조금을 돌려받지 못한 고객들이 생겼다. 이 문제를 보완하기 위해 제정한 것이 상조법이다.

법이 적용된 2010년부터 상조회사는 고객이 납입한 금액의 50퍼센트 이상을 금융기관이나 공제조합에 예치해야 한다. 상조회사가 아닌 제3의 기관이 납입금의 일부를 보관·관리해, 상조회사가 부도가 났을 시 일부라도 피해보상을 받을 수 있도록 방안을 마련한 것이다. 그와 함께 자본금 3억 원 이상을 지닌 업체만이 상조회사로 등록할 수 있게 했다.

"2010년도에 상조업체가 자그마치 300여 개였어요. 3년 후에 다 없어졌죠. 예치금을 보전하고도 운영이 가능한 업체가 그 정도밖에 없던 거예요. 2015년 2차로 상조법이 개정되는데요, 자본금이 15억 원으로 조정돼요. 지금까지 남아 있는 상조회사 70여 개는 자본금 15억 원 이상을 가지고 있고, 고객이 낸 돈의 50퍼센트를 한국상조공제조합 등에 예치해둡니다."

그는 이토록 '안전한' 상조회사에 가입하라고 했다. 그렇지만 그의 설명을 다르게 해석하는 입장도 있다. "상조회사는 '선수금 50퍼센트 예치' 외엔 별다른 자금 운용 관련 규제를 받지 않는다."[5] 그렇다. 문제가 생길 시 납부한 금액에서 절반밖에 돌려받지 못할 수도 있는데 이걸 안전하다고 할 수 있나?

내 의심의 눈초리를 읽었는지, 그는 빠르게 화제를 전환한다.

"20년 전 짜장면 가격이 얼마였는지 기억하시죠?"

지금 가입해서 10년 동안 회비를 완납하고 20년 뒤 사망한다면 상승한 물가만큼 가입자가 이득이라고 했다. 그런데 이 말인즉, 가입자가 더 빨리 죽어야 상조가 이득이라는 건데.[6] 내가 장수할수록 그가 말한 '안전한' 상조회사와 멀어지는 게 아닌가. 이런 위험을 감수하면서 10년 사이 상조회사가 문을 닫지 않을 거라는 근거를 어디서 얻을 수 있나.

나의 불안과는 무관하게, 2024년 현재 기준으로 선수금 1조 원인 상조기업(계열사)이 네 곳이나 된다. 전체 상조 가입자는 892만 명, 그러니까 열 명 중 두 명이 상조 서비스를 이용하고 있다. 요즘은 가전제품을 살 때도 상조 가입 권유가 오고(상조에 들면 제품을 할인해준다는 내용이다), 회사에서 교육을 받을 때도 마지막에 상조 상품 소개 시간이 이어 붙는다. 의전관리사 일을 구하기 위해 지원한 모 상조업체에서 내가 받은 것은 장례 예법 교육이 아닌, 교육을 빙자한 상품 홍보였다. 입사도 확정되지 않은 교육 대상자들에게 상조 가입은 물론, 유니폼을 강매하는 회사도 있다.[7]

나름 상조 전문가인 팀장은 우리에게 유람선(크루즈)도 보여주고, 가전제품도 보여줬다. 돈을 완납한 후 상조 비용으로 쓰지 않을 경우 크루즈 상품으로 변경해서 여행을 가도 된다고 했다. 크루즈 배가 해안가 마을에 버리고 가는 막대한 쓰레기 이야기를 들은 지라 탐탁지 않았다. 그런데다가 나중에 여행 상품으로 바꿀지도 모를 정도로 사용 여부가 불확실한 것에 돈을 써야 하는지 의문스러웠다. 그러고 보면 관혼상례 중 가장 불확실한 것이 장례이다. 가는 데 순서 없다는 말이 있지 않은가. 모 상조회사의 광고

문구는 이러했다.

"언제 어떻게 될지 모르는 세상. 당신도 피해 갈 수 없습니다."

직접적이다. 그 불안을 해결할 수 있다고 손을 내밀고 계약서에 사인을 받는다. 불안은 상조회사 유입의 원천이 된다. 서류에 서명한 가입자들은 누군가의 죽음을 미리 준비해두었다는 생각에 마음 한편이 잠시라도 든든했을 테다. 마치 생전에 수의를 만들어두듯. 어쩌면 수의는 보험도 상조회사도 현대식 의료 기술도 없던 시절에 자신을 안심시키기 위해 만들어두던 것이었을 테다. 그런데 수의는 한 벌 만들면 끝이지만 (선불식) 상조회사는 매달 돈을 가져간다. 인생의 예측 불가능함으로 인해 그 돈으로 장례식을 치르는 대신 크루즈를 타게 될 수도 있다. 수의를 만들어두는 마음을 크루즈로 맞바꿔도 되는 걸까.

무슨 소리인가 싶은

그럼에도 '인적 서비스'는 상조회사의 강점이다. 죽음을 맞닥트리고 예식까지 챙겨야 하는 사람들에게 장례지도사가 구원자처럼 등장한다. 상조회사들이 '고객 감동'을 내세우는 이유이기도 하다. 장례식장이라는 공간을 소유하지 못한 상조회사가 경쟁력을 가질 수 있는 건 장례지도사가 행하는 '서비스' 때문이다. 선배 장례지도사들은 새내기 지도사들에게 이렇게 충고했다. "돈을 쓰게하되, 그 돈을 잘 썼다고 생각하게 해라." 장례지도사 입장에선 전방위적 역할과 전문성을 서비스로 제공하라(돈값 하라)는 이야기이고, 광고 멘트로 이야기하자면 '고객 만족·고객 감동'이겠다. 예비 상조 가입자일 수 있는 내 입장에서는 '이게 무슨 소리인가' 싶은 이야기다.

교육원에 다닐 때 귀가 아프게 들은 말이 장례지도사의 전문성이었다. 이 단어를 반복한다고 강의의 질이 높아지는 것도 아니고, 수강생의 전문성이 키워지는 것도 아니었다만, 그래도 들을 때마다 무언가 뿌듯했다. 전문가라니. 하지만 현실에 한 발 내딛자마자 공허한 자부심은 깨진다. '상조 전문가'가 되라고 했지만, 그럴 수 있는 조건이 보이지 않았다. 우선 장례업은 전문가를 키우기에 적합하지 않은 고용 형태를 지녔다.

전문가가 되려면 '1만 시간의 법칙(어떤 분야의 전문가가 되려면 최소 1만 시간의 훈련이 필요하다는 법칙)'까진 아니어도 꾸준히 오랫동안 현장 경험을 쌓아야 할 텐데, 장례업계 이직률은 몹시 높다. 통계가 있는 건 아니다. 통계 자체를 낼 수 없다. 입사자도 퇴사자도 없다. 상조업체에 직원으로 직접 고용되어 일하는 이가 거의 없기 때문이다. 그저 (프리랜서로) 계약을 맺고 끊을 뿐이다. 상조업체에서 일하는 장례지도사 대부분이 특수고용직이다. 자택에서 대기하다가 순번에 따라 일이 들어오면 장례식장으로 가는 방식이다. 아무래도 불안정하다.

교육원 강사들은 상조회사로 취업하기를 권했다. 상조회사에 가면 일하는 만큼 번다고 했다. '일한 만큼 버는 곳'이라는 건 현실에선 이런 의미다. 낮은 기본급을 건당 수수료(수당)로 메우는 곳. 장례지도사 개개인의 전문성을 부정하는 건 아니지만, 불안정한 고용 구조를 들여다보고 있자면 '인적 서비스'를 강조하던 광고들이 무색하다. 장례업계 사람의 입을 빌리면 이런 경우도 잦다.

"특정 상조회사의 유니폼을 입고 오셨다고 하더라도 그분이 그 상조회사에 계약한 분의 장례를 치르는 것이기 때문에 해당 상조회사 유니폼을 입고 오신 거고요, 같은 분이 다른 상조회사의 계약 건을 처리하실 때에는 다른 상조회사의 유니폼을 입고 가서 서비스를 하시는 거죠."[8]

무슨 경찰의 위장 잠입도 아니고. 상황에 따라 유니폼을 갈아입는다.* 물론 회사에 따라서는 자체 교육원을 두고, 장례지도사를 직접 훈련하는 기업들도 있다. 하지만 이 또한 직영 회사일 때 가능한데, 100퍼센트 직영점인 상조회사는 한 손에 꼽을 만치 드물다. 명성 있는 상조회사들마저 수도권 외 지역에서는 직영점을 운영하지 않고 지역의 소규모 상조회사에 장례 일을 위탁하고 있다. 특정 상조회사의 명성을 신뢰하여 가입해도, 지역과 여건에 따라 위탁업체 상조회사가 장례를 담당한다는 이야기다. 그러니 상조 전문가가 되기도 어렵고, 상조 전문가를 만나기도 어렵다.

운이 좋아야

예비 사별자의 심정이 되어 투덜거렸던 것과 다르게, 나는 장례식장이건 상조회사건 소속을 따지지 않고 장례지도사들을 존중한다. 그들 중 적지 않은 수가 전문가임을 부정할 수 없다. 배움을 게을리하지 않으며, 외나무다리를 타는 마음으로 현실과 이상 속에서 균형을 잡는 사람들이었다. 아무것도 모르는 내가 봐도 감탄

---

* 내가 이해할 수 있는 선에서 고용 구조를 그려본다면, 상조회사 소속 장례지도사들은 '보험 설계사'와 고용 구조가 비슷하다. 회사와 개인이 개별 계약이 되어 있고(특수고용직), 기본급이 낮고 상품의 수수료(인센티브)에 따라 소득이 결정되는 방식이다. 프리랜서 보험 설계사들은 여러 보험사의 상품들을 동시에 상담·설계하기도 한다.

이 나올 정도로 능숙하게 염습을 하는 이들이 있었다. 하루는 수의를 묶는 매 사이에 나무 자를 넣어 수의 천을 구김 없이 판판하게 만드는 이를 보았다. 작은 끈 하나조차 반듯하지 않은 게 없었다. 여성 두 명이 진행한 염습이었는데, 손발이 딱딱 맞는 모습에 감탄만 일었다. 그 두 사람은 상조업체 소속이었다.

어떤 장례지도사는 관을 멋들어지게 장식했다. 색감을 잘 써서 관에 들어간 꽃과 수의의 색이 절묘하게 어울렸다. 입관식을 진행하는 태도도 단정했다. 사별자들은 위안을 받았겠지만, 나는 입관실 문을 열고 냅다 소리를 지르고 싶은 기분이었다. '저 사람, 기저귀도 벗기지 않고 수의를 입혔어요!' 그가 염습하며 연신 뱉은 욕설이 귓가에 맴돌았다. 모르는 게 약이라는 말은 이럴 때 쓰는 걸까. 그도 상조업체 소속이었다.

그는 고인에 대한 어떤 감정적 교류도 없어 보였다. 고인에게 무심한 지도사가 적지 않았다. 시신 소독과 처리 과정 때문에 장례업은 보건복지부 관리 소속이라 들었는데, 과연 이걸 소독이라고 말해도 되는 건가 싶을 정도로 대충 처리를 하는 이들도 있었다. 알코올 스프레이를 고인의 몸에 서너 차례 칙칙 뿌리고 끝이다. 고인의 몸을 닦는 솜을 적실 알코올 원액과 물의 비율까지 배운 것이 무색해지는 순간이다. 동료까지 불러와서 안치실을 사랑방으로 만드는 장례지도사, 전날 과음하고 와서 고인의 코앞에 꺼억 트림을 해대는 장례지도사까지. 다채로웠다. 이 더럽고 품위라곤 없는 공간이 30분 후엔 입관식에 참여한 이들의 울음소리로 잠기게 될 거라는 사실이 믿기지 않았다. 그럴 때마다 나는 이곳이 저들의 직장이라는 생각을 하며 마음을 다독였다. 직장에서 늘 바른 모습만 보일 순 없는 거니까. 나도 모든 인터뷰에 진심이진 못하니까. 그래도 쓴 약 한 봉지를 입에 털어 넣은 듯 씁쓸하고 꺼림직했다.

어떤 장례지도사가 고인을 진심으로 대하는 사람인지 아닌지는 성별, 연령, 경력, 인상, 심지어 상조회사로도 구별할 수 없었다. 그러니 죽은 후 어떤 장례지도사를 만날지는, 그저 운이라 생각하게 됐다. 생전에 복권 하나 당첨되지 않은 내가 사후에 운이 좋을까. 자신할 수 없다.

상조회사가 '고객 진심'을 강조해도 내 눈에 들어온 이들이 진심과는 거리가 멀어 보이는 건, 상조회사와 예비 고객인 나의 눈높이 차이 때문은 아닐 테다. 내가 상조회사에 면접을 보러 갔을 때, 팀장이라는 사람은 내게 '상례사(상가예절관리사, 장례복지사 등으로도 불린다)'를 하라고 권했다. '자녀가 없고 남편의 벌이가 좋지 않은 기혼 여성'의 가면을 쓰고 간 참이었다. 장례지도사 자격증이 있다고 했지만 팀장은 이리 말했다. "그건 귀신 영역이죠." 아무나 못 하는 일이라 했다. 중년에 막 들어선 나에게 적합한 직업은 상례사라고 했다. 상례사가 하는 일은 장례 상담, 계약 진행, 장례 의식 진행 및 절차 안내 등으로 상조회사마다 명칭도 권한도 다르지만, 쉽게 말해 빈소 관리를 담당한다고 보면 되겠다.

장례지도사가 3일간 빈소를 지켜주는 게 아니었나. 상례사를 두고 장례를 치러본 적이 없어서 쉽게 판단할 수 없지만, 장례지도사가 입관부터 발인까지 장례 전반을 책임지는 전방위 역할을 할 것이라는 내 기대는 한풀 꺾였다. 물론 상례사도 장례인이라는 마음으로 일에 전념하는 이들이고, 이들에 역할에 감사를 보내는 사별자들의 후기도 보았다. 이러한 상례사의 등장을 '업무 분화에 따른 업무 효율성 극대화'로 보는 입장이 있다. 나 역시 이런 분업이 요즘의 풍토인가보다 했다. 그러나 20년 가까이 장례업에 종사한 이는 이런 현실을 비판적으로 보았다.

"요즘은 장례지도사 한 명이 한 달에 20건도 모셔요."

한 달은 30일이고, 장례는 보통 삼일장이다. 그런데도 20건이 넘는 장례를 모실 수 있는 건, 장례지도사(팀장)가 빈소가 세워지면 상례사에게 빈소 관리를 맡기고 다른 장례를 상담하러 가기 때문이다. 중간에 염습도 한다. 그렇게 하루에 '두 탕', '세 탕'도 뛴다.

"그렇게 일하다가 몸이 남아나지 않아요."

그는 동료이자 후배인 장례지도사들의 안위를 걱정한다. 예비 사별자인 나는 아직 닥치지도 않은 장례를 걱정할 뿐, 일하는 사람의 몸까지 걱정이 미치지는 못했다. 그는 장례지도사들의 이직률이 높은 이유가 왜겠냐고 돌려 말한다.

담당하는 장례 건수가 줄어든다면 건강은 지키겠지만, 그건 그것대로 문제다.

"순번대로 장례 콜을 받아요. 한 사람이 한 달에 콜 받을 가능성이 얼마나 되겠어요? 삼일장이니, 많아도 여섯 건 정도? 그러면 한 장례에서 얼마의 수익을 내야 한 달 벌이가 되겠냐고요. 기본급은 적고. 한 장례에 수수료로 적어도 50에서 100(만 원)은 챙겨야 생활이 된다고요. 그러다 보면 내 직업에 대한 자부심 같은 건 없어지는 거죠."*

자부심 없인 전문가가 될 수 없다. 갑갑한 상황에서 전문가만 고군분투하는 모습을 본다. 전문가가 되기를 꿈꾸다가 떠나는 이

---

* 이것은 또 다른 이가 해준 말이다. 상조회사의 현실을 꼬집는 발언들의 발화자는 익명 처리를 하고자 한다.

도 본다. 변화가 있어야 한다.

필요한가?

그런데 묻고 싶은 게 있다. 장례에 '전문가'가 필요한가? 예전의 나는 장례에 관해 아무것도 알지 못했다. 인터넷 검색창에 몇 글자만 써넣어도 정보가 넘치는 세상에서 이토록 모르기도 쉽지 않다. 다들 병원에서 죽으니까 병원에서 알아서 해주지 않을까? 막연한 기대로, 언제 닥칠지 모르는 누군가의 임종을 막연하게 외면했다. 그러면서도 내내 두려워했다.

무지한 나에게 누군가 '대신' 장례를 치러주겠다고 다정하게 말하면 그렇게 고마울 수 없을 것 같았다. 달마다 내야 하는 5만 원에서 10만 원쯤은 안심의 대가라 여길 만했다. 장례지도사가 멋들어지게 의례를 수행하는 모습은 직업인에 대한 감탄을 일으킨다. 장례식장을 무대로 여기고 하나의 공연을 연출한다는 마음으로 임한다는 장례지도사에게서 의례가 갖는 예술적 성격을 엿보았다. 그렇지만 한편으로 의아했다. 어떤 무대를 만들 것인지 기획하는 주체가 고인을 알지 못하는 장례지도사라니.

그러는 사이 사별자들은 장례지도사가(정확히는 그가 소속된 회사가) 제시한 몇 가지 보기 안에서 '선택'을 하는 존재로 머문다. 가격표와 관련 없는 선택 사항이라고는 "고인이 어떤 색을 좋아하셨나요?(또는 '어떤 꽃을 좋아하셨나요?')"를 물을 때나 등장한다. 그 색의 꽃으로 관을 장식한다. 사별자는 주체가 아닌 상품을 선택하는 고객이 된다.

상상해보자. 장례지도사가 내민 수의 상품 앞에서 당신은 고개를 젓는다. 수의가 아닌 평소 좋아했던 옷을 입혀 고인을 보내고 싶다고 말한다. 장례지도사의 머리는 복잡해질 것이다. 일단 수의를 팔지 못한다. 그에게 돌아오는 인센티브(수수료)가 사라지는 문제를 넘어 회사 눈치가 보인다. 게다가 수의처럼 입히는 법이 정해져 있는 옷이 아니라면 시간이 더 걸리게 마련인데, 대형 장례식장일수록 염습·입관 시간이 빡빡하다. 시간 계산을 하다 보면 장례지도사 입에서 이런 말이 나온다.

"요즘 옷들은 화학섬유잖아요. 화장하면 화학섬유가 뼈에 들러붙어 유골 색이 안 예쁘게 얼룩덜룩하게 나와요."

얼룩덜룩하다니. 사별자는 멈칫한다. 화학섬유와 유골 얼룩의 상관관계가 과학적 진실인지는 모르겠다. 장례업 종사자들끼리도 의견이 갈리는 듯하다. 실제로 그렇게 믿는 사람들도 있다. 내가 본 유골들은 하얗지 않았다. 어차피 재 속에서 꺼낸다. 그리고 뼈가 좀 얼룩덜룩하면 어떤가? 재를 곱게 털어 분쇄해주는 화장장은 없다. 뒤섞여 분쇄기에 들어간다. 그렇지만 이런 장면을 본 예비 사별자가 몇이나 될까. 이들은 장례지도사의 지식과 상식을 신뢰한다. 이 공간에서 유일한 정보를 지닌 사람이니까. 결국 사별자들은 그가 권하는 수의를 구매한다. 수의만일까.

"어떤 걸로 하죠?"

"네가 원하는 대로 해."[9]

아버지의 장례를 치른 경험으로 시작하는 책 《딸은 애도하지 않는다》에는 이런 대화가 나온다. 저자인 사과집은 이어서 이렇게 말한다. "원하는 게 있을 리 없었다. 뼛가루 종류에 대해 생각해본 건 그때가 처음이었다." 그럴 수밖에.

우리의 무지는 전문가를 통해 보완되는 것이 아니다. 우리가 왜 무지한가? 원인을 찾지 않는다면, 무지의 상태에서 벗어날 수 없다. 장례가 이토록 모를 것이 된 까닭에는 도시가 있었다. 모두 도시로 왔다. 도시의 병원에서 태어나 시설에서 늙다가(돌봄의 외주화) 병원에서 죽는다(임종의 의료화). 골방이나 다름없는 처치실에서 임종을 맞는 것이 현대인의 죽음이다. 이후의 운명은 상조회사나 장례식장에 맡겨진다.

흔히 생각하듯, 도시는 단순히 시골의 반대말이 아니다. 근대 이후 형성된 도시는 '시장' 없이는 존재할 수 없는 장소이다. 시장은 공간이 아니다. 모든 존재가 사고 팔리는 상품이 되는 세계의 작동 원리이고, 이곳에서는 인간마저 노동력이라는 상품이다. 이 세계는 모든 곳을 시장으로 만든다. 전문가를 통해 두려움에서 벗어난다고 생각하지만, 실상 두려움은 시장에서 구매를 추동하기 위해 활용된다. 장례가 상업화되고 있다는 말은 단순히 장례가 돈이 되는 사업이란 의미가 아니다. 죽음을 향한 우리의 감각과 정동이 시장에 들어섰다. 아니, 시장에 갇혔다.

"나의 개인적인 감정이랑 맞닿아 있는 일이고. 그런데도 내가 스스로 결정 못 하면, 그게 후회로 남거나 이후에 어려운 순간이 찾아올 거예요."

화장기사 이해루가 했던 말을 곱씹는다. 장례는 이사가 아니니까. 사별과 애도는 가구 배치와는 다른 일이니까. 장례지도사가 장례의 모든 순간을 주관하고, 사별자는 이를 '컨펌(승인)'하는 역할에만 머문다면, 결국 이들은 '잘하면 고객 만족, 잘못하면 진상 고객'이 된다. 어느 쪽이든 고객이다. 우리가 삶의 어디에서나 고객인 것처럼.

우리의 생애에서 외주화된 것이 어디 이사와 장례뿐일까. 현대

사회에서 생애주기의 모든 영역이 상품이 되어 집 바깥으로 이동한다. 출산, 양육, 돌봄, 부양의 모든 순간을 개인의 판단에 맡기고 가족의 몫으로 돌리지만, 실제 그 모든 것이 가족 안에서만 해결된 적은 없다. 그건 환상에 불과하다. 시장은 그 환상을 외주화된 노동으로 메꿔왔다. '집안의 노동자'의 돌봄 노동을 나눠 갖는 임금 노동자들을 만든 것이다. 우리는 돌봄, 육아, 질병, 노화 등의 시간에서 스스로 주도권을 갖지 못하는 순간을 맞이한다.

"아픈 사람은 자기 자신을 잃는다."[10]

질병 경험자이자 그 자신이 의료인인 아서 프랭크의 말이다. 주어를 바꿔 '아픈 사람' 자리에 우리 생애주기의 어떤 순간을 놓는다고 해도 어색할 것이 없다. 임신부들은 차가운 수술대에 누워, 노인들은 요양 시설 병실에 누워 자신의 것이 아니면서 그 누구의 것도 아닌 몸에 절망한다. 장례에는 '엔딩 플래너'가 등장하게 되었다. A 패키지, B 패키지, C 패키지를 내밀며 세트 상품을 고르듯 장례를 준비하라고 한다. 소비자가 된 사별자가 그 순간에 해야 하는 것은 합리적인 선택이다. 울음과 회한 가득한 장례식장에서 합리적인 선택을 한다는 것도 이상하지만, 누군가를 떠나보내야 하는 막중한 임무를 맡은 사별자가 해야 하는 일이 상품 선택과 문상객 맞이뿐이라는 것도 쉽게 수긍되진 않는다. 현대인들은 자신이 만들어내는 생산품(노동)에서만 소외되는 것이 아니다. 자신의 생애에서 소외되고 있다.

나는 내 죽음에서 소외되고 싶지 않았다.

작디작은 바람

 삶으로부터 소외되지 않기 위해, 내 삶의 결정권을 타인의 손에 맡기지 않으려 조금은 노력해온 삶이다. '나'로 살기 위해 적지 않은 것을 감수해왔다. 시민이라면, 어른이라면, 여자라면, 자식이라면, 학생이라면… 보편적이라 불리는 생애주기에서 어긋난 삶을 산다는 건, 끊임없이 질문받으며 산다는 말이다. 임종, 그 마지막 순간까지. 질문받는 삶은 나쁘지 않다. 나는 나의 세계와 어떻게 이별하고 싶은가.

 나는 염습을 하지 않을 것이다. 수의를 입지 않을 테다. 직장(直葬)을 원한다. 나무관도 쓰고 싶지 않다. 태워질 거라면 종이관이면 좋겠다. 빈소는 하루만. 빈소 제단엔 생화가 놓이지 않길 바란다(꽃을 뿌리에서 분리할 이유가 없다). 조문객에게 육식을 제공하고 싶지 않다. 일회용품 식기도 마찬가지다.* 어쩌면 음식 자체를 제공하지 않을지도 모른다. 고운 다기에 차나 와인을 대접하고 싶지만, 설거지는 누가 하나? 고민이 든다.

 빈소에 오래 머무는 사람도, 소란스러운 말소리도 없었으면 좋겠다. 음악도 그리 좋아하는 편이 아니다. 조문을 오지 않는다고 해도 섭섭해하지 않겠다. 여기까지 오는 시간에 각자 좋아하는 일을 하기를 바란다. 그 사이로 잠깐 내 생각을 해준다면 충분하다. 진심이다. 사실 내 죽음에 관해 듣는다면, 그건 내가 당신을 많이

---

 * '자원의 절약과 재활용 촉진에 관한 법률'은 '상례에 참석한 조문객에게 음식을 제공하는 경우'는 일회용품 사용과 무상 제공을 허용하고 있다. 장례식장 한 곳당 연간 플라스틱 용기 72만 개, 접시 144만 개가 사용되고 버려진다고 추정된다. 서울환경연합, 〈친환경 장례문화〉,《월간 쓰레기》, 2024년 9월.

좋아하거나 당신에게 미안해한다는 것일 테다. 부고를 알리지 않을 생각이다.

여기까지. 이걸 받아줄 상조회사와 장례식장이 있을까. 상담하던 중에 장례지도사는 서류를 내려놓고 다른 곳을 알아보시라 할지도 모른다. 다른 곳도 딱히 나를 받아줄 것 같지 않다.

이와 같은 바람을 무난한 언어로 압축하면 '작은 장례식' 정도가 되지 않을까 싶다. 작은 장례가 선호되고 있다. 당연한 일이다. 가족 구성원 수가 줄어들고 있다. 예전처럼 일가친척이 다 모인 시끌벅적한 장례를 기대하기 어렵다. 게다가 코로나19를 거치며 사람들은 작은 장례(또는 가족장)를 경험해볼 기회가 생겼다. 장례를 성대하게 하지 않으면 불효를 저지르는 것 같은 마음이 팬데믹 상황에서 강제적으로 차단된 것이다.

"이게 진짜 애도구나. 장례 본연의 의미를 깨닫게 된 경험이었죠. 온화한 장례였어요. 차갑지 않고."

"손님들이 계시면 왠지 계속 울어야 할 것 같잖아요. 물론 슬프지만, 삶엔 눈물과 회한만 있는 게 아니잖아요? 아버지와 즐거웠던 일도 많아요."[11]

빈소를 찾아오는 사람들의 시선에 갇혀 애도의 모습을 맞춰갈 필요가 없음을 깨닫는 이들이 늘어갔다. 초고령화 시대에 접어든 일본에서는 작은 장례가 보편적이라고 한다. 가족장, 1일장(원데이 세리머니)은 물론, 염습을 비롯한 절차의 많은 부분을 생략하고 곧바로 화장 처리하는 장례법인 직장을 선택하는 비율도 꽤 높아서 2016년 도쿄에서는 그 비율이 30퍼센트에 달하게 되었다는 조사 결과도 있다.[12] 조문 올 사람 자체도 줄어든 데다가 가까운 이만을 초대해 장례식을 치르는 경향도 강화되고 있다.

국내에서도 변화가 감지되고 있다. 2019년 한국여성정책연구원의 조사에 따르면[13] '장례식을 성대하게 치러야 한다'고 생각하는 이의 비율이 18.4퍼센트에 머물렀다. 한국장례문화진흥원이 발표한 〈2020년 장례 문화 및 장례 서비스에 대한 국민 인식 조사 보고서〉에 따르면 자신의 장례를 작은 장례로 치르고 싶다고 한 응답자가 88퍼센트에 달한다. 이러한 흐름을 읽은 국내 상조회사들은 '작은 장례식'을 상품화하여 내놓는 추세다. 장례 문화의 변화 추세를 가장 민감하게 파악하는 주체는 아무래도 상조회사다. 그럴 만도 하다. 기업의 존폐가 걸린 문제니까.

그렇지만 사람들이 '작은 장례'에 도전(지금으로선 도전이라 부르는 것이 맞겠다)하는 건 또 하나의 합리적 상품을 만들기 위해서가 아닐 테다. 담고자 하는 음식이 달라지면 그릇을 씻거나 새로운 그릇을 내놓아야 한다. 찬장에서 새로이 꺼내 올린 작은 장례식이라는 그릇에 우리는 무엇을 담아야 할까. 분명한 것은, 이전과 같은 음식은 아니다.

채비가 되었습니까?

: 한겨레두레협동조합 김경환 상임이사, 채비 플래너 전승욱

내가 처음으로 만난 여성 장례지도사는 교육원 강사였다. 그는 '장례학개론'이라는 과목을 가르쳤는데, 상장례의 역사와 절차에 관한 내용이었다. 군더더기 없는 설명이 듣기 좋았지만 그는 개인적인 현장 경험에 관해선 한마디도 하지 않았다. 글 쓰는 입장에서는 못내 아쉬웠지만, 단정하고 절제된 성격이 엿보이는 사람이라 수긍이 갔다.

그가 마지막 수업 끝자락에 이런 당부를 했다.

"장례지도사가 되고 1년, 2년이 지나 힘들 때가 오죠. 무감각하게 일을 접하는 순간을 직면하는 거 같아요. 누구는 영적으로 소진될 수도 있고 갈증을 느낄 수 있어요. 이걸 채우고 싶은 순간이 옵니다. 유족들에게 무슨 말을 해야 할까. 수많은 위로의 말이 둥실 떠다니는 느낌을 받을 때가 많아요. 반짝이는 단어가 필요할 때가 있습니다. 위로가 되는 언어가 필요할 때가 있어요."

책을 많이 읽어두라고 했다. 실용적이고 정제된 당부가 그답다고 생각했다. 하지만 그의 마지막 멘트는 달랐다.

"선생님들만의 창의적이고 의미 있는 장례를 만들어가시길 바랍니다. 딱딱한 상례 절차가 아닌 뜨겁게 변화할 장례 절차를 만들어가는 장례지도사가 되시길 바랍니다."

뜨겁게 변화할 장례 절차라. 기업화되고 시장화된 장례 현장은 실은 매뉴얼이 꽉 짜여서 장례지도사가 무엇을 해볼 여지가 없는 공간이기도 했다. 사별자들이 어떤 장례 상품을 구매할지 결정하는 것으로만 상주 노릇을 할 수 있듯이, 장례지도사에게도 어떤 상품을 팔 것인가 정도의 선택지밖에 없을 때가 적지 않다. '상업화된'이라는 흔한 수식어 안에서 일하는 사람들의 체념을 보아왔다. 그런데 뜨겁게 변화할 장례라니.

장례지도사 개인이 '뜨겁게 변화할' 장례를 만들어가는 길은, 자영업자가 되는 것이 거의 유일한 경로가 아닐까 싶을 때가 있다. 그러나 자영업자에겐 (창업 기업 5년차) 폐업률 60퍼센트라는 현실이 기다린다. 더구나 그가 가르치는 이곳은 사실상 학원과 다를 바 없는 교육원이었다. 앉아만 있으면 자격증이 나온다고 취급받는 곳. 대학 장례지도학과 졸업생들이 지닌 학연과 젊음도 없는 우리에게 무엇을 기대하기에 뜨거움에 대해 말하는 걸까. 그렇다고 그가 알맹이 없이 입바른 소리를 할 사람도 아니었다.

의아함에 그 말을 곱씹었다. 나는 이것을 마음이라고 이해하기로 했다. 빤히 보이는 길로 사람들을 보내는 마음. 그럼에도 무언가를 도모할 수 있다고 믿는 마음. 체념이 아니라 주어진 현실 안에서 틈새를 만들어내길 바라기에 하는 당부라고. 그 마음에 응답하고 싶었다. 대안적 장례를 만들어가는 사람들을 만나기로 했다.

아무도 가지 않은 길인 것만 같아도, 풀숲을 살짝 들춰보면 어지러이 그 발자국이 찍혀 있다. 누군가는 분명 새로운 길을 내려고 걸음을 내디딘다. 대안적 장례를 만들기 위해 발을 내디딘 이들의 발자국이 있을 테다. 먼저, 작은 장례를 치르는 장례업체를 찾아볼 생각이었다.

상조업체에서도 이미 '가족장'이라 하여 작은 장례를 상품화했다만, 내가 생각하는 작은 장례는 '가족장'과 달랐다. 한때 '스몰 웨딩'이 유행한 적이 있었다. 스드메(스튜디오, 드레스, 메이크업의 준말)로 상징되는 결혼 준비의 획일성과 과대 포장된 형식, 높은 비용에 대한 거부감 때문이었다. 그러나 막상 스몰 웨딩을 하려니 돈과 품이 더 들기에 포기했다는 이가 적지 않다. 스몰 웨딩 유행을 이끈 장본인이기도 한 가수 이효리는 어느 예능프로그램에 나와 이런 말을 했다. 사람들이 자신더러 스몰 웨딩 선구자라고 하는데 자신은 스몰 웨딩이 아닌 초호화 웨딩을 진행했다고. 디자이너의 맞춤 제작 드레스와 프로 사진작가, 호텔 주방장 출신이 기획한 파티 음식 등을 보라고. 그럴만하다. 개성과 취향을 잃지 않으려면 돈이 든다. 비용의 저렴함을 추구하려면 대량생산 시스템 언저리에 있어야 한다. 그렇다고 다시 '스드메'로 돌아갈 순 없다.

작은 장례도 마찬가지다. 유통 구조나 문화 자체를 바꾸지 않는다면, 실현 자체가 불가능할지도 모른다. 현실에서 '작은 장례'를 만들어가는 이들을 만나기로 하고 처음 떠올린 곳이 '채비'였다. 채비는 한겨레두레협동조합의 장례 서비스 이름이다. 채비가 궁금해진 까닭은 우선 그곳이 협동조합이기 때문이었다. 내가 지금까지 만나온 이들은 크든 작든 회사에 속한 이들이었다. 그런데 협동조합은 설립 목적 자체가 '조합원의 경제활동에 있어 상호부조'이다. 이윤 추구는 아니라는 건데. 의미가 있어 보였지만, 그런 고운 마음으로 어떻게 장례업계에서 살아남겠다는 건지 잘 이해가 되진 않았다. 그럼에도 '기업'과 설립 목적이 다른 곳에서는 다른 장례가 이뤄지지 않을까 하는 기대가 있었다. 채비의 상임이사 두 사람을 만나 설립 과정부터 물었다.

왜 협동조합인가?

2009년 9월, 풀뿌리공제운동연구소와 한겨레신문이 공동 심포지엄 〈상조시장의 문제와 대안〉을 개최했다. 한겨레두레협동조합의 시작이다. 이듬해 2월에는 총회를 거쳐 한겨레두레공제조합연합회(이하 두레공제조합)가 정식 출범했다. '두레'는 원래 마을이나 부락 단위의 상부상조 조직을 일컫던 말이다. 두레공제조합은 조선 시대 상호부조 조직인 상포계의 형식과 내용을 빌려 운영했다.* 조합원들의 조합비로 운영되는 두레공제조합은 상포계를 통해 폭리를 취하는 장례 자본과 구별되는 대안적 장례 문화를 만들어갈 것이라는 취지를 밝혔다.

김경환 상임이사(이하 김경환): 세상을 살다 보면 무언가 저 문제를 내가 좀 해결해봐야지 하는 사람들은 늘 있잖아요. 그런 사람 중 하나였던 거죠.

김경환은 두레공제조합 시절부터 함께한 초창기 멤버이다.

김경환: 안 해본 일을 하려니 얼마나 두렵고 막막하겠어요. 그래서 우리도 먼저 간 사람의 발자취를 찾았어요. 그중 하나가 한살림 생협이었어요. 생협은 생산자 조합원과 소비자 조합원을 직접 연결하면서 안전한 먹거리를 지켜가잖

---

* 조선 시대 상포계는 양반, 유생 사이에서 행해졌다. 그러나 조선 후기로 가면서 평민과 천민도 초상 시 부조를 위한 '상두계' 등을 조직하였다.

아요. 형태는 다르지만 우리랑 문제의식이 같은 거예요. 우리도 저 방식대로 하면 되겠다. 그런데 서울시가 협동조합 신고를 안 받아주는 거예요. 먹을거리나 생활재가 아닌 서비스 영역에서 소비자협동조합을 받아준 전례가 없다고. 그럴 때 저는 항상 이렇게 질문하죠. 그러면 첫 번째 사례는 어떻게 만들어지냐고.

2010년 생협(생활협동조합)은 농협(농업협동조합), 수협(수산업협동조합), 산림조합중앙회 등과 함께 8개의 협동조합 특별법에 의해 보호를 받았다. 그와 달리 서비스업으로 분류되는 '상조'협동조합은 당시 법체계에서는 설 곳이 없었다. 그러던 2011년 12월, 협동조합기본법이 제정된다.

김경환: 협동조합(기본)법이 다음 해부터 시행되어 그제야 협동조합으로 명칭을 변경했죠. 처음에 지은 장례 서비스 브랜드명은 '더불어삶'이었어요. 그러다가 2020년에 이리(충무로)로 이사를 오면서 '채비'라고 명칭을 바꿨어요. 이름에 관해 말하자면, 우리는 기존 상조회사에 대한 비판으로부터 출발했으니 상조라는 말은 쓰지 말자고 했죠. 그래서 초기에는 상포계라는 말을 썼어요. 그게 우리 조상들이 살던 방식이니까요. 품앗이하는 방식으로. 우리도 조합원들에게 곗돈을 받자. 초기 자금이 없으니까. 3만 원씩으로 시작해보자.

출자금을 모았다. 시작은 몇십 명이었다. 공동체적 장례 문화

취지에 공감하는 사회 인사들이 참여했지만, 여전히 소수였다. 이들이 처음 치른 장례는 리영희 선생의 본인상이었다.

김경환: 2010년이었어요. 새로운 문화를 만들겠다고 하니 유족들이 맡겨주신 거죠. 참 고마운 일이죠. 그때는 서비스망도 구축이 다 안 된 때라 상복은 어디서 사야 하는지, 장례지도사는 어떻게 구해야 하는지, 다 어설펐는데. 각 분야에서 정보랑 기술을 가진 사람들이 하나둘 의인처럼 나타나서 도와주더라고요. 참 고맙죠.

상부상조가 이뤄졌다. 이후 여러 채널을 통해 한겨레두레협동조합에 대해 알려나갔다. 2012년 300명 남짓이었던 조합원 수가 그해 1000여 명으로 늘어난다. 적극적인 홍보와 입소문 덕도 있었겠지만, 기존 장례에 대한 염증이 이런 성장을 이끌었을 테다. 현재 한겨레두레협동조합은 아홉 개 지역에서 3500여 명 조합원과 함께하고 있다.

김경환: 우리의 원칙은 이랬어요. 조합원의 의향과 형편에 맞게 장례를 하도록 한다. 조합원이 장례 상품을 사지 않아도 된다. 수의 안 입어도 되고, 도우미(의전관리사)가 필요 없다면 안 해도 된다. 다 맞춤으로 할 수 있게끔 한 거죠. 그리고 마진을 최소화하자. 협동조합이니까, 이윤을 추구하는 기업과는 다르잖아요. 생산자(도매상)와 소비자를 직거래로 연결하고 우리는 마진을 거의 가져가지 않는다. 이런 원칙들을 쭉 세웠어요.

예비 조합원 입장에선 저렴한 가격은 물론 장례 물품의 사용 여부를 내가 정할 수 있다는 이야기에 끌린다. 하지만 의심도 든다. 마진을 남기지 않고 어떻게 사업이 지속 가능할까?

김경환: 안 그래도 선불식 할부거래법(이하 상조법)이 개정될 때, 우리보고 자본금 15억 원을 마련하라고 하는 거예요. 그래서 1년 넘게 싸웠어요. '우리더러 똑같이 굴란 말이냐. 우리가 15억 원을 벌려면 일반 상조회사처럼 이윤율을 높여야 한다. 수수료도 높게 떼고, 영업도 해야 한다. 그거 안 하려고 만든 게 협동조합이다.' 2018년 말에 협동조합의 기준은 자본금이 아니라 조합원 수와 출자금이어야 한다는 내용으로 법이 개정되어서 한숨 돌리죠. 그렇지만 여전히 자본의 벽이라는 거대한 적은 있죠. 가장 어려운 적이에요. 하지만 현재 장례업계에서 지속 가능성을 확정적으로 담보할 수 있는 상조회사는 없어요. 거대한 상조회사들도 우리보다 적립률이 낮아요. 거인이 쓰러지면 훨씬 큰 소리가 나잖아요. 우리가 쓰러지면 소리도 안 나겠지만, 자존심이 걸려 있고 조합원들에게 피해를 주는 일이니까. 그런 일을 막기 위해 최선을 다해 노력하는 거죠. 온갖 시도를 다 하고 있어요.

어떤 시도를 하고 있냐는 나의 질문에 그는 함께 자리한 전승욱에게 발언을 넘긴다.

전승욱 채비 플래너(이하 전승욱): 기존 시장의 공룡들 판에서 경쟁하는 건 우리에게 승산이 없어요. 우리의 시장은 우리가 만들자. 지속하기 위해 건강한 비즈니스 모델이 필요하죠.

전승욱은 '작은 장례 추모식'을 담당하고 있는 이른바 채비 플래너다. 한겨레두레협동조합에서는 상포계 부장을 맡고 있다. 그는 종교인 생활을 했었기에 죽음의 현장에 자주 있었다고 했다. 자신 가까이에 자리 잡은 죽음을 어떻게 흘려보내야 할까 고민하던 중 김경환 이사를 만났다. 장례지도사를 준비해볼까 한다는 전승욱의 말을 듣고, 김경환은 채비에 올 것을 권했다. 그때 맺은 연으로 채비와 함께한 지 5년째다.

작은 장례는 다른가?

전승욱: 장례 시장에서 장례업 종사자의 성과는 얼마나 비싼 상품을 팔았느냐로 판단되는 거예요. 죽음의 문제는 손을 못 대죠. 장례는 가족이나 지인을 잃어버린 굉장히 힘든 시간이잖아요. 그 상실감을 다뤄줄 수 있는 시간이 필요하다는 걸 많이 느끼는데, 그걸 할 수 있는 구조가 아닌 거예요. 협동조합 안에서는 그런 고민이 있었죠. 이런 고민도 협동조합이니까 가능한 것 같아요. 경제 원리만으로 굴러가는 곳이 아니니까. 다른 나라 사례도 살펴보고 자문도 받고 연구를 했어요. 앞으로 우리는 작은 장례를 해야겠다. 규모만 작은 게 아니라, 애도와 추모가 있는 장례여야 한다. 핵심 프로그램은 추모식이다.

244

채비의 장례는 무빈소장, 1일장, 3일장으로 나뉜다. 사별자의 여건에 따라 선택하면 된다. 요즘은 상조회사도 1일장 상품을 선보인다만, 채비만의 특별한 프로그램이 있다. 바로 추모식이다. 추모식은 장례식장이 아닌 '공간 채비'라는 장소에서 진행된다. 빈소가 아닌 추모공간에서, 장례가 아닌 추모식이 이뤄진다.

　전승욱: 추모식은 장례를 대체하는 방식인데, 핵심은 두 가지예요. 하나는, 떠나보내는 사람을 기억하는 자리. 두 번째는 상실감과 슬픔을 다양한 방식으로 표현하는 시간. 지금의 장례에는 슬픔을 표현할 수 있는 시간이 없어요. 울고 있을 수도 없어요. 손님들이 막 들이닥치니까. 그런데 사실 마음은 너무 힘들어요. 애도의 시간이 필요하죠. 추모식에는 기본 순서가 있어요. 그런데 단 한 번도 똑같은 추모식을 해본 적이 없어요. 진짜 신기하더라고요. 가족마다 자기 방식대로 진행해요. 그 가족만이 할 수 있는 추모식을 하더라고요. 장례라고 하면 우리는 진지하고 무겁게만 받아들이잖아요. 그게 아니라 이 안에서 온갖 감정들을 다 편안하게 공유할 수 있는 거죠. 웃어도 되고, 노래해도 되고, 이야기를 해도 되고 박수를 보내고 되고. 그런 시간이에요.

　드디어 고인과 사별자가 기획자가 되는 장례를 만났다. 이것은 조금 더 여유롭게 슬퍼하고 애도할 수 있다는 이야기만이 아니다. 고인이 퀴어이든 장애인이든 이주민이든 그 정체성과 특성을 반영해 장례를 치를 수 있다는 이야기다. 일례로, 시각장애인들은 엇비슷한 구두가 잔뜩 쌓인 장례식장 빈소 신발장에서 자신의 구두를 찾을 수 없다.[1] 휠체어로 이동하는 이들에게도 빈소는 자유로운 공간이 아니다. 결혼이주여성이 사후에 맞이해야 하는 건 한국식 장례이다. 남들과 다르게 살아온 이라 해도 타인의 시선에 갇혀 남들과 똑같은 장례를 치러야 한다. 그러나 채비는 사회가 규정하는 '정상'에 가까운 몸과 행동 양식, 경제 상황에 속한 사람들을 대상으로 마련된 장례의 공간이 아닌, 누구나 무엇이건 기획할 수 있는 공간이 되길 꿈꾼다.

전승욱: 그런데 사람들이 갑자기 '나 추모식 할래' 이러진 않잖아요. 1980년대부터 지금의 장례 문화가 굳어진 거고. 이 관성을 벗어나는 건 어려운 일이죠. 사람들이 다른 장례 문화로 들어올 수 있게 어떤 경로를 조성할 것인가. 그때 나온 방안이 교육이었어요. 채비에는 세 가지 구성이 있어요. 채비 학교, 채비 장례, 다음에는 채비 케어.

김경환: 죽음을 맞이한다는 건 보내는 사람의 채비도 있지만, 떠나는 사람의 채비도 필요한 일이잖아요. 그런데 기존 죽음 강의를 들어보면 너무 추상적이에요. 내가 봤을 때 죽음은 구체적인 행위예요. 죽음을 채비할 수 있는 실질적인 교육을 해야 한다고 생각했죠. 내 곁의 사람이 떠날 때 어떻게 마지막 이별을 해야 하는지. 나는 어떤 마음을 가지고 평소에 무엇을 준비해야 하는지. 이런 것들이 필요한 거죠.

어떤 채비가 필요한가?

'장례 절차에 대한 이해'부터 시작해 '사전·사후 정리'를 거쳐 '생애사 쓰기'와 '가상 추모식 진행'까지, 교육 프로그램은 다양했다. 우리 스스로가 애도의 주체가 되려면 무언가 배워둘 필요가 있다. 꼭 가족만 준비할 일도 아니다. "추모식 신청자의 절반이 (고인의) 혈육이 아니에요." 전승욱은 얼마 전 진행한 추모식에 관해 이야기한다. 요양원에서 일하던 요양보호사들이 돌보던 대상자 어르신이 떠나자, 추모 자리를 만들었다. 어르신과 함께한 시간이 10년 가까이 되는 요양보호사도 있었다. 긴 시간만큼 상실감도 크다. 어르신이 좋아하던 바나나 우유를 준비하고, 노래도 부르고, 편지를 읽고. 세상이 남이라고 치부하는 관계들이 모여 그를 기린다. 동창, 마을 주민, 동아리 회원… 누구라도 그를 기억하고 추모할 수 있다.

전승욱: 제 바람은 지역과 마을에서 서로의 임종을 돌볼 수 있는 모임과 공동체가 더 생겼으면 하는 거예요. 그걸 채비에서 지원해드릴 수 있으면 참 좋겠죠. 죽음은 공동체의 문제니까요.

김경환: 마을공동체나 사회적경제 활동을 하는 분들을 만나면 '그 안에서 상포계를 꾸려라' 하고 권해요. 장례는 우리가 치러줄게. 꼭 우리 조합원이 아니어도 좋다. 자발적이고 자생적인 장례 조직과 문화가 만들어지길 바라는 거죠.

서로의 장례를 돕는다. 앞서 스몰 웨딩은 결코 가격이 '스몰'하지 않다고 했다. '스드메' 제공 업체와 대규모 계약을 맺은 웨딩업체의 경쟁력을 따라잡지 못하는 것이다. 개인이 모든 것을 해야 한다면 그럴 수밖에. 하지만 이 세상은 '나(그리고 내 가족)'만 사는 곳이 아니다. 우리에겐 이웃과 동료, 공동체가 있다. 협동조합의 형태건 무엇이건 다른 장례를 고민하는 이들이 있다. 주변을 둘러봐야 한다.

두 사람에게 어떤 장례를 맞이하고 싶은지 물었다.

김경환: 염습 과정을 지켜보기도 했지만, 죽으면 영혼이 빠져나가는지 어떤지 몰라도 저는 유물론자*이기 때문에 인간을 물질적 존재로 봐요. 죽으면 그 사람의 생애가 마침표를 찍는 상태잖아요. 가족들에게 말하죠. 그때가 되면, 나는 태어나서 죽는 날까지 최선을 다해 살았을 거고 그래서 후회도 미련도 없다고 생각해라. 내 묘비명도 필요 없고, 해양장을 시켜달라고 하죠.

전승욱: 예전에는 죽음이 삶의 단절이라 생각했다면, 지금은 좀 달라졌죠. 이 일을 하면서 죽음에 대한 수용성이 많이 늘었어요. 삶과 죽음은 하나고, (죽음은) 어찌 보면 졸업의 시간이다. 그래서 더 아름답고 신나게 좀 잘 만들어봤으

---

*　유물론은 모든 것이 물질로 구성되어 있으며, 실재하는 것은 물질적 현상이라 보는 관점이다. 자연과학의 발전과 함께 성장한 철학적 시각이며, 현실을 객관적이고 구체적인 물질 형태로 파악하려는 경향을 가진다.

면 좋겠다. 장례 치르는 건 진짜 힘드니까, 제일 맛있는 거
먹고 좀 신나게 놀다가 잘 마무리했으면 좋겠네요.

어떻게 해야 신명 나게 놀 수 있을까. 채비의 장례 교육에 참여
한 적이 있다. 그 자리에서 어느 마을에서 치러진 장례 이야기를
들었다. 그 이야기를 전하며 채비가 바라는 장례를 어렴풋이 더듬
어본다.

"제주도에 노부부가 살았는데, 할아버지가 돌아가신 거예요.
마을에 열여덟 가구가 있었거든요. 할아버지 소원이 집에서 장례
를 치르는 거라 저희가 제주로 갔어요. 할아버지 주무시던 방에서
입관했어요. 할아버지가 정원 가꾸는 걸 좋아하셨대요. 마을 사람
들이 꽃을 어마어마하게 가져오는 거예요. 지인 중에 어떤 사람은
연주를 하고, 누구는 춤을 추고, 또 시 낭독을 하고. 저마다 자기
방식대로 추모하는 거예요. 마지막 날엔 다들 모여 앉아서 밤새
수다를 떨었죠. 할머니 외롭지 말라고, 옛날이야기도 하면서 대화
를 나눈 거예요. 마지막 날, 마을에 있는 나무에 수목장을 했어요.
할머니가 서클 댄스(포크 댄스의 일종) 동아리를 하셨더라고요. 동
아리 회원들이 와서 나무를 빙빙 돌면서 서클 댄스를 추고. 날도
너무 좋고 아름답고. 우리가 하고 싶던 마을 장례의 모든 것을 해
봤던 그런 날이었어요."

6
우제

장사를 지낸 다음,
죽은 이의 넋을 편안하게 하려 지내는 제사.
초우, 재우, 삼우가 있다.
초우제는 장례를 치른 첫날 낮에 지낸다.
재우제는 초우제를 지낸 다음 날 아침 해가 뜰 무렵에,
삼우제는 다음 강일*날 새벽에 집에서 행한다.

* 십간(十干)에서 갑(甲), 병(丙), 무(戊), 경(庚), 임(壬)이 들어간 날이다.

▶ ▶ ▶ ▶ ▶ ▶ ▶ ▶ ▶ ▶ ▶ ▶ ▶ ▶ ▶

시신 검안	빈소 마련	소렴, 대렴	발인	유골함 봉안
사망진단서 발급	부고 알림	입관	운구	
	문상객 맞이		매장 및 화장	
			빈소 정리	

죽은 자들의 날
: 다른 곳에서의 장례

옛날에는 집이 아닌 곳에서 죽는 일을 객사라 불렀다. 객사한 사람은 집안의 조상(신)이 되지 못하고 구천을 떠돈다고 했다. 우리가 '잡귀'라 부르는 이들의 정체가 바로 집 밖에서 죽은 이들이다. 병원에서 태어나 병원에서 죽는* 우리는 옛날 같았으면 모두 잡귀 예약이다.

하지만 세상이 변했다. 시한부 아내에게 밥을 차려주는 남편의 이야기를 다룬 〈오늘은 좀 매울지도 몰라〉(2024)라는 드라마가 있다. 동명의 책을 원작으로 한 드라마다. 극 중 암 환자인 김서형(정다정 역)은 집을 떠나 호스피스 병동으로 가길 원한다. 가족에게 부담이 될 것을 염려하는 마음이다. 남편과 아들의 반대에 그는 이렇게 설득한다.

"난 이곳(집)에 좋은 기억이 더 많이 남아 있으면 좋겠어."

집에 아픈 기억을 남겨두진 않겠다는 마음. 집에서 죽는 일이 당연했던 시절과는 다른 감각이다. 어제의 객사가 오늘의 존엄이

* 우리가 병원에서 죽는 일이 당연해진 것은 지금으로부터 불과 30~40년 전이다. 1980년대만 해도 병원이나 의료 기관에서 사망하는 사람은 전체 사망자 대비 25퍼센트에 불과했다. 2021년 기준, 병원에서 사망하는 이의 비율은 74.4퍼센트이다.

된다.

"한 나라 사람들이 죽은 자를 다루는 예절을 내게 보여다오."[1]

19세기 영국의 총리 윌리엄 글래드스턴이 했다는 말이다. 그는 죽은 자를 대하는 예절을 보면 그 나라의 법과 이상, 자비심을 측정할 수 있다고 했다. 옳은 말이다. 동시에 틀린 소리이기도 하다. "죽은 자를 다루는 예절"이라 하지만, 예절은 문화마다 다르다. 무엇이 (죽은 이를 다루는) 예절인지는 그 나라의 법과 이상, 자비심에 따라 달라진다. 영국 총리가 측정하려는 자비심과 이상은 영국식 예절에서 기인한 것일 테니, 그는 타국인이 보내오는 예의를 '예절'이라 알아차리지 못할 가능성이 크다.

어느 때 어느 곳이건 사람들은 좋은 죽음을 원하고, 천국에 가길 원하고, 예의를 갖춰 타인을 존엄하게 떠나보내길 바란다. 다만 존엄이나 천국에도 때와 장소가 있을 뿐이다. 고인에 대한 예의를 지키는 저마다의 방식이 있다.

바다로, 들로, 절벽으로

베트남 중부 어촌 꽝응아이(Quảng Ngãi). 다른 유교 문화권과 마찬가지로 이곳에서도 죽은 이를 조상으로 격상하는 절차로서 장례를 치른다. 시신에 수의를 입히는 절차는 우리와 꽤 유사하다. 이들도 객사한 이가 구천을 떠돈다고 믿었는데, 꽝응아이는 "배가 집이고, 바다는 고향, 육지는 잠시 거주하는 곳"[2]이라 할 만큼 바다가 전부인 곳이다. 바다는 사람을 삼키면 잘 뱉어내지 않는 성질이 있어 시신마저 찾기 어려운 경우가 잦았다. 시신을 찾지 못하면 영혼이 구천을 떠돌아다닌다고 생각한 꽝응아이 사람들은 고인의 혼을 불러들이고자 모 죠(Mo jio)를 만들었다. 모 죠는 시체가 없는 무덤이다.

모 죠 장례에서는 무속인이 점토로 사람의 형상을 만든다. 이때 고인과 가까운 이들은 옆에서 고인의 생김새를 일러준다. 뽕나무 가지로 갈비뼈를 만들고, 뽕나무 껍질로 근육을 입힌다. 달걀물로 피부색을 표현하고, 모형이 완성되면 수의를 입혀 관에 누인다. 그제야 떠돌던 고인의 혼이 주인을 찾아 돌아온다고 한다. 돌아온 혼은 자손들을 돌볼 것이다.

반면, 유목 민족이자 불교 문화권에서 살아가는 몽골인들은 죽음을 자연으로 돌아가는 일이라고 이해했다. 그래서 평민들은 주로 풍장을 했는데(귀족들은 비밀스러운 장소에 매장되길 선호했다), 불교식 사고가 더해져서 풍장이 고인을 자연으로 돌려보낼 뿐 아니라 이 세상과 얽힌 고통을 끊어낸다고 보았다. 장례는 보통 3일간 치러지는데, 이때 고인의 이름을 부르는 등 그가 살아 있는 것처럼 대하는 것을 금했다. 스님이 장례를 주관하지만 망인의 몸에 손을 댈 수 있는 사람은 친척 중 가까운 이였다.[3] 그를 '야스칭'이라 부르는데, 야스칭은 옷의 앞가슴을 여미지 않고 소매는 안쪽으로 말아 걷어 올린 상태로 휘파람을 불며 고인의 집으로 들어간다. 게르 안에서 휘파람을 부는 것을 흉조로 여기는 몽골이지만, 이날만큼은 허락됐다.

풍장 장소까진 낙타나 우차로 이동했다. 송장을 놓을 택지로는 자갈밭이나 물이 없는 평평한 땅을 선호했다. 우리 식으로 말하면 그곳이 명당이다. 우리가 상엿길에 노래를 부르거나 곡을 하는 것과 달리, 풍장 행렬에 참석한 몽골 사람들은 거의 입을 열지 않고 집으로 돌아갈 때는 뒤를 돌아보지 않았다. 돌아와서는 3년간 고인을 찾아가지 않는다. 고인이 사랑하는 이들을 보면 이 세상을 떠나기가 어려워지기 때문이라 전해진다. 그 이면에는 시신이 백골화되기 전에 접촉해 세균이나 전염병이 전파되는 것을 막으려는 목적이 있다.

전염병 확산 위험을 이유로 풍장이 금지된 것은 1920년대. 몽골이 사회주의 혁명을 이룬 후이다. 사회주의 국가는 종교를 인정하지 않기에 불교식 장례를 탄압했다. 그러나 실제로 풍장을 막은 것은 도시였다. 도시화로 인한 환경 변화가 풍장을 어렵게 했다. 한때는 공동묘지를 법률화하였으나 지금은 화장이 증가하는 추세다.

인도네시아 토라자(Toraja) 지역에선 시신을 집에 두고 함께 거주한다. 장례를 치르기까지 보통 2~3년이 걸리는데, 그때까지 고인을 산 사람으로 대하는 것이다.[4] 죽은 이 앞에서 이름을 불러서도 안 되는 몽골과 달리 토라자에서 고인은 장례가 치러지기 전까지 안쪽 방으로 옮겨져 산 사람처럼 돌봄을 받았다. 명절에는 친척들이 고인을 찾아와 인사했다.

장례를 치를 날이 결정되면 주민들은 배 모양의 관을 만든다. '렘부 솔로(Rembu Solo)'라 불리는 토라자의 장례는 영혼의 땅으로 가는 통과의례다. 축제를 방불케 하는 이 장례는 인도네시아 각 섬에서 친척과 지인들이 모여들기에 짧게는 열흘, 경제 사정에 따라 몇 주나 몇 달, 길게는 해를 넘겨 이어진다. 수십에서 수백에 달하는 조문객이 머물 수 있는 목조건물을 새로이 짓고, 환대와 축하의 의미로 담배, 돼지, 물소와 같은 선물을 주고받는다. 특히 물소는 가까운 친척끼리 하는 고가의 선물인데, 이곳에서 물소는 오직 제례 선물용으로만 키워진다. 한국 돈으로 한 마리에 8000만 원이 넘는 것도 있다. 이는 시신이 수년간 집에 모셔지는 이유이기도 하다. 장례 비용을 모으는 데 꽤 오랜 시간이 필요하기 때문이다.

오늘날에도 렘부 솔로 장례를 고집하는 사람들이 있다. 여전히 고인과 한집에 머문다. 달라진 것은 시신이 자연적으로 미라화되길 기다리지 않고 현대식 방부 약품을 이용한다는 사실뿐이다. 인도네시아 전역이 관광지가 되는 추세를 따라, 렘부 솔로는 토라자 지역의 대표적인 관광 상품이 되었다.

죽은 자들의 날

축제 하면 멕시코의 '죽은 자들의 날(Día de Muertos)'을 빼놓을 수 없다. 매해 10월 31일부터 11월 2일까지 죽은 이들을 기리는 기념일인데, 아즈텍 제국의 죽음의 여신 믹테카키와틀(Mictecacíhuatl)을 숭배하는 풍습에서 유래했다고 한다. 망자를 기린다고 하지만, 해골 분장을 하고 퍼레이드를 하는 등 우리가 생각하는 추모식보다는 페스티벌에 가까운 모습으로 핼러윈을 떠올리게 한다. 핼러윈의 유래는 아일랜드의 모든성인대축일이다. 아일랜드 출신 이민자가 급증하면서 모든성인대축일이 미국 전역으로 퍼졌고, 여기에 멕시코의 죽은 자들의 날 축제가 혼합되어 지금의 핼러윈이 되었다고 한다.

멕시코 내에서는 '미국식 핼러윈과의 대척점'에서 죽은 자들의 날이 강조되고 있다는데, 대척점까진 아니더라도 두 나라가 죽음을 대하는 태도는 분명 다르다. 미국 핼러윈의 유령 복장이 죽은 자가 산 자를 해치는 걸 막기 위한 위장술이라면, 멕시코에선 죽은 자를 만나기 위해 산 자가 죽은 자의 복장을 한다. 멕시코에서 "죽음은 이방인이 아니"[5]다. 위협을 가하는 존재도 아니다. 서로를 환대한다. 죽은 자의 날이 되면 집에 제단을 차리고 그 위에 고인과 함께 먹고 싶은 것들을 올린다. 담배, 와인, 맥주 무엇이건 제단에 오른다. 제단 앞에 사람들이 둘러앉아 소소한 잔치가 열린다.

그리고 이날, 또 하나의 존재가 세상에 나온다. 보이지 않는 자들. 죽어서도 보이지 않는 자들을 기억하는 목소리가 함께한다. 사회적으로 잊힌 이들을 기억하고 애도하려는 행동이다. 2009년 죽은 자들의 날에는 미국-멕시코 국경을 넘다가 생사를 달리한 5000명의 이민자들의 죽음을 추모하기 위해 국경의 담에 5000개의 십자가를 거는 행사가 열렸다.[6] 이들뿐 아니라 부랑자, 성소수자, 성노동자 등 사회적 소수자라 불리는 존재들의 삶이 소환된다.

애도되어야 할 삶과 그렇지 못한 삶을 나누는 기준이 엄격하지 않은 곳에선 더 많은 이의 죽음이 기억된다. '잘못된 죽음'이란 없기 때문이다. 《좋은 시체가 되고 싶어》에서 장의사 케이틀린은 멕시코 죽은 자들의 날 축제에 간 지인 세라의 말을 전한다.

"내 슬픔을 내려놓을 곳이 여기라는 게 느껴져요. 그건 인정할 수 있는 사실이었어요. 이곳에서는 나 때문에 사람들이 불편해하지 않아요. 나는 숨 쉴 수 있어요."[7]

세라는 유산을 한 적이 있다. 죽은 자들의 날 가운데 11월 1일은 어린 영혼을 애도하는 날이다.

"이들이 아이의 죽음을 받아들인다는 것"만으로도 세라는 '사람들을 불편하게 만드는 죽음'에서 벗어났다. 받아들여지지 않는 죽음. 한국에서도 갓난쟁이(또는 태아)의 죽음은 잊어야 하는 사건으로 취급되어왔다. 20세기 한국 사회에서 애장(兒葬)의 의미를 분석한 이도정은 '애장의 익명성'을 제시한다. 그 한 예로, 진도에는 부모가 죽은 아이를 묻을 경우 다음 아이를 낳지 못한다는 속설이 있다. 그리하여 갓난아이가 죽었을 경우, 부모가 아닌 이가 아이의 무덤을 쓰게 해왔다. 부모는 아이가 묻힌 곳을 모른다. 무덤을 찾아갈 수 없고 고인을 기릴 수도 없게 된 죽음은 그 사회에서 "그냥 없어져 버리는 거"[8]로 받아들여진다. 애도를 박탈해 죽음에 실체를 부여하지 않는 것이다.

애장의 익명성은 진도 지역의 특정 문화가 아니다. 어린아이의 무덤을 쓰지 않는다든가, 장례를 치르더라도 부모(특히 어머니)의 참석을 금하는 관습은 곳곳에 남아 있다. "일상 의례의 궤적에서 이탈하는"[9] 죽음은 서둘러 잊혀야 하는 것으로 여겨져왔다.

우리 딸 장례를 치렀어요

지금도 유산 경험을 말하지 못하는 이가 많다. 아이를 잃은 이는 상실과 죄책감에 더해, 어딘가 모난 세간의 평가를 감당해야 한다. 그러니 생명이 있다가 사라진 사실을 숨긴다. 익명은 망각으로 이어진다. 아니, 망각으로 이어지기를 요구받는다. 허나 기억하는 일이 어렵듯이 잊는 일도 쉽지 않다. 《없음의 대명사》에서 오은 시인의 말처럼 "'잃었다'의 자리에는 '있었다'가 있었다". 상실은 오히려 존재를 드러낸다. 그러니 숨 쉬지 못한다.

우리 사회가 부끄러운 일로 여겨 숨기고자 하는 죽음이 있다. 스스로 선택한 죽음, 홀로 맞는 죽음, 가난한 죽음…. 죽음을 숨기는 일은 사실 삶을 숨기는 것이다. '성노동자'*이자 작가**였던 딸을 둔 어머니를 만난 적이 있다. 딸은 자살로 인생을 마감했다. 어머니는 자식(의 죽음)을 부끄럽게 여기거나 숨기지 않았다는 의미로 이렇게 말했다.

"저는 우리 딸 장례를 치렀어요."

이 한마디가 모든 것을 설명했다. 부모보다 먼저 간 자식, 스스로 목숨을 끊은 사람의 장례는 치르지 않는 관습이 아직 남아 있다. 하지만 그는 통념에 맞서 딸의 장례를 치렀다. 그로써 딸이 살아온 삶 자체를 인정했다. 누구의 삶도 지울 수 없다.

앞서 언급한 민속학자 이도정은 비정상적으로 취급되는 죽음의 의미를 재해석했다. 그 죽음들은 '일탈'이 아닌 "일생 의례의 궤적에서 이탈할 수 있는 인간 삶의 다양한 가능성"[10]을 보여준다고 말한다. 내게 있어 죽은 자의 존엄은 그가 살아온 삶이 부정당하지 않았을 때 가능하다. 살았을 때나 죽었을 때나 정상과 비정상, 쓸모와 무용, 질서와 이탈이라는 이분법 속에 삶이 익명화되거나 사라지지 않아야 한다. 사람은 자신을 설명하기 위해 한평생을 살아간다. 그러니 죽음 앞에서 자신이 설명될 수 없다면, 그것은 존엄과는 무관한 일이다.

시신 없는 장례를 치를 수 없어 진흙으로 시신을 만든다. 고인을 함부로 부르지도 만지지도 않는다. 때로 시신과 몇 년을 같이 산다. 죽음을 존엄하게 만들기 위한 저마다의 애씀이다. 우리는 지금 어떤 애씀을 기울이고 있을까.

---

* 성노동을 지칭하는 데 여러 입장이 있으나, 고인이 살아생전 자신을 성노동자로 칭하였기에 이 표현을 사용한다.

** 《지영》(주로출판사, 2022)의 화자이자 저자.

당신은 혼자 죽을 수 있나요?

: 연고 없는 자의 연고자들

"이게 가난한 사람이 죽었을 때 하는 관 매듭이지."

나를 예비 장례지도사쯤으로 생각한 이가 관보를 슬쩍 들춰 관을 묶은 흰 끈을 보여준다. 관을 동여 묶는 일을 결관이라 하는데, 희고 긴 숙마 끈을 자르지 않고 관에 두 겹으로 돌려 맨다. 그걸 밤얽이(짐을 한 번 묶고 다시 묶어 두 겹으로 매는 매듭)를 쳐서 묶는다고 한다. 밤얽이. 장례를 취재하는 바람에 별별 단어를 다 알게 된다. 그만치 단단히 동여맨다는 것인데, 그가 관보를 들춰 보여준 끈은 잘린 듯 끊어져 있다. 위아래 양옆이 하나의 끈으로 연결된 것이 아니라 짧게 끈을 잘라 관 뚜껑이 열리지만 않게 위아래만 동여 묶은 모양새다. 통으로 쓸 때보다 숙마 끈을 절반은 아꼈겠다.

가난한 사람은 가난하게 죽는다. 값싼 옷이 값싼 수의가 되고, 좁은 집은 좁은 목관으로 이어진다. 어찌 보면 세상사 순리다. 다만, 결관 끈마저 가난할 수 있다니. 부의 불평등이 너무도 구체적이라 슬플 뿐이다. 악마는 디테일에 있다고 했나. 아니, 악마도 가난의 디테일을 이길 수 없다. 운구는 시작되고 나는 가난했던 이의 뒤를 쫓는다. 결관 끈이 짧아도 관은 흔들림 없이 잘 간다. 불길로 들어간다. 평온하세요. 아니, 평등하시길.

애도의 값어치

"그곳에선 평등하시길."

그냥 하는 소리다. 땅에서 평등이 이뤄지지 않는데, 사후 세계라고 평등할 수 있을까. 기억과 애도는 살아 있는 자의 것이기에, 이곳에서는 죽음 앞에서 애도조차 평등하지 않다.

"없는 사람으로 취급받던 사람을 없는 사람으로 만들 수는 없다."[1]

소설《구의 증명》에서 구의 연인인 '나'는 구가 죽었음에도 장례를 치르지 않는다. 부고도 알리지 않는다.

"구의 죽음에 관심 없는 사람들은 어떤 애도도 표하지 않을 것이다. 일 초도 구의 삶을 상상하거나 구의 죽음을 슬퍼하지 않을 것이다. 어떤 이는 차라리 잘되었다고 말할 것이다. 그렇게 사는 게 사는 거냐고. 답 없는 삶이라 말할 것이다."[2]

구의 죽음 앞에 사람들은 애도가 아닌 품평을 할 것이다. 그러므로 구의 주검과 단둘이 구의 죽음을 겪어내는 건 소설 속 화자인 '나'가 구에게 표하는 조의였다. 세상이 말하는 '답 없는 삶'들이 있다. 사회가 애도하는 데 인색한 죽음이 있다. 죽음에 값어치를 매기는 건 이 사회의 오랜 전통이다. 살아 있는 모든 것에 값어치를 매겨온 세상에선 죽음에도 손쉽게 값이 매겨진다.

한 날은, 어떤 죽음 앞에 붙은 멘트를 본 적 있다.

"이런 죽음은 진짜로 안타깝다."

등록금을 벌기 위해 공사장에서 아르바이트를 하던 젊은 대학원생이 일하다 죽은 사연을 알리는 기사였다. 이 기사를 SNS에 공유한 이는 사건이 더 알려졌으면 하는 마음에 이렇게 덧붙였다.

진짜로 안타까운 죽음이라고. 그 선한 의도와 별개로 나는 머리를 한 대 맞은 것 같았다. '진짜로' 안타까운 죽음이 있다면 '덜 안타까운' 죽음도 있다는 걸까. 젊은 대학원생은 애초에 그를 죽음으로 몰아넣은 '그런 일'을 할 사람이 아니었다. 나는 공사판에서 젊지 않은 몸으로 그런 일을 평생 해온 사람들을 알고 있었다. 대학원생이 사망한 기업의 공사 현장에서 그에 앞서 그런 일을 해온 이들이 일곱 명이나 세상을 떠났다.*

'진짜로 안타까운' 죽음과 '답 없는 삶'의 결과인 죽음이 나뉜다. 후자의 죽음은 지워진다. 기억은 죽음 뒤에 당연히 따라오는 것이 아니다. 기억해줄 사람이 모여야 하고, 사람들이 시간과 품을 들여야 한다. 사회가 시간과 비용을 내놓는 데 인색한 죽음은 쉽게 지워진다.

장례의 역사를 보면, 사람은 죽은 이를 떠나보내기 위해 많은 것을 감수해왔다. 묘를 만들 땅이 없자 배를 타고 바다로 나가 위험을 무릅쓰고 무인도에 무덤을 세웠다. 멀리 바다에 떠밀려간 시신을 기어코 되찾아와 장례를 치렀다. 불에 태워질 시신임에도 생전 모습으로 복원하는 데 수 시간을 썼다. 나는 때론 고개를 갸웃했다. 산 사람은 살아야지. 이리 희생을 감수할 일인가. 하지만 일상적인 장례만 보더라도 많은 공이 들어간다. 마음만으로 되는 일은 없다. 일정한 희생이 필요하다. 그렇게 정성을 다해 보내야 하

* 강○○ 씨의 사망 후 유족과 대책위(디엘이앤씨 중대 재해 근절 시민대책위원회)은 디엘이앤씨(구 대림건설) 본사 앞에서 100여 일간 농성하며 공개 사과와 중대 재해 재발 방지책 마련을 요구했다. 2023년 11월 22일, 중대재해처벌법 시행 이후 7건의 중대 재해로 8명이 목숨을 잃은 이후 디엘이앤씨 그룹은 중대 재해 사망자들과 유가족에게 공개 사과한다.

는 게 사람이라고 했다. 감수하며 애도한다.

널리 알려진 이야기지만, 문화 인류학자 마거릿 미드는 문명이 시작된 최초의 증거로 '치유된 대퇴부'를 꼽는다. 다리뼈가 부러진 사람은 사냥도 이동도 할 수 없었을 텐데, 대퇴부가 치유되었다는 건 그가 나을 때까지 주변 사람들이 그를 돌봤다는 증거라고 했다. 공동체가 영위되는 순간을 문명이라 본 것이다. 마찬가지로 일정한 희생을 감수하고 기꺼이 타인을 애도하는 것은, 사회가 유지되는 이유이자 동력이다.

하지만 죽음 역시 사회적인 것이라, 애도는 사회의 규율과 질서 안에 존재한다. 누구에게 살아갈 수 있는 자원을 배분할 것인가. 국가적으로는 공적 지원 제도가 작동하는 문제다. 누구를 죽일 것인가도 통치의 기술이고, 누구를 살릴 것인가도 권력이 행하는 일이다. 이 분류는 '죽음 앞에 만인은 평등하다'는 말을 뒤집고 죽음의 위계를 만든다. 사회가 애도(의 비용)를 감수하지 않는 죽음이 생겨난다.* 가난한 이의 죽음, 시설에서 사는 이의 죽음, 사회가 '온전하다'고 보지 않는 몸을 지닌 이들의 죽음, 그리고 연고 없는 자의 죽음. 장례와 애도 절차가 생략되어도 괜찮다고 용인하는 죽음들이다. '없는 사람'이니까. 하지만 없는 사람은 없다. "없는 사람으로 취급받던 사람"만 있을 뿐이다.

마찬가지로 연고가 없는 사람도 없다. 연고가 없는 사람으로 취

---

* "어떤 주체는 애도의 대상이 되어야 하고 다른 주체들은 애도의 대상이 될 수 없다고 결정하는 애도 가능성의 차등적 배분은, 누가 규범에 맞는 인간인가에 대해 특정한 배타적 관념을 생산하고 유지하는 작용을 한다. 살아갈 수 있는 삶, 애도할 수 있는 죽음으로 여겨질 수 있는 것은 무엇인가?" 주디스 버틀러, 윤조원 옮김, 《위태로운 삶》, 필로소픽, 2018, 13쪽.

급받는 사람만 있을 뿐이다. 그들은 장례도 없이 없어지고는 했다. 무연고자. 내가 무연고자라는 명칭을 인지한 건 한 권의 책[3]을 본 후다.《애도하는 게 일입니다》라는 제목처럼 무연고 사망자 장례를 치르며 '애도하는 게 일'인 사람들의 이야기였다. 책의 마지막 장을 덮은 후, 나는 무연고 사망자 장례에 참석했다.

그리다 빈소에서

내가 처음 상주가 된 이의 이름은 김주성(가명). 나와 그는 연고가 없다. 그는 내 친인척도 아니고, 동네 주민도 아니다. 그에 대해 알고 있는 거라고는 이름 석 자뿐이다. 그것도 이날 빈소에 와서 알게 됐다. 얼굴은 모른다. 빈소 제단에는 영정 사진이 없었다. 무연고자 장례에 자원봉사를 갔다가 덜컥 상주가 되었다.

"2024년 3월 □일 토요일 11시, 지금부터 김주성 님, 변○○ 님, 정○○ 님의 장례식을 진행하겠습니다."

제사를 주관하는 이가 고 김주성 씨의 인적 사항을 들려준다.

"고인의 소개를 드리겠습니다. 김주성 씨는 196□년 생으로, 2024년 2월 □일에 사망하셨습니다. 마지막 주소지는 서울시 □□구입니다. 김주성 씨의 유골은 화장 후 분골하여 승화원 내 유택동산에 산골**될 예정입니다."

겨우 그의 나이와 살던 지역구를 알게 됐다. 제단에는 김주성 씨 외에도 두 명의 위패가 더 놓였다. 하루에 많게는 여섯 명의 무연고 사망자의 장례를 치른다. 한 해 사망한 무연고자 수가 5000명

** 유골 따위를 화장하여 그대로 땅에 묻거나 산이나 강, 바다 따위에 뿌리는 일.

을 넘어섰다. 이날 장례를 주관한 이는 비영리단체 나눔과나눔 활동가. '애도하는 게 일'인 사람들이다.

무연고 사망자 장례는 나눔과나눔이 서울시에 공익활동사업을 신청하며 시작됐다. 지원을 받아 장례를 치른 지 3년이 지나고, 서울시는 무연고 사망자 장례를 법제화한다. 2018년 '서울시 공영장례 조례'가 제정되고, 이때부터 서울시립승화원에 무연고자 (및 저소득층) 공영장례 전용 빈소 '그리다'가 마련된다. 내가 어정쩡하게 상주로 선 곳이 바로 '그리다' 빈소이다. 나 같은 자원봉사 조문객들이 하는 일은 제사상 앞에서 절을 하고, 향을 피우고, 입로를 지켜보고, 화장이 끝나면 유골함을 받아와 산골하여 고인을 보내는 것이다.* 모르는 이의 장례를 치르기 위해 사람들이 온다. 죽은 사람이 무얼 안다고 굳이, 라는 말이 나올만한 일이다.

무연고자 장례를 찾아오는 사람들은 말한다. 죽음은 처리되는 것이 아니라 애도되어야 한다고. 처리와 애도. 2014년 이전, 무연고 시신은 처리되었다. 사후 처리. 법률이 그러했다. 부고, 빈소, 조문도 없이 소각되었다. "무연고 시신을 처리한 때" 즉 화장 후에야 그의 죽음은 행정 처리용으로 세상에 알려졌다. 하지만 그래도 괜찮지 않나? 그가 세상에 연고가 없는 이라면, 그를 기억하고 추모할 사람도 없을 테니 말이다.

'연고'를 사전적 의미로 보자면 '혈통·정분·법률 따위로 맺어진 관계'이다. 정분이란, 사귐과 정. 그러니까 친구, 이웃, 연인, 동료

---

* 서울시 무연고 사망자의 경우, 연고자들이 유골 인수의 의사가 없다는 것이 확인되면 유골은 유택동산에 산골된다. 인수 의사가 확인되지 않을 경우, 유골은 '무연고추모의집'에 봉안되어 5년간 보관된다.

등의 관계를 맺는 것이 정분이다. 이 모든 관계가 없거나 끊긴 사람이 무연이겠다. 그런데 법이 정한 연고(자)의 기준에는 '정분' 같은 것은 들어가 있지 않다. 법률상 연고자는 사망자의 시신과 분묘를 관리하고 처분할, 즉 장례를 치를 권한을 가진 이다. 장사 등에 관한 법률 2조 16호에 적시되어 있다.

㉮ 배우자
㉯ 자녀
㉰ 부모
㉱ 자녀 외 직계비속(손자, 증손자 등)
㉲ 부모 외 직계존속(조부모, 증조부모 등)
㉳ 형제와 자매

아직 ㉴와 ㉵가 남았다만, 우선 여기까지만 보자. 그러니까 사람이 죽으면 그 배우자가 제일 먼저 장사를 지낼 권한을 가지고, 아내나 남편이 없으면 자녀가, 자녀가 없으면 손주나 자매 등이 제사를 지낸다. 막연히 생각해왔던 내용과 달랐다. 내가 죽으면 주변에 가까운 이 누구든, 감수할 마음만 있다면 나의 장례를 치러줄 수 있으리라 생각했다. 착각이었다. (이 조항만 보자면) 조카나 사촌들마저 나의 장례를 치를 수 없다. 그들에겐 법적 권리가 없다. 비혼인 내가 만약 하나뿐인 친동생과 연이 끊긴다면, 나는 무연고자로 죽는다. 즉 무연고자는, 고립된 삶을 산 이가 아니라 장사법상 시신을 인수할 수 있는 사람이 존재하지 않는 이였다. 나 또한 피해갈 수 없는 문제였다.

무연고자로 죽고 싶지 않다. 외로운 시체가 되고 싶지 않아서가 아니다. 장례식장 실습을 하며 무연고 사망자가 어떤 취급을 당하는지 보고 들었다. 이 사회가 애도하지 않는 죽음을 어떻게 처우하는지. 서울시 같은 경우, 행정적으로 연고자를 찾는 데 보통 한 달가량 걸린다. 2월에 눈을 감은 김주성 씨도 3월에나 장례를 치를 수 있었다. 그 사이에 시신은 썩는다. 법이 정한 안치실 냉장 온도는 영하 4도다. 시신의 부패를 막기 위해 위생적 차원에서 정해진 기준이다. 그렇지만 이 온도에서는 시신이 언다. 염습을 하기 어려워진다. 일부 장례식장에선 편의를 위해 안치 냉장고 온도를 상온에 가깝게 올리기도 한다. 그런 곳에 오래 머문 시신은 부패한다. 법이 정한 온도를 유지했다고 해서 존엄이 지켜지는 것도 아니다. 오래 냉동 보관된 주검은 꽁꽁 언다. 의류가 얼어 몸에 들러붙는다. 썩거나 얼어버린 시신은 장례식장 막내 직원이나 실습생들의 손에 맡겨지는 일들이 있다. 오래 안치실에 머문 이들의 시취에 대해 익히 들은 터다. 그게 내 운명일 수는 없다.

이제 나에겐 두 가지의 선택지가 주어졌다. 하나는, 결혼하여 배우자를 만들고 출산하는 일. 꼭 법적 신고를 한 혼인이어야 한다. 이 사회가 보편이라 말하는 결혼과 출산을 하고 생애주기에 순응하는 삶을 살면 무연고자 장례는 피할 수 있다(그런데 배우자가 먼저 사망하면? 자식을 낳지 못하면? 징검다리를 건너듯 '정상가족' 속에 머물 수 있도록 한평생 애써야 하는 건가?). 다른 선택을 할 수도 있다. '법적 가족 단위'로 연고자를 규정하는 법의 좁은 폭을 의심하는 일이다. 나는 후자를 선택하기로 했고, 무연고 사망자 장례가 열리는 빈소를 찾았다. 일단 저들을 혼자 보내지 않는다면 나 역시 혼자 갈 일이 줄어들지 않을까 하는 막연한 생각이었다.

장례 조문을 간 첫날, 빈소는 단출했다. 나를 포함한 자원봉사자 둘과 나눔과나눔 활동가 한 명, 그리고 서울시가 위탁한 상조 업체(해피엔딩) 소속 장례지도사 둘. 작은 빈소가 여유롭게 남았다. 무연고 사망자의 장례라는 건 그런 것인가보다 했다. 다소 한적하고 외로운 것. 하지만 그날뿐이었다. 그 후론 장례를 갈 때마다 빈소가 북적였다. 종교단체나 나 같은 자원봉사자들만 오는 게 아니었다. 고인의 지인들이 조문을 오는 일이 잦았다. 조문객이 많아 사람들이 빈소에 들어오지 못하고 밖에서 기다리기도 했다.

어떤 날엔 조문을 온 이들이 고인과 어떤 관계인지 들을 수 있었고, 어떤 날엔 아무런 대화도 나눌 수 없었다. 그건 장례를 주관하는 활동가에 따라 달라지는 일이었다. 조문객과 고인에 관한 이야기를 나누는 것이 추모를 돕는 일이라 생각하는 이와 조문객에게 아무것도 묻지 않는 것이 예의라고 생각하는 이의 차이였다.[*] 그중 한 활동가는 "어떻게 오셨나요?"라는 말조차 묻지 않았다. 그리다 빈소가 아니더라도 장례식장에 들어서면 유족은 눈과 입으로 묻는다. 어떻게 오셨나요? 고인 또는 유족과 무슨 관계인가요? 사회적 관계를 묻는 물음 앞에 동성 애인은 친구가 되고, 사실혼 배우자는 이웃이 된다. 질문이 없으면 거짓 대답도 없다. 질문 없는 빈소가 묘하게 안전하게 느껴질 때가 있었다. 그가 안전

* 서울시 무연고 사망자 장례를 참여관찰 했던 인류학 연구자 김수지는 이 광경을 두고 이렇게 말한다. "공영장례 현장에서 고인의 개별성을 표상하는 영정 사진 습득을 비롯하여 고인의 생애사에 대한 공유의 노력은 고인의 개인정보 보호를 위한 노력과 긴장을 이루며 조심스럽게 이루어지고 있다. 개별성을 사장시키고 '무연고 사망자'라는 범주만이 존재하는 양 무연고 사망자의 존재가 거론되는 관계를 타개하기 위해서이기도 하다." 김수지, 〈무연고사와 공영장례-서울시 공영장례를 중심으로〉, 서울대학교 인류학과 학위논문, 2023.

한 공간을 마련하는 방편으로 침묵을 사용하고 있다는 건 의심할 필요가 없었다.

빈소를 찾은 이가 누구로 오건 조문객이 있는 날엔 괜히 마음이 놓였다. 그들과 고인의 관계에 대해 듣는 날도 있었는데, 친구이거나 이웃이거나 가족이었다. 그러니까 이들은 "무연고자의 연고자"[4]였다.

무연고자의 연고자들

"내가 있는데도 연고자를 기다리느라 차가운 냉동고에서 14일을 있었어요. 마음이 너무 아파서 안치실을 찾아가지도 못했어요."[5]

나는 이기적이라 내 육신이 안치실에 오래 들어가 있을 일만 걱정했는데, 안치실 밖에는 남겨진 사람들이 있었다. 연고를 인정받지 못해 애도를 박탈당한 이들. 그들이 빼앗긴 것은 장례를 치를 권리만이 아니었다.

"죽음이라는 게 나에게 어떤 의미인지가 소명이 안 되고. 해명이 돼야 내가 뭔가 다른 게 가능할 텐데. 다른 삶이 가능할 텐데. 여전히 그게 안 되는 부분이 분명 있는 거죠. 이거는 해명이 안 되죠."[6]

죽음-의례-애도의 과정이 삐걱거리면, 상대가 떠난 후로 해명이 안 되는 어긋난 삶이 남는다. 그들은 왜 애도의 자격을 빼앗긴 걸까.

조문객을 대하는 나눔과나눔 활동가들의 태도는 저마다 달라도, 이들에겐 선명한 공통점이 있다. 빈소를 찾은 무연고 사망자의 가족이나 지인에게 '유족'이라는 이름을 앞세우지 않는다는 점이다. '사별자'라 칭했다. 가족이건 친척이건, 친구건 이웃이건. 그들이 고인과 맺어온 개별의 관계는 '가족' '친구'와 같은 보통명사에만 담을 수 있는 것이 아니다. 이 책에서 쓰이는 사별자로라는 표현도 그리다 빈소에서 배운 것이다. 연고자가 가족에 국한될 수 없듯이, 죽음을 슬퍼하는 이들도 가족의 틀에 얽매이지 않는다.

혈연 가족 울타리 바깥에 존재하는 이들의 관계를 인정하지 않은 결과는 '연고 있는 무연고자'의 증가로 드러났다. 나눔과나눔을 비롯해 가족구성권 문제를 고민해온 시민단체들은 '가족 대신 장례'를 요구해왔다. 더디지만 법은 바뀌고 있다. 이제 앞에서 설명을 건너뛴 법률상 연고자의 범위 ④와 ⑤ 항목을 살펴볼 차례이다.

④ 사망하기 전에 치료·보호 또는 관리하고 있었던 행정기관 또는 치료·보호기관의 장.

⑤ 시신이나 유골을 사실상 관리하는 자.

2020년 보건복지부는 행정 처리 지침인 '장사 업무 안내'를 통해, '시신이나 유골을 사실상 관리하는 자'를 사실혼 관계의 배우자, 조카·며느리, 장기간 동거자 등을 포함해 해석했다. 이로써 이들에게 장사를 치를 수 있는 법적 권리가 생겼다. 2023년부터는 법적 연고자가 아니어도 '장례주관자'로 지정을 받아 장례를 치를 수 있게 되었다.

이 소식에 안심했다. 가족 아닌 이가 나의 장례를 치러줄 가능성이 열렸으니 안치실에 오래 있을 필요는 없겠다 싶었다. 그런데 아니었다. 장례주관자로 지정된 이가 있더라도, 고인이 무연고자라는 것이 확인돼야 했다. ②항부터 ④항까지에 해당하는 연고자가 없거나, 연고자가 시신 인수를 거부해야 장례주관자가 장례를 치를 수 있다. 시신은 여전히 오랫동안 안치실에 머물러야 한다. 행정 처리 지침이 개정되었을 뿐, 장사법에서 '연고자'의 정의가 달라진 것은 없기 때문이다.

장례 현장에선 개정 법안의 적용이 좌충우돌하고 있다. 장례를 치르기 위해서는 '연고자(장례주관자) 지정 신청서'를 제출하고 지자체의 내부 심의를 거쳐야만 한다. 동거 사실을 증명하기 위해 통장 지출 내역은 물론 사진, 문자 메시지 등 증거와 주변 지인의 증언, 때로 통·이장 확인서마저 필요하다(나는 우리 동네 통장이 누구인지도 모르는데).*

문제는 더 있다. 사망과 장례에는 장사법만 적용되는 것이 아니다. 의료법, 토지법, 환경법, 상속법, 연명의료결정법 등의 적용도 받는다. 그리고 대개의 법률은 직계가족에 권한을 한정한다. 예컨대 의료법은 사망진단서 발급을 직계가족만 할 수 있도록 했다. 앞서 말했지만, 사망진단서 없이 장례도 없다. 화장도 없다. 내가 아무리 장례주관자로서의 합당한 요건을 갖추고 있다고 해도 첫 단추조차 끼울 수 없다. 도돌이표다.

나눔과나눔은 이러한 장벽 앞에 말해왔다. "한국 법의 근본 체계를 바꾸는 작업이 필요하다."[7] 법·혈연 중심의 '정상가족'이 모

---

* 보건복지부의 '2022년 장사 업무 안내 지침'에서 말하는 증빙 서류만 보자면, 사실혼의 경우 같은 주소지에 동거하여야 하고, 결혼식 사진이나 주변인들의 증언, 공동 명의 자산 등을 증명해야 한다. 동거인의 경우, 생활비 입금 내역, 병원비, 간병비 지급 내역 등을 증명해야 한다. 그 외에도 지인이 장례주관자가 되기 위해서는 공증 문서, 유언장 외에도 인우보증서, 편지, 문자메시지 등 평소 교류 내역, 통·이장 확인서 등이 필요하다.

든 법률의 근간이 되는 체계 자체에 물음을 제기한다. 생활동반자 등록법** 제정 운동 등 가족 구성의 권리에 대한 질문이 사회 전반에 퍼지고 있다. 현재 비친족 가구원이 100만 명이라 한다.*** '혈연-정상가족'이라는 이름으로 묶일 수 없는 다양한 결합을 인정하지 않을 수 없는 때이다. 이는 단지 '다양한' 가족 형태를 인정해달라는 요구가 아니다. 우리는 '(혈연-법률) 가족'을 중심에 두고 만들어가는 세상이 어떤 모습인지를 마주할 필요가 있다. 가족이 이 사회에서 하는 기능이 무엇인가.

국가는 끊임없이 '가족생활'에 관여해왔다. 정확히는 가족 구성원들의 노동과 재생산(노동)을 통제했다. 돈을 버는 '가장 아버지'와 재생산과 돌봄 노동을 수행하는 '어머니'라는 환상과 그 실질적 수행이 자본주의 '시장'을 떠받들고 있다. 그 시장은 비정형 노동에 종사하는 딸과 아내를 만들어왔고, 프리랜서-플랫폼 노동에 종사하는 오늘날의 '자녀 세대'를 낳았다. 우리는 그 '가족'에 갇혔고, 그리하여 지하에 자리한 안치실에는 연고 있는 무연고 사망자가 홀로 썩어간다. 같은 건물 1층 빈소에서는 검정 상복 치마와 앞치마 유니폼을 입은 여자들이 육개장을 나르고, 완장을 찬 사람은 빈소 복도를 메운 화환 수를 헤아린다. 유골이 봉안당으로 옮겨갈 시엔 그 가족이 지급한 금액에 따라 가운뎃줄에서부터 가장자리 끝줄까지 봉안 위치가 정해진다. 무연고 유골이 있을 자리

***

** 생활동반자등록법(가칭)은 혈연 또는 혼인 이외의 사유로 발생하는 새로운 형태의 생활동반자 관계의 성립과 효력을 규정한 법이다.

*** 통계청에 따르면 2021년 전국 비친족 가구는 47만 2600가구이고, 가구원은 101만 5100명이다.

는 지하다. 이 모습이 만들어지기까지 지금의 '가족'이 있었다. 출산, 양육, 부양, 연명, 의료, 그리고 장례까지. 한 사람이 살아가는데 필요한 모든 일이 오직 (정상)가족 단위에서 해결되어야 한다는 명제를 둔 사회는, 가족을 벗어나 구성원이 맺는 다양한 유대적 관계를 보려 하지 않는다. 무연고자가 증가한다.

애도의 디테일

그런데 여기, 혈연 가족이란 존재가 있다. 그리다 빈소에는 유가족도 온다. 자녀도, 자매도, 형제도 온다. 무연고 사망자로 지정된 이들 중 열에 일곱은 법적 연고자가 존재한다. 이 연고자들은 시신 인수를 거부하고 이를 지자체에 위임했다. 그리하여 무연고 사망자가 만들어진다. '남'도 장사를 치러주는데 가족이 시신을 포기하다니. 이런 생각을 하는 사람이 있으려나. 무연고자 장례에 참석하는 사람 중에도 있다. 흔히 하는 생각이다. '시신을 포기한 가족'들이 괘씸하다며 속내를 드러내는 걸 들을 때가 있다.

그럴 때면 나눔과나눔 활동가들은 시신을 '포기'한 것이 아니라 '위임'한 것이라며 표현을 정정한다. 포기와 위임 사이에는 장례 비용이 평균 1400만 원인 현실이 존재한다. 서울시가 규모를 줄여 최소한의 장례 비용을 책정했을 때마저(서울형 착한장례서비스*) 600만 원 남짓한 금액이 나왔다. 고인이 생전에 질환으로 사망하였다면 여기에 병원비까지 더해진다. 병원비를 정산하지 않으면 시신을 내어주지 않는 병원도 많다. 시신을 인수한다는 건 육신을 가져온다는 의미만이 아니다. (실제 시신 인수와 부채 상속은 별개의 문제이다. 그럼에도 사람들은 장례와 상속을 동일하게 여긴다.) 혈연 가족이 장례 권한을 포기하는 데 경제적 이유만 있을까. '가족이 어떻게 그럴 수 있냐'는 말이 오갈 때면 나는 가족 구성원 중 한 명을 떠올린다. 내가 과연 그의 장례를 치를 수 있을까. 애도라는 건 고인을 나의 내면에 봉안하는 행위라고도 하는데, 내안에 그를 묻을 자리가 있을까. 그의 장례를 치르면 그를 용서하게 될까. 장례를 치른 나를 용서하지 못하게 될까. 어려운 문제다. 경제적 이유건, 가족사 때문이건, 저마다의 판단에서 나온 선택을 '시신 포기'라 쉬이 칭하며 비난하지 말자는 취지로 '위임'이라 부르는 것이다.

한때 나는 부고 전문 기자가 되고 싶었다. 사람 일에 관해 쓸 수 있는 직업이 기자만 있는 줄 알던 시절이었다. 부고 전문 기자라는 직업이 실제 존재하는지 모르겠지만, 오래전 외국 소설에서 그런 일을 하는 사람의 이야기를 읽은 적이 있다. 지역의 작은 언론사에서 일하며, 고인이 생전 어떤 사람이었는지를 들려주고 싶었다. 어느 가문, 어느 기업에 속한 누군가가 아니라, 그가 우리 동네를 지나는 마을버스의 유일한 여성 기사였다는 걸 알려주고 싶었다. 미용실 유리창 너머에서 가위질로 누군가가 분주했던 그가 한때는 파리 유학을 꿈꿨던 예술가였다는 걸 전하고 싶었다.

그리다 빈소를 찾은 사별자들은 이런저런 사연을 들려주었다. 이야기를 듣게 된 날에는 나 역시 이런저런 생각을 하며 집으로 돌아갔다. 취재를 병행하고 있었기에 그들의 이야기를 어떻게 책

* 2015년 5월, 서울시는 착한장례서비스를 선보인다. 서울시공단이 운영하는 추모 시설과 서울의료원 장례식장을 연계해 시민들이 저렴한 가격에 장례를 치를 수 있게 한 프로그램이다. 이용료는 600만 원 선으로, 서울시의 추정에 따르면 기존 장례 비용의 50퍼센트 수준이다.

에 담을지 떠올리기도 했다. 어릴 적 집을 나간 고인과는 10대 이후로 본 적이 없다는, 이제는 늙어버린 동생이 빈소를 찾은 날. 장례를 치르고 함께 돌아가는 버스에서 그의 교통카드가 연신 잔고 없음을 알려댈 때, 나는 사별자들이 들려준 사연을 책에 담지 않기로 했다. 이 글을 읽은 사람들이 애도가 아닌 품평을 할 거라는 우려 때문은 아니었다. 다만, 가난은 디테일하고 삶도 디테일하니까. 한두 시간 남짓 같은 공간에 있던 이들이 들려준 고인과의 관계, 그 안에 박힌 세밀한 경험과 감정을 내가 알 리 없었다. 악마가 디테일에 숨어 있듯, 애도도 그곳에 있다.

그리다 빈소에 온 이들은 법적 가족이 아니라는 이유로 또는 가족임에도 시신을 위임했다는 이유로 장례 없이 고인을 떠나보낼 뻔했던 사람들이다. 장례의 권한은 국가에 넘어갔으나, 애도는 이들의 몫이다. 이들이 고인과 나눈 기억과 애환은 이들이 수행할 애도의 몫으로 남겨둔다. 이 책에선 부고 기사를 쓰지 말아야지. 나는 나의 애도를 하기로 한다.

그들이 장례를 치르기 위해 오늘 이 자리에 찾아왔음을 기억하려 한다. 《구의 증명》에서 화자인 '나'는 구를 자신의 방식대로 애도한다.

"없는 사람으로 취급받던 사람을, 없는 사람으로 만들 수는 없다."[8]

기억한다. 오늘 떠난 그는 '있었던' 사람이다.

인기척을 내는 거예요
: 나눔과나눔 박진옥

당신의 장례는 어떠하길 바라나요?

언제가 됐든 장례인들과의 대화는 이 질문으로 맺었다. 인생의 마지막에 품는 기대와 바람, 그건 장래 희망을 묻는 일과 비슷했다. 바라는 대로 이뤄질지는 모르는 일. 돌아보면 좀 허망한 그런 희망. 타인의 '장례 희망'을 들여다보고 있자면, 따스하면서도 바스락거렸다.

그런데 박진옥의 대답은 달랐다. 모호하고도 선명했다.

"친구에게 그런 이야기를 한 적 있어요. 나는 공영장례로 할 거야. 그리고 가족장으로 할 생각이라서, 부고는 나중에 알릴게."

습관적으로 끄덕이던 내 고갯짓이 멈췄다. 잠시만요. 그를 불러 세웠다.

"공영장례와 가족장. 이 조합이 가능한 건가요?"

공영장례는 공공이 장례에 필요한 사항을 지원하는 제도로, 현재 국내에선 장례를 치를 사람이 없는 무연고자를 대상으로 이뤄지고 있다. 기초생활보장수급자나 차상위계층 등도 공영장례 대상이다.[*]

"불가능하기만 한 건 아니죠. 자녀가 둘이 있는데, 아이들한테 아빠는 공영장례로 장례를 치르고 싶다고 이야기해요. 아빠가 세상을 떠날 즈음에는 장례도 사회보장제도로 보장받아서 누구나 공영장례로 떠날 수 있을 거라고. 그렇게 되었으면 좋겠다고요."

그는 사회보장제도로서의 장례를 말하고 있다. 자신이 운명할 때는 사회 구성원 대다수가 국가로부터 지원을 받는 공영장례를 치르길 바란다. '장례복지' 개념을 설명하기 위해 그가 다른 인터뷰에서 한 말을 가져온다.

"무상 의료라는 말은 저희한테 익숙하잖아요. 그런데 무상 장례라는 말은 아직은 낯선 개념인 거죠. 4대 보험이라는 게 질병, 실업, 산재, 노령화 때문에 생긴 문제를 사회가 대응하겠다는 개념인 건데, 요즘에는 치매 같은 것도 국가가 사회보장적 측면에서 지원하고 있습니다. 바로 노인장기요양보험이죠. 그렇다고 한다면 죽음과 장례에서도 국가가 사회보장이라는 측면에서 공영장례를 근본적으로 고민해야 할 때가 아닌가. 그래야지만 인간으로서 존엄성과 애도가 보장될 수 있다고 생각합니다."[1]

지금의 노인장기요양보험처럼 장례 또한 사회보장제도로 국가 지원이 되어야 한다는 이야기이다. 낯선 주장이지만, 달리 생각해본다면 장례를 관장하는 단위가 '보건복지부'라고 했을 때(장례지도사 자격은 보건복지부에서 인증한다), 나 또한 복지라는 단어를 먼

＊　공영장례란 "장례 의식 없이 시신이 '처리'되지 않도록 공공(公共)이 무연고 사망자 및 저소득 시민에게 검소한 장례 의식을 직접 제공하거나, 또는 이러한 장례 의식을 할 수 있도록 지원하여 고인이 인간의 존엄성을 유지하고 유가족과 지인 등이 고인을 애도할 수 있도록 지원하는 장례"를 뜻한다. 보건복지부가 2024년 2월 배포한, '무연고 사망자 공영장례 표준안'에 따르면, 공영장례 대상은 무연고 사망자 외에도 '국민기초생활보장법'에 따른 장제 급여 수급자로서 연고자가 미성년, 중증 장애인, 75세 이상 고령으로 장례를 치르기 어려운 이들을 포함한다.

저 떠올렸다. 장례는 살아가는 일의 한 영역이니까. 하지만 장례가 보건복지부 소속이 된 까닭은 '시신 처리'의 위생 관리에 있었다. 보건의 영역이라고 했다.

숨이 멈췄으니 시신이 맞긴 하다. 그렇지만 나는 죽은 자에게 제사를 지내는 문화권에서 자라온 사람이다. 숨이 멈춘 상태에서도 이 사회의 구성원으로서의 권리가 나에게 있다고 믿어왔다. 그렇지 않다면 굳이 주검에 예의를 갖출 필요가 없을 테니. '요람에서 영안실'까지가 아니라 '요람에서 무덤까지'라는 건 그런 의미가 아닐까.

그러고 보니 내가 좋아한 영화도 장례를 집행하는 공무원에 관한 이야기였다. 우베르토 파솔리니 감독의 〈스틸 라이프〉(2013). 주인공 존 메이는 홀로 죽음을 맞이했거나 장례를 치러줄 이가 없는 사람들의 장례를 치르는 일을 한다. 부고를 알리고 장례식에 고인을 아는 이를 초대한다. 나눔과나눔 활동가 박진욱, 그가 하는 일과 비슷하다.

존은 런던 케닝턴 구청 소속 공무원이나, 박진욱은 서울시와 업무 협약을 맺은 비영리단체 활동가이다. 나눔과나눔은 상근자들의 월급을 비롯한 활동비를 서울시가 아닌 단체 회원들의 후원으로 충당하고 있다. 서울시가 책임지는 것은 장례의 물품과 장례업체와 용역을 맺은 염습 및 시신 처리 비용 등이다. 그러니까 지자체가 지원하는 장례 비용(93만 원 상당, 2024년 기준)에 국한한다. 장례의 제반 사항을 챙기고, 부고를 알리고, 자원봉사자 모집과 사별자를 맞는 일에 대한 비용적 책임은 지지 않는다. 국내 어느 지자체나 마찬가지다. 공영장례 조례조차 갖추지 못한 시와 구 단위가 적지 않다.

박진옥이 맡은 일은 국가가 책임지지 않는 '시신 처리' 바깥의 애도였다. 그에게 나눔과나눔 활동을 시작한 계기를 물었다.

무연고 사망자 장례를 시작한 계기는?

처음에는 일본군'위안부'분들 장례를 지원하는 활동을 했어요. 그러면서 장례식장을 찾는 일이 잦았는데, 장례식장 사무실 현황판에 무빈소라는 게 있는 거예요. 빈소를 안 차린다고? 그럼 장례는 어떻게 하는 거야? 그때 무연고자 사망에 대해 알게 되었어요. 제가 상상할 수 없던 현실을 마주하게 된 거죠. 그렇구나. 깨닫는 거죠. 이게 지금도 큰 동력인 것 같아요. '그렇구나.' 계속 저를 따라다니는 말인 것 같아요.

2015년 서울시 지원 사업으로 무연고자 장례를 치를 때는 시신이 안치된 장례식장에서 했어요. 그때는 당연히 장례는 장례식장에서 해야지, 하는 고정관념이 있었던 거죠. 장례식장에서 장례를 하다 보니, 고인은 안치실에 있고 우리는 빈소에 있고. 그렇다고 입관에 참여할 수도 없었어요. 고인을 찾아오는 사람도 없고. 그러다가 2016년 2월에 서울시립승화원(화장장)에 갔어요. 거기서 처음으로 고인의 유골함을 받아들었는데, 유골함이 너무 따뜻해서 충격이었어요. 죽음을 차갑게만 생각해왔는데, 온기가 전해지자 고인이 살아 있었던 존재로 와닿는 거예요. 존재와 존재가 만나는 순간 같았어요. 화장장에서 장례를 치러야겠다고 생각했어요. 그런데 문제가, 장례식장은 제단이 있는데 화장장은 그런 게 없잖아요. 물품을 직접 들고 다니면서 유족 대기실에 상 펴고 병풍 치고 제를 지냈어요. 삼일장 절차를 이날 하루로 압축해야 하니까. 어떻게 해야 하지? 계속 자문받아오면서 지금의 형태로 만든 거죠. 이게 옳은 방법인지 여전히 잘 모르겠어요. 그렇지만 지금으로선 최선이 아닐까 싶어요.

매일 오전 10시 서울시립승화원 2층 그리다 빈소에서 제례가 시작된다. 제를 지낸 후 조문객들은 관을 운구하는 장소로 이동해, 관이 화로로 들어가는 입로까지 지켜본다. 나는 고인을 배웅하는 이 순간이 좋았다. 보고 있으면 위안이 됐다. 가는 길 적적하지 않게, 라는 말이 들어맞는 모습이었다.

화장 시설로 장례 장소를 옮기니까, 고인의 지인이나 가족을 만날 수 있는 거예요. 마지막 순간을 함께하겠다고 오시더라고요. 그러면서 이야기를 듣게 된 거죠. 돌아가신 분들을 보면 주로 1950~1960년생. 한국 근현대사를 관통해온 분들이세요. 그 시대를 살았던 이들의 삶을 알게 되는 계기였던 것 같아요. 보통 고인이 외롭고 쓸쓸하게 살았을 거라고 속단하잖아요. 무연고자라는 이름으로 뭉뚱그리면 그 안에서 개인의 삶은 찾을 수 없죠. 그렇지만 빈소에서 그분들이 맺어온 관계를 만나고 그분들이 살아온 삶을 상상하면서, 그이가 나와 같은 사회의 구성원이었다는 걸 인정하고 이해하게 되었던 거 같아요. 어떻게 하면 이들을 '존재'로 다시금 사회에 환기시킬 수 있을까? 고민이 이어지는 거죠.

왜 장례를 치르는가?

어려운 질문이에요. '굳이 (무연고자) 장례를 치러야 하냐?'라고 묻는 사람을 상상하면 답하기가 어렵죠. 사람이 죽었는데 어떻게 그냥 두냐는 식의 막연한 당위로 얘기하던 시절도 있었죠. 특히 윗 세대에는 장례라는 게 삶의 필수적인 요소잖아요. 쪽방촌에 가면 어르신들이 장례를 꼭 치르고 싶어 하세요. 내 장례를 어떻게 해야 할지 걱정도 크시고요. 장례를 치르지 못하면 그게 낙인이 되니까요. 장례를 치르지 못한다는 이유로, 그 사람의 삶을 평가하고 그 가족의 도덕성을 평가하는 풍토가 있으니까. 장례 조문 봉사 온 분들도 그런 말을 하세요. '잘 살았으면 장례를 치를 사람이 있겠지.' 아니요. 장례를 치를 사람이 있을 수도 있고, 없을 수도 있는 거죠.

불과 몇 해 전까지만 해도 장례를 치를 수 있는 이는 '가족'이 유일했다. '잘 살아왔다면'에 담긴 의미는 '가족 유지'이다. 잘 살았다면 왜 가족이 없겠냐는 말이다. 나 역시 박진옥과 같은 답을 하고 싶다. '있을 수도 있고, 없을 수도 있는 거다.' 이 사회는 (정상)가족을 구성하고 유지하는 것을 건전하고 바른 시민의 전형적 모습이라 여긴다. 가난하고 혼자인 노년은 건전한 시민이라는 자격을 박탈당한, 그리하여 낙인과 함께한 인생이다. 장례까지 치르지 않는다면 낙인은 더 강력해진다. 인생의 마침표가 낙인이라니. 그러니 쪽방촌 어르신들은 자신의 장례를 걱정한다. 나눔과나눔이 하는 건, 장례라는 예식을 건네어 존엄을 지키는 일이다.

나눔과나눔은 초반에 '존엄한 삶의 마무리'라는 말을 많이 사용했어요. 그러면서 존엄이 무엇이지? 생각했어요. 왜 존엄한 죽음이어야 하지? 존엄이라는 말 자체도 어렵잖아요. 죽음도 되게 묵직한데 존엄이라는 말까지 겹쳐지니까, 더 무거워지는 거예요. 그렇지만 저는 서로가 서로의 존재를 인정하는 일이 존엄이지 않을까 해요. 눈빛 하나로도 그 사람의 존엄을 깨트릴 수 있는 거잖아요. 제 친구 아들이 다리를 절단했는데, 수술받고 캐나다로 이민 갔어요. 그 아들이 캐나다 공항에서 친구에게 했다는 말을 잊을 수가 없어요. '아빠, 사람들이 나를 이상하게 보지 않아.' 우리가 살아오며 지닌 다양한 정체성이 유지되고 인정되고 지켜지는 게 존엄인 거고. 특정한 시선이나 외면으로부터 상대의 고유함을 지켜주는 과정도 존엄이라 생각해요. 그것이 사후에도 지켜져야 죽음이 존엄할 수 있게 되는 거죠.

존엄은 단지 고인의 몫이 아니다. 존엄한 삶의 마무리는 '애도할 권리'로 이어진다.

초창기에는 사별자들의 존재에 대해서 깊이 인식을 못 해서 더 답하기 어려웠던 것 같아요. 지금은 사별자들을 떠올려요. 사람들은 끊임없이 죽음과 죽은 이에게 의미를 부여하기 때문에, 죽음으로 끝이 나는 게 아니에요. 애도는 끝나지 않는다는 말이 있어요. 죽은 후에도 관계 맺기가 계속되는 거죠. 아까 친구에게 '부고를 나중에 알릴 거다'라고 말했다고 했잖아요. 친구가 그러는 거예요. '야, 나는 어떻게 하냐? 너한테 당연히 가서 잘 가라고 인사 한마디는 해야 하는 거 아니야.' 생각해보니까 그렇더라고요. 애도하고 싶은 사람들이 있고, 그 사람들이 나와 맺어온 관계를 다른 방식으로 이어가고 싶을 텐데. 부고가 알려지지 않으면 관계가 전환될 계기를 끊어버리게 되는 거예요. 끝나지 않는 관계와 애도의 측면에서 사후 자기결정권을 어떻게 인정받게 할 것인가. 그걸 생각하게 되더라고요.

존엄한 장례와 애도를 위해 필요한 것은?

초반에는 '존엄한 삶의 마무리'라는 키워드 하나로 시작했다면, 지금은 그땐 차마 그려보지 않은 것을 하고 있죠. 나눔과나눔을 시작하며 상상했던 것과 사뭇 달라요. 가부장적인 장례 문화를 어떻게 할 거냐 고민하게 되고, 이 문제를 고민하는 사람들과 연대하고, 문제의식이 쌓여가고, '가족 대신 장례'라는 표어가 만들어지고. 제가 여성, 장애인, 청소년, 성소수자 인권단체 등 이토록 다양한 사람들과 연대하게 될 거라고 상상 못 했거든요. 지금은 공영장례 이야기를 많이 하고 있어요. 사회보장제도로서의 공영장례. 이런 이야기도 처음 나눔과나눔 구상에는 없었던 말이죠.

'가난한 사람에게 장례를 치를 권리를 보장하자'로 시작했던 공영장례에 관한 이야기는 보편적 복지라는 문제의식으로 확장되어갔다.

영국에서는 2010년부터 장례빈곤이라는 이야기를 해왔더라고요. 장례빈곤을 어떻게 정의 내리냐면, 장례를 치를 자금이 없거나 빚을 지지 않고 장례를 할 수 없는 상황. 영국도 신자유주의를 거치며 복지 자체를 축소해왔고, 그에 따라 장례 관련 복지 혜택을 받지 못하면서 장례를 제대로 치르지 못하는 사람이 증가했던 거죠. 한국도 무연고 사망자가 증가하고 있는데, 장례빈곤은 전혀 화두가 되고 있지 않아요. 일부 빈곤층 사람들의 문제라고 보고 있는 거죠.

나눔과나눔에서는 무연고 사망자에 대한 DB(데이터베이스)를 계속 관리하는데, 데이터가 축적되어야만 이를 기반으로 변화를 만들어갈 수 있다고 생각하기 때문이에요. 지금은 무연고 사망자 숫자가 몇 명이라는 것 외에 이들의 상황이나 조건을 정부 차원에서 조사하고 연구하는 내용이 없어요. 숫자만 파악하죠. 지금의 무연고 사망자 관련 행정 방향이 '처리'하는 거니까요. 지자체에 공영장례 조례를 만드는 데까지 왔지만, 장례하고 처리하면 끝인 거예요. 예방이라는 의미는 없어요. 가족중심주의를 벗어난 관계의 다른 해석을 쥐고, 사회적 고립을 막고, 복지 차원에서의 장례로 초점을 맞춰야 하는 거죠.

공영장례 측면에서 이야기하자면, 첫 번째로 장례빈곤이 화두가 되어야 해요. 이로써 우리 사회가 빈곤 문제를 어떻게 다뤄야 하는가. 이 고민 속에서 '장례복지'의 개념이 나올 수 있다고 생각해요. 저는 장기요양보험과 같은 방식이 되어야 한다고 주장하죠. 예전에는 사대보험이면 충분했다고 여겼지만, 이제는 그렇지 않잖아요? 돌봄의 영역이 복지로 제도화되고 있어요. 이미 장기요양보험이 제도화된 것처럼, 장례도 돌봄의 맥락에서 정책이 마련되어야 하는 거죠. 궁극적으로 사회복지사가 장례를 주관해야 하는 게 아닐까 생각하고요. 현재 장례지도사는 입관과 제례 등 장례 절차를 중심으로 하지만, 저는 애도 과정에 사회가 어떻게 개입할 것이냐의 측면에서 사회복지사의 역할이 필요하다고 생각해요.

박진옥은 장례인 개개인의 마음에 의존한 애도가 아닌 제도로 보장된 애도를 말한다. 장례가 복지의 영역으로 들어와야 사회적 차원에서 애도가 가능하다. 가난한 이건 외로운 이건, 복지의 차원에서 애도를 보장받아야 한다. '치유된 대퇴부'와 함께 이야기했듯이, 돌봄을 받는 자만이 존엄할 수 있다.

현장에서 만들어진

이 일은 늘 제게 질문을 줘요. 어떻게 이럴 수 있지? 하면서, 질문이 생겨나고. 그 답을 현장에서, 사람들의 이야기 속에서 찾았던 거 같아요. 그러면서 내가 왜 무연고자 장례를 치르는지에 대한 답을 찾기도 하고.

박진옥은 자신이 현장에서 받는 질문들이 지금의 자신을 만들어왔다고 했다. 장례를 치르지 못하는 사람이 있다는 사실로부터 솟아난 의구심은, 장례가 개인과 가족의 몫이어야만 하는가의 의문으로 이어졌다. 왜 장례를 치러야 하는가? 라는 물음에 답을 찾기 위해 존엄과 애도를 들여다보게 되었다. 나 역시 그와 대화를 나누는 사이, 내가 왜 무연고 사망자 장례에 조문을 가고자 했는지 알게 되었다.

> 내 장례를 치러줄 사람이 없을 수도 있어요. 그런 순간에도 사회가 나를 잊지 않고 장례를 치러줄 거라는 믿음을 만들고 싶은 거예요. 연대감이죠. 위패 하나 드는 게 큰일은 아니지만, 사회적 메시지를 계속 내는 거죠. 당신의 장례를 함께 책임지는 사람들이 있다. 내가 혼자가 아니고 당신 혼자가 아니고 우리가 혼자가 아니라는 인기척을 끊임없이 내는 거예요. 그 인기척이 저에겐 위패를 드는 거고요.

나는 혼자가 아니고 싶었다. 그래서 타인의 장례에 간다.

공영장례, 다른 국가는?

'요람에서 무덤까지'라는 개념을 만들어낸 유럽 복지국가에선 장례 제도가 국가의 복지 개념 안에 존재한다.

스웨덴의 경우, 누구라도 사망하면 "유산으로 충당하지 못한 시신 운구비, 장례식장 사용료, 시신 안치비, 화장 비용, 25년간의 묘지 이용"[2]을 국가가 지원한다. 이 비용은 장례세(Begravningsavgift)라는 명목으로 국민 세금으로 충당된다. 장례법에 따라, 스웨덴 지자체들은 공공 매장지를 관리하고 장례 관련 업무를 규정한다. (다만 루터교가 최대 종교인 나라답게 장례의 실질적인 수행은 교회의 몫이다. 2500여 개소의 공공교회가 공공묘지를 관리한다.[3])

유럽의 경우, 지방자치단체가 공동묘지를 관리하고, 주민들에게 의무적으로 공동묘지를 분양하는 국가가 다수이다. 가족묘지를 제외하곤 모두가 3평 남짓 되는 땅에 묻힌다. 자리를 정할 수도 없다. 순서대로 묻힌다. 재산 여부나 직위와 무관한 일이다. 묘지를 복지 시설로 규정해 그 관리 비용은 국가가 제공한다.

일본의 경우, 국민건강보험과 후기고령자의료제도(75세 이상을 피보험자로 하는 의료 제도)에서 장제비 지원을 규정하고 있다. 이때의 지원 대상은 피보험자 모두이며, 재산 등을 기준으로 지급 대상 자격에 제한을 두지 않는다. 보편적 복지에 가까운 형태를 띤다는 것이 특징이다.

불온한 장례식

: 〈탈가부장:례식〉 기획단장 뀨뀨

"현재 사회에서 슬픔은 단 한 가지 방식뿐이다."[1]

트랜스젠더퀴어학 공부노동자 루인의 말을 이해하기까진 시간이 좀 걸렸다. 이 문장이 적힌 글에는 그의 장례 경험이 담겨 있다. (지정 성별이 남성이자 아들인) '상주'여야 하는 그가 '제 역할'을 하지 못한다고 여겨지자 가족들의 다그침이 이어졌다. 아들이 될 수 없는 그에게 아들 역할이 요구되니(이건 단지 지정 성별과 스스로 정체화한 성별의 불일치 문제가 아니다) 그는 자동으로 '불효자'가 된다. 끝내 '자(子)'다.

장례인들을 만나면 '불효(자)'에 관해 많이 듣는다. 장례에서 수행해야 하는 자식 노릇에 관한 이야기다. 그때마다 나는 이들의 말을 '떠나간 이에 대한 슬픔과 애도'로 번역해 들으려고 했지만, 나만의 노력일 뿐이었다.

"자식 노릇을 제대로 하지 못한다"고 할 때, 그건 빈소에서 3일간의 경건함이나 지긋함을 두고 하는 말이 아니다. 자식 노릇을 '잘'한다고 인정받으려면, 사회가 가족 구성원에게 부여하는 역할을 수행해야 한다. 가부장제-정상가족 규범이 지배하는 사회에서 가족 구성원은 그에 맞는 저마다의 역할(구실)을 가지고 있다.

'제대로 된' 자식 노릇은 태도와 됨됨이의 문제가 아니다. 번듯하고 안정적인 직장, 부모를 부양할 수 있는 경제력, 그리고 배우자와 자식으로 꾸려진 가족을 지녀야 도달할 수 있다. 옵션으로 성격이 모나지 않고, 외양이 도드라지지 않아야 하고(비만이거나 병약하거나 성 역할에 맞지 않는 옷차림을 하면 곤란하다), 사건 사고가 많아서도 안 된다. 부모 눈에 어긋남 없는 조건이란 실은 이 사회의 시선에 들어맞는 조건이다. 사회가 적합하다고 규정하는 역할성을 수행하는 자가 '좋은 자식'이 될 수 있다.

얼마나 '좋은 자식'인지는 관혼상례 모든 단계에서 검증받게 마련이다. 특히 장례는 가정의례의 연말 시험 같은 위상이라고 할까. 노릇을 평가받는 중요한 시험대다. '번듯한' 자식은 '번듯한' 장례를 치른다.

나로 보자면, 다 탈락이다. 불안정 노동자에 자녀도 배우자도 없다. 몸에 타투를 새겼고 (여자답게) 꾸밀 줄도 모른다. 평생 '효'와 멀게 살아온 내가 부모 장례를 간소하게 치르겠다고 하면, 그걸 누가 장례 문화 변화에 이바지하는 일이라고 볼까. 불효 3종 세트 달성이라고 손가락질할 것이다.

그렇다고 이러한 '노릇'의 규범성을 전통적인 효를 강조하는 일이라고만 치부할 수도 없다. 가족이 하나의 '투자 공동체'가 된 요즘, 자식 노릇은 더 강조된다. 능력주의 사회로 이행함에 따라 자녀라는 개별의 인적 자본은 자신의 투자 가치를 증명해야 한다. 이것이 신자유주의 사회의 '정상가족' 안에서 살아가는 아들딸의 역할이다. 장례는 투자 가능성을 가늠하고 가시적인 성과 배당을 확인하며 재생산하는 장으로 유지된다. 일례로, 장례식장 빈소에 진열된 화환만 해도 가족 구성원들이 어느 기업의 정규 직원으로 일하는지를 직접적으로 드러낸다. 그러니 나이 든 장례인들이 한

탄하는 '좋은 수의는 쓰지 않으면서 눈에 보이는 제단만 화려하게 꾸미는 일'은 불효라기보다 요즘 세상의 자식 됨을 증명하는 합리적인 방법인지도 모른다.

누가 이런 장례를 사랑할까

"장례식이란 결국 한 사람의 삶, 특히 '정상가족 (구성원)'의 삶을 평가하는 최종 시험장이 아닐까?"[2]

인생이 시험이어선 안 되는 이유는 시험에는 답을 채점하는 사람이 따로 있기 때문이다. 채점의 기준은 사회의 것이라 그 사회가 인정하는 정상성, 쓸모, 가치, 효율이 점수에 반영된다. 나의 인생에 점수가 매겨진다는 건 많은 문제를 양산한다. 그 문제를 '나로 인해 비롯된 것'으로 여기면 살아가는 일 자체가 곤란해진다.

"장례식을 두 번 다녀왔는데. 모든 절차에 다 성별이 부여되더라고요. 입관할 때마저 입는 옷이 치마, 바지로 나뉘고. 두 장례식을 경험하며 퀴어에게 장례식이란 무엇일지를 절실히 느꼈어요."[3]

이 말을 전한 이는 자신을 '여자'로 쉽게 판단하는 주변의 시선에 맞서 왔다. 세상이 그를 부르는 말은 성소수자쯤 되겠다. 그에게 변고가 생긴다면 치마 수의를 입혀야 하려나. 장례지도사는 그가 살아생전 해온 분투를 모를 테니. 지금으로선 그가 입을 수의가 무엇일지는, 그의 가족에게 달린 일일 테다.

세상의 정답은 단순하다. 여자와 남자. 어른과 아이. 부자와 빈자. 인간과 동물. 세상이 반으로 갈려 있다. 남자는 바지를 입고, 여자는 치마를 입는다. 남자는 (제사를) 주관하고 여자는 (조문객을) 돌본다. 시험의 출제 의도는 시험장에 입성하지 못하거나 앞서 탈락한 이들에 의해 포착된다. 세상이 정답이라 인정하지 않는 삶을 살아가는 이들은 자신에게 닥쳐올 일을 미리 생각할 수밖에 없다. 게다가 장례는 결혼이나 돌잔치처럼 피할 수 있는 의례도 아니다. 타인의 장례건 나의 장례건, 장례는 분명 인생에 들이닥친다.

평생 치마를 입지 않았으며 성별화된 옷을 거부해온 이의 마지막 옷이 치마가 된다. 그를 평생 갈등하게 하고 숨게 하고 존재하게 하고 드러내게 만든 육신이 맨몸으로 안치대에 놓인다. 그를 이해하지 못할 사람들의 시선 아래. 반평생 다른 생명의 살을 먹지 않은 비건 생활자의 제사상에 초식동물과 물살이(물고기)가 올라간다. 친족 성폭력 사건으로 가족과 의절한 이의 장례식 상주 자리에 그 가족이 앉는다.

그간 이런 일은 아주 예외적인 것으로 여겨져 왔다. 장례인들이 이야기하는 '별의별' 일 중 하나였다. 유난이거나 별종이거나 불행한 일. 콩가루 집안이라고 뒤에서 수군거릴만한 일. 내가 장례를 두려워했던 이유에는 이 수군거림에 대한 걱정도 있었다.

일상에서 나는 잘만 감추면 무난한 딸처럼 보일 수 있는데, 장례식장은 그 숨김이 통하지 않는 장소다. 가족 관계는 장례식장 부고 알림판에 뜨고, 직장은 화환과 일회용품 용기와 수저에 박힌 회사 로고에서 드러나고, 모아둔 자산은 대관하는 장례식장과 빈소의 크기로 드러난다. 가족의 불화마저 빈소에서 울고불고하는 소란 속에서 드러난다. 마치 시험 등수를 복도에 붙여두는 잔인한 교사처럼 장례는 타인의 기준대로 매긴 채점표를 훤히 공개한다. 나를 숨길 곳이 없다.

그 성적표는 나를 설명해주지 못하지만 무시할 수도 없다. 본연의 내가 환대받지 못할 장소에서 나를 드러내는 일은 두렵다. 동시에 어기대고 싶어진다. 지금의 장례 문화에서 '환대'받을 수 있는 이가 몇이나 된다고. 누군들 이 안에서 안전함을 느낄 수 있을까. 누가 이런 장례를 사랑할까.

새로운 모색

장례에선 남성(만)이 상주가 되고, 장례 상품을 결제할 수 있는 능력을 갖춘 이가 실질적인 상주의 역할을 하고, 빈소에서 앞치마를 둘러야 하는 이가 마지막엔 수의 치마를 입고 떠난다. (이성애적 성별이분법-가부장제 자본주의라고 불러도 될만한) 현실의 작동 원리가 고스란히 반영된다. "현재 사회에서 슬픔은 단 한 가지 방식뿐"이라는 루인의 말을 다시 가져온다.

그러나 역으로 누군가의 죽음은 세상의 문법을 뒤집어 보이는 질문이 생겨나는 자리이기도 하다. 타인의 장례 앞에서 사람들은 다가올 자신의 장례를 떠올린다. 그로써 살아온 모습을 돌아보게 된다. 나는 '모든 사람은 죽음 앞에서 평등하다'는 말은 믿지 않지만, '산 사람은 살아야 한다'는 말은 신뢰한다. 산 사람은 살아야 한다. 이때의 삶이란, 이전과 같은 삶이 아니다. 그가 떠난 후 남겨진 이들이 어떤 세상에서 어떤 방식으로 살아갈 것인지의 문제이다. "죽음에 슬퍼하는 자를 넘어, 그 이후를 살아갈 윤리적 주체"[4]로 산 사람은 자신을 세운다.

장례식장에서 나는 누군가의 유족이라는 이름을 달고 '착한 딸'로서 슬퍼할 일을 요구받을 것이다. 그러나 나는 그렇게만 슬퍼할 수 없다. 세상이 정답이라 말하는 '착한 딸'로 살라는 말과 같기 때문이다. 그건 진정한 나도, 내가 내 가족과 맺어온 관계의 방식도 아니다. 애도는 기억함이다. 그가 살아생전 생성하고 형성해온 관계로 구성된 이 세계를 기억한다. 우리는 서로에게 우리 자신으로 기억되어야 한다. 그러므로 산 사람들은 새로운 장례를 찾아 나선다. 제대로 애도하기 위해. 그리고 제대로 살아가기 위해.

새로운 모색이 이뤄지고 있다. "현실의 장벽에도 불구하고 '지금, 여기서' 할 수 있는 것들을 찾아보고자 했습니다."[5] 퀴어한 유언장 기획단(Y극단)은 몇 가지 질문을 통해 온라인상에서 사람들의 유언을 수집하는 작업을 했다. 삶이 제각각이듯, 죽음도 "제각각의 모양을 가지고 있다"는 것을 상상하기 위해 유언장을 수집했다고 한다. 유언장 일부를 엿본다.

> "(장례식 음식은) 냉면이면 좋겠네요. 어떤 계절이든 상관없이."
> "조문객들이 입고 올 의상은 파랑 아니면 초록이었으면 좋겠어요."
> "남겨진 저의 반려동물에게 꼭 새 가족을 찾아주세요."
> "집에 있는 모든 물건은 거의 누군가 선물해준 것들입니다.""장례식 때 버려도 되냐고 일일이 물어봐주세요."
> "운구도 필요 없이 작은 사찰에서 진행되었으면 합니다."
> "파트너에게 고양이 양육비가 제공되었으면 합니다."
> "안녕, 저 갑니다. 울지 마세요."

종교적 장례 예식을 평등하고 차별 없는 모습으로 바꾸어 나가려는 노력도 있다. 〈온전한 애도를 위한 성소수자 장례예식서〉[6]에는 추모 예식 절차부터 조문객의 예의와 태도를 안내하는 내용까지 고루 담겼다. 책자에 담긴 새로운 기도문 일부를 가져온다.

"위로의 하나님, 우리의 벗 ○○ 님을 추모하고자 우리가 이 자리에 모였습니다. … 우리의 벗 ○○ 님이 이제는 차별과 혐오가 없는 평화의 나라에서, 경계도 구분 짓기도 없는 바로 그 나라에서 주와 함께 안식하길 간절히 소망합니다."

그리고 제목부터 그 성격이 명확한 전시도 하나 소개한다. 〈탈가부장:례식〉. 2023년 10월에 서울에서 열렸다. "죽음과 장례에 관련된 차별이 어떤 형태로 드러나"는지를 알아보고 "평등한 장례식의 구체적인 모습을 함께 상상해보고자"[7] 기획했다는 전시는 장례식장에서 들은 차별적인 말("영정 사진 드실 남자분 안 계세요?" 부터 "꽃장식은 3호 이상은 하셔야 보기 좋아요"까지)이 적힌 흰 무명 길을 헤치고 들어가는 것으로 시작한다. 현실의 장사법에서 차별적 요소를 살펴보고, 분투의 장이었던 장례 경험을 육성으로 듣는 시간을 지나, 추모의 공간이 펼쳐진다.

"추모 공간을 희거나 까맣게만 채우지 않게 하려고 애썼어요. 노란 꽃도 놓고 무지개 깃발도 걸고 환대한다는 취지의 안내 문구도 걸어두고요."

〈탈가부장:례식〉 기획단을 꾸린 뀨뀨를 만나 이야기를 들었다.

〈탈가부장:례식〉 작업을 돌아보며: 기획단장 뀨뀨 인터뷰

자기소개를 해달라.
언니네트워크에서 운영위원으로 활동하고 있는 뀨뀨라고

합니다. 언니네트워크에서 비혼이나 가족구성권에 관한 운동을 해왔어요. 2019년부터 회원으로 있다가 운영위원이 된 건 2~3년이 되었네요.

운영위원은 어떤 역할을 하나?

언니네트워크는 연말에 운영회의에서 운영위원들이 그동안 가지고 있었던 문제의식이나 사업 아이디어를 함께 공유해요. 아이디어가 구체화되면, 회원총회 자리에서 사업을 공유하고 기획단을 꾸리죠. 〈탈가부장:례식〉도 그렇게 준비한 사업이고요. 운영위원은 물론 기획단원들도 다 자기 본업이 있는 사람들이에요. 그럼에도 각자가 하고 싶은 이야기도 있고 재미도 있고 해서 자주 모여 사업을 하는 거 같아요.

〈탈가부장:례식〉이 사업으로 채택된 이유는?

2022년에 유난히 장례식에 갈 일이 많았던 것 같아요. 그러면서 장례에 관한 대화를 나눌 일도 많았는데, 우리가 겪은 장례식들이 참 공허하다는 인상을 받았던 거 같아요. 고인을 애도하는 시간은 정작 부족하지 않나? 장례식만으로 충분히 서로 마음을 나누고 위로할 수 있나? 하는 고민도 하고요. 그동안 언니네트워크는 다양성이나 가족 구성권 같은 키워드를 가지고 활동해왔는데, 코로나 팬데믹 시기에는 사회적 거리두기 정책으로 인해 성소수자의 네트워크가 단절되고, 관계를 상실하는 경험을 했던 것 같아요. 꼭 퀴어 커플이 아니더라도, 친구와 같이 사는 사람, 혼자 살더라도 퀴어 커뮤니티와 연결되어 있음으로써 일상을 지탱해왔던 사람들이 '원가족' 혹은 '법적 가족'이 아니라는 이유로 서로 단절된 거죠. 그러면서 법적 가족에 갇힌 관계와 단절에 대해 더 고민하게 되고. 장례와 애도라는 주제로 그런 이야기들을 더 폭넓게 할 수 있지 않을까 싶었어요. 장례를 어떻게 꾸리면 덜 차별적이고 모든 사람을 포용할 수 있을까? 거기서부터 시작했던 것 같아요.

사업을 준비하며 조금 더 신경을 쓴 부분이 있다면?
꼭 결혼이 아니어도 가족을 구성할 수 있는 여러 양태가 있다고 생각해요. 성소수자냐 아니냐를 떠나 사람들이 내가 원하는 방식으로 만나고 헤어지고, 다른 사람들과 함께하는 과정에서 어떻게 하면 최대한 자율성을 발휘할 수 있게끔 할 수 있을까. 나의 관계나 정체성이 어떻게 취약함이 되지 않게끔 할 수 있을까. 혹은 취약하더라도 행복할 수 있게끔 할 수 있을까. 이런 걸 고민을 많이 했어요.

그 고민이 전시에는 어떻게 반영되었나?
전시에는 실제 애도를 할 수 있도록 만든 추모 공간이 있었어요. 그 공간을 아무런 조건 없이 프라이빗하게 쓸 수 있도록 신청을 받고 운영했어요. 현실의 장례식장은 애도에 집중하기 어려운 장소잖아요. 나와 고인의 관계를 밝히는 데도 긴장이 돌고, 상주나 가족의 역할이 있고. 전시에서 대안적 애도 공간을 제시해보고 싶었어요. 언니네트워크 소모임에 합창단이 있었는데, 그 시기에 합창단원으로 오래 활동했던 회원이 돌아가셨었어요. 합창단분들이 전시 공간에서 추모하는 시간을 가지고 싶다고 하시더라고요. 그분을 사랑하는 분들이 모여, 그분이 생전에 아끼던 물건을 가지고 와서 시간을 보내다 가셨어요.

전시 기획에 앞서 네 차례의 워크숍을 가진 것으로 알고 있다.

전시회를 하기에 앞서, 기획단이랑 이 주제에 관심이 있는 사람들끼리 모여 워크숍을 진행했어요. 기억에 남는 건 3강이었는데, '나의 죽음 시나리오 쓰기'라고 해서, 자기가 원하는 장례 이야기를 나누는 시간이었어요. 일단 사람들이 공간을 가득 채울 정도로 많이 와서, 그 점도 놀라웠고. 다들 이야기 나누는 걸 너무 즐거워하셔서 진행자가 이야기를 멈추지 못하고 계속 시간이 연장되는 거예요. 어떤 분은 내가 고른 사진으로 영정을 하고 싶은데, 너무 마음에 드는 사진이 많아서 디스플레이를 설치해서 영정 사진을 전시하면 좋겠다는 이야기를 하더라고요. 그 이야기가 즐겁게 기억에 남아요. 우리가 죽음에 대해 이야기하고 싶었구나. 그런데 이야기할만한 공간이 마땅하지 않았구나. 그런 생각을 하게 되었던 것 같아요.

죽음에 관한 이야기가 즐겁다니.

〈탈가부장:례식〉 전시에서도 마찬가지였는데. 놀라웠던 게, 그 전시회를 갤러리에서 열었는데, 1층은 전시 공간이지만 2층은 갤러리 사무실이란 말이에요. 이례적으로 사무실 분들도 내려와서 전시를 구경하셨어요. 보통 퀴어-페미

298

니스트 행사를 하면 우리끼리 만나게 되는데, 다른 사람들이 와서 즐겁게 보고 간 게 의미 있더라고요. 사람들이 내가 기대하고 생각했던 것보다 훨씬 더 지금의 장례와 애도 문화에 답답함과 문제의식을 느끼고 있다는 걸 확인하고, 그걸 피부로 느낄 수 있어서 좋았어요. 조금 더 다른 것들을 해볼 수 있는 동력이 된 것 같아요.

내가 원하는 장례를 상상하는 건 즐겁지만, 현실의 장례는 내 뜻대로만 되는 일은 아닌 것 같다.

맞아요. 유언장에 아무리 내가 원하는 장례를 쓴다고 해도, 그대로 진행되지 않을 수도 있잖아요. 이 장례를 치러주는 사람들의 의지에 달린 거니까. 나는 죽어서 내 장례식에 참석할 수 없으니. 결국엔 내가 맺어온 관계들이 장례를 통해 드러나게 되는데, 그 관계가 현재 한국에서는 법이나 행정적 부분들을 통해 제약되니까. 법적 가족이 아닌 자가 들어갈 자리가 없죠.

전시를 마치고 '친구사이(한국게이인권운동단체)'로부터 '탈가부장:례' 관련 강연 요청을 받은 적이 있는데, 질의응답 때 한 분이 그런 얘기를 해주셨어요. 자기가 커밍아웃을 한 지 얼마 안 됐고, 부모님 반응이 너무 안 좋아서 내가 이 가족들이랑 내 남은 삶을 끝까지 함께할 수 있을까 하는 고민이 된다는 거예요. 그런데 지금 자기가 죽으면 가족들이 내 장례를 치러줄 텐데. 그러면 가족들은 내가 성소수자인 걸 숨기고 싶을 거고. 내 장례가 어떤 모습일지 고민이다. 그런 이야기를 나눠주셨는데 많이 와닿더라고요. 단지 성 정체성 문제만이 아니라 내가 어떤 사람이었는가를 마지막 자리에서 인정받을 수 있어야 하는데, 현실에서 그 장례를 치러주는 사람들에 의해 '진짜 나'는 사라질 수도 있는 거죠. 그래서 저는 유언장을 쓰는 거 같아요. 매년 쓰고 있어요. 처음 유언장을 썼을 때는 좀 편지처럼 쓰게 되더라고요. 마지막으로 하고 싶은 말이라 생각을 하고 쓰게 되니까, 되게 디테일하게 제가 요구하고 있더라고요. 그 후로 매년 쓰는데, 바뀌지 않는 게 있어요. 7년 된 동성 파트너가 있는데, 그 친구에게 저의 많은 부분을 양도하고 싶고 위임하고 싶다는 의사를 늘 밝히는 거예요. 내가 하늘나라로 가게 되었을 때, 그 친구에겐 장례에 관한 권리가 하나도 없는 거예요. 저랑 법적으로 혼인한 관계도 아니거니와. 그래서 유언장에 이런 이야기를 쓰게 되더라고요.

〈탈가부장:례식〉 전시 후속으로 더 해보고 싶은 사업이 있나?
전시 때 장례업계에서 일하는 분들이 명함을 많이 놓고 가셨어요. 그렇게 연결되고자 하는 사람들이 있구나, 하는 생각이 들어서 좋았고. 장례지도사가 성소수자, 퀴어한 관계에 대한 이해와 배경지식을 갖춘다면 퀴어 친화적인 장례식이 가능하지 않을까 하는 생각이 들었어요. 그런 사람들이 구체적인 정보를 얻을 수 있게 '실무자를 위한 평등한 장례' 매뉴얼이나 워크북 같은 것을 만들어 장례학과나 상조회사에 배포할 수 있으면 좋겠다는 이야기를 나눴어요.

좋은 아이디어 같다. 매뉴얼에는 어떤 내용이 들어가나?

큼직한 걸 이야기하기보다는, 장례와 애도에 조금 더 평등한 모습으로 참여할 수 있는 구체적인 실천들을 생각하고 있어요. 사소하지만 많은 것을 바꿔놓을 팁이 뭐가 있을까, 고민해요. 예를 들면, 언니네트워크에서 내는 잡지(《퀴어 페미니스트》)가 있어요. 가족구성권을 다룬 호가 있는데, 그 안에 〈병원에서 장례까지 살아남아라, 김 인생 씨〉라는 글이 있어요.[8] 거기에 보면, "그 사람이 여자처럼 보인다고 그 사람의 상복을 무조건 한복 치마로 준비하지 마라. 치마를 입을 건지 정장 바지를 입을 건지 물어봐라." "운구할 사람을 구할 때, '운구할 남자'가 아니라 '운구할 사람'이라 불러라." 이런 내용이 있어요. 실무자인 장례지도사에게 다양한 정체성에 대한 이해가 있다면, 그만큼 존중하고 존중받는 장례를 치를 수 있지 않을까 기대해봅니다.

본인의 장례는 어떠하길 바라나?

저는 세부적인 걸 떠올린 적은 없지만, 확실히 바라는 건, 우선 제가 뀨뀨라는 이름으로 활동한 지 꽤 되었잖아요. 본명이 아닌 활동명 뀨뀨만 아는 친구들도 많고. 그래서 장례가 진행된다면 위패에 제 활동명을 같이 적어줬으면 하는 마음이 있어요. 그다음에는 제 파트너가 원하는 방식으로 제 장례를 치를 수 있으면 좋겠다는 생각이 늘 있고요.

평범한 남아

교육원 수업 때 있던 일이 기억났다. 강사는 염습 과정에서 발생할 수 있는 감염에 대해 설명하고 있었다. 살아생전 숱한 감염체의 숙주였던 인간은 관에 누워서도 여전히 그러하다. 그래서 고인이 평소에 앓고 있던 질병을 아는 일이 필요하다고 했다. 강사는 특히 전염성이 강한 질환 몇 가지를 언급했다.

"B형간염과 결핵 그리고 에이즈."

명칭을 차례대로 말했을 뿐인데, 수강생들이 쿡 웃음을 터트렸다. '에이즈(HIV, 후천성면역결핍증)'라는 단어에서였다. 저게 우스운 단어인가. 순간적으로 강사의 표정을 살폈다. 그는 겪어본 일이라는 듯이 동요 없이 말을 이었다.

"현장에선 결핵 환자를 만나게 될 확률이 더 큽니다."

전염 가능성을 지닌 시신을 안치실에서 만나게 될 먼 미래의(어쩌면 오지 않을) 풍경이 그려졌다. 일단 장례지도사에게 보호 장구가 제대로 지급될지도 걱정이다만, HIV 감염인인 고인이 받을 조롱과 비난을 생각하면 아뜩했다. 환기 시설도 마땅치 않을 서너 평 염습실에서 HIV 바이러스는 피할 수 있어도 세상사 편견은 마주하게 되어 있다. 형광등 불빛이 환한 장례식장 빈소에선 그가 성 정체성을 숨긴 채 '평범한 남아'로 영정 사진 안에서 웃고 있을 테지. 그날의 웃음소리가 기억에 무겁게 남았다. 그렇지만 뀨뀨에게서 '평등한 장례를 위한 매뉴얼'에 대한 아이디어를 듣자, 조금은 마음이 놓였다. 뭐라도 할 수 있겠구나. 적어도 그 매뉴얼을 읽고 한 번쯤은 다르게 생각하는 장례인이 생길 수 있을 것 같았다.

'채비'에서 들은 이야기가 있다. 딸 다섯이 아버지의 장례를 치르던 날. 딸들이 누가 상주를 할지 머리를 맞대고 고민하는 사이, 맏사위가 등장해 상주는 남자가 하는 거라고 말을 얹었다고 했다. 맏사위가 동의를 구하는 눈빛으로 채비의 추모식 담당자를 돌아 보았으나, 그는 "그건 가족마다 다르죠"라고 응답했다고. 그 말을 응원 삼아 다섯 딸은 모두 상주 노릇을 했다. 장례인이 다르게 생 각하면 장례는 변한다.

미러볼을 밝혀줘

뀨뀨는 매해 유언장을 쓴다고 했던가. 나 또한 유언장 작성 수 업[9]을 들은 적 있다. 유언장 수업에서 내가 배운 것은, 유언이 유 산 상속자를 지명하는 것 외에는 거의 기능을 하지 않는다는 사실 이었다. 유산 상속은 유언장 형식을 철저하게 지켜 작성하고* 공 증을 받는 등의 보호 장치를 해두면 실현이 가능한데, 그 외의 내 용은 고인이 작성한 그대로 이행할 의무가 발생하지 않는다. 다른 이의 표현을 빌리자면 "참고 사항"[10]에 불과하다. 유언 집행자의 선의에 기대야 할 뿐이다. 사전 장례 의향서**도 마찬가지이다. 강 제력이 없다. '가족 중심'으로 구성된 법적 제도는, 상속을 비롯한 사후 권리를 자연스레 법적 가족에게 이행시킨다.

허탈하지만 그 사실을 알고도 그날 수업에 모인 사람들이 유언

* 자필 유언장이 효력을 가지려면 1. 유언의 내용을 자필로 써야 한다. 2. 유 언자의 이름과 유언장을 작성한 날짜(연월일)와 주소를 써야 한다. 3. 날인(서 명이 아닌 지장이나 도장)을 찍어야 한다.

** 고인의 장례 절차와 방식, 장지 선택 등에 대한 의사를 명확히 기록해 고 인의 뜻에 맞게 장례를 준비할 수 있도록 돕는 문서.

장을 적길 멈추지 않은 건 내가 누구인지, 누구와 어떤 관계를 맺으며 살아왔는지를 말하기 위해서였다. ꓜꓜ는 이렇게 말했다. "저는 걱정되는 사람이 있어서 유언장을 쓰나봐요." 나 역시 유언장을 쓰고자 하는 이유가 있다. 나의 얼마 되지 않는(정말 티끌 같은), 저서의 저작권료(인세)를 내 절친에게 상속할 방법을 알고 싶었다. 가족을 미워해서 재산을 '타인'에게 넘기겠다는 게 아니다. 책을 통해 그와 내가 맺어온 관계를 눈에 보이는 형태로 남겨놓고 싶었다. 그것이 나에게는 저작권 상속으로 드러날 뿐이다.

그리고 또 하나, 유언장을 쓰는 건 믿음 때문이다. 법적 효력과 무관하게, 내 유언장을 읽고 그에 따라줄 이가 있다는 믿음, 아니 바람이 있다. 〈나의 장례식엔 미러볼을 밝혀줘〉 이야기를 해야겠다. 2022년 트랜스젠더 추모의 날(11월 20일)의 파티 제목이다. 화려한 오프닝과 찬란한 공연이 있었다고 뒤늦게 들었다.

"트랜스젠더 추모의 날을 슬픈 날로만 남겨두지 않고 떠난 이들에 대한 애도와 함께 남아 있는 우리의 용기와 희망을 얻을 수 있는 날로 만들기 위해 노력해왔습니다. 참여하신 모든 분이 각자의 마지막을 상상하며 충분히 애도하고 동시에 용기와 희망을 얻을 수 있기를 바랍니다."(활동가 이음)

시간이 꽤 지난 후에야, 나는 그날의 행사를 영상[11]으로 볼 수 있었다. 미러볼 아래에서 들려오는 목소리들 가운데 캔디의 발언에 이끌렸다. 캔디는 한국성적소수자문화인권센터 활동가이다. 그를 잘 모르지만, 캔디가 딴딴한 사람이라는 건 알 수 있었다. 돌봄, 죽음, 슬픔, 애도… 모든 것이 두려워 뒷걸음치는 나와 다르게 그는 마주하는 사람이었다. 관계로 자신을 구축한 사람의 의연함이 있었다.

"(파트너의 장례식은) 모든 것이 너무나 뻔하고 평범한 장례식 그 이상도 이하도 아니었습니다. 저는 상복을 입고 사람들을 맞이했고, 머리엔 하얀 핀을 꽂았고, 입관식에 들어가고, 영정 사진을 들고, 나중에는 유골함을 들었습니다. 그의 장례식장엔 어떤 무지개도 없었고, 그가 십수 년을 써온 닉네임도 없었고 … 그럼에도 그의 장례식은 참으로 '퀴어'했습니다."

평범한 장례식을 '퀴어하게' 만들어준 것은 조문을 온 캔디의 친구와 동료들이었다.

"장례식장에 가득한 퀴어들로 그 공간은 무엇보다 퀴어한 공간으로 순식간에 변모했습니다."

캔디의 말은 우리를 구성하는 것이 무엇인지 일깨웠다. 그날의 장례에 캔디를 '캔디'로 머물 수 있도록 해준 친구와 동료들이 있었다. 어떤 관계들은 사회에서 이름을 얻지 못한다. 가족, 혈연, 이성애, 정상성, 자격이라는 틀을 벗어난 관계들은 언어가 되지 못한다. 내가 맺는 관계가 설명되지 않으니 나답게 살기도 어렵다. 상주가 되기도 어렵고, 애도를 하기도 어렵다. 그러나 분명하게도 지금의 '나'는 내가 맺어온 관계의 총체이다. 수많은 인연과 관계가 나를 스쳐가는 동시에 머문다. 나를 나 자신으로 만드는 건 지금껏 나를 나로 살게 한 모든 것이다. 동료일 수도, 기억일 수도. 어떤 형태로건, 애도는 관계 속에서 완성된다.

인터뷰를 하며 사람들에게 죽고 나서 어떤 장례가 치러졌으면 싶은지를 물었다. 이 질문은, 우리가 맺어온 관계와 공동체를 떠올리게 했다. 내가 나로서 죽을 수 있도록 지켜줄 이들이 내 옆에 있는가. 그 믿음 없이는 상상할 수 없는 미래이다.

퀴어와 장례인

성소수자라니. 이 글을 쓰며 내가 만난 장례인 '선생님'들이 떠올랐다. 골을 내시려나. 아니면 나와 인터뷰를 한 일을 후회하시려나. 그렇다면 앞서 한 많은 이야기를 지우고, 이 문장으로 돌아가도 좋겠다. "장례식이란 결국 한 사람의 삶, 특히 정상가족의 삶을 평가하는 최종 시험장이 아닐까?" 인생이 시험장이라니. 과연 누가, 누구를 위해 만든 시험장인가. 왜 인생에서 탈락자가 생겨야 하나.

사는 건 그런 게 아니지 않나요? 묻고 싶다. 내가 올라타 있는 건 시소가 아닌 그네라 믿으니까.

"사는 건 시소의 문제가 아니라 그네의 문제 같은 거니까. 각자 발을 굴러서 그냥 최대로 공중을 느끼다가 시간이 지나면 서서히 내려오는 거야. 서로가 서로의 옆에서 그저 각자의 그네를 밀어내는 거야."[12]

구분과 구별이, 배제와 위계가 우리의 삶을 휩쓸지라도 우리는 그네를 타고 있다. 각자가 저마다의 그네를 밀어내기 위해 힘껏 발돋움한다. 그리고 서서히 내려오는 길에 인사를 한다.

"고생했어."

장례인들이 시신의 몸을 닦으며, 수의를 만들어 입히며, 잉걸불 잔재 속에서 백골을 거두며 떠나는 이에게 건네는 말이다. "사느라 고생했습니다." 내 '고객'이라 예쁜 것이 아닐 테다. 안치실에서 만나는 그 짧은 순간 관계가 맺어진다. 사람으로 사는 고생을 아는 사이다. 그러니 연민한다. 돌봄과 유대는 어디서든 이뤄지고 있다. 불온하고도 다양하게.

내가 원하는 장례방법과 절차를 미리 작성하는 것은 검소하고 품위있는 장례를 치르기 위한 첫 발자욱입니다.
이별준비노트를 통해 나의 장례방법을 가족 및 친지와 미리 상의하고 준비한다면, 남겨진 이들에게 큰 도움이 됩니다.

◉ 장사시설 이용 절차는 일반적으로 다음 A~D 중 한가지 방법으로 진행됩니다.

A	장례식장	→	화장시설	→	자연장지
B	장례식장	→	화장시설	→	산골
C	장례식장	→	화장시설	→	봉안(납골)
D	장례식장	→			묘지

장례방법

1. 화장을 원하십니까? 매장(묘지)을 원하십니까?

① 화장　　② 매장 (묘지)

2. 화장을 하신다면, 화장 후 어디에 안치되기를 원하십니까?

① 자연장지　　② 봉안(납골)당　　③ 기타 (　　　　　　　　　　　　　　)

3. 자연장을 선택하셨다면, 원하는 자연장 형태는 어느 것입니까?

① 잔디형　　　　② 화초형　　　　③ 수목형(조성지)　　　④ 수목장림(임야)

장례식

1. 장례 기간

① 3일장　　② 5일장　　③ 기타 (　　　　　　　　　　　　)

2. 장례 형식

① 전통(유교)식　　② 불교식　　③ 기독교식　　④ 천주교식　　⑤ 기타 (　　　)

3. 부고의 범위

① 직계 가족　　　　② 가까운 지인　　　　③ 최대한 많은 조문객　　　③ 기타 (　　　　)

4. 제단 장식 · 장례 용품

① 관례에 따라　　　　② 간소하게　　　　③ 호화롭게

5. 부의금 · 화환

① 관례에 따라　　　　② 가급적 제한　　　③ 전혀 받지 않음

6. 수의

① 평소 즐겨 입던 옷　　② 전통 수의　　　③ 한복　　　③ 기타(　　　　)

남기고 싶은 말

◉ 가족에게

사 진

◉ 문상객에게 (고인소개문 / 고인추모영상 등에 담을 내용을 적어도 됨)

솔직한 마음을 담아 작성하였으니, 위와 같이 나의 마지막을 준비해 주시기 바랍니다.

년　　　월　　　일

작성자 :　　　　　　(인/서명)

＊ 한국장례문화진흥원(www.kfcpi.or.kr)에서 위와 같은 양식의 사전 장례 의향서를 다운받을 수 있다.

죽어가는 이의 이웃

: 반려동물 장례지도사 이상익, 무지개정류장 운영자 지안

책《나는 장례식장 직원입니다》를 보면 이런 일화가 나온다. 장례식장 인근에서 차에 치여 죽은 고양이를 본 동료 직원이 안타까운 마음에 어떻게 할지 고민하자 책의 저자인 다스슝은 이렇게 조언한다.

"죽어서 잘됐다 싶으면 그냥 쓰레기통에 갖다 버리고, 안 됐다 싶으면 묻어주고, 돈 좀 있으면 화장해주고. 돈이 엄청 많으면 근처 반려동물 장의사랑 얘기해봐!"

여유가 있으면 화장을 해줄 수 있지만, 경제적 여유가 없다면 쓰레기통 행이다. 고양이의 죽음 앞에, 그는 통장 잔고와 생명에 대한 책임감 사이에서 선택해야 할 것이다. 적정선은 어디인가. 적정함의 크기를 따질 때는 '동물'이라는 두 글자가 고려된다. '사람'이라면 생활폐기물* 봉투에 넣는 일이 굉장히 곤혹스럽게 느껴질 테니. 그렇게 했다가는 경찰 조사에 불려가는 건 차치하고 귀신 악몽에 시달릴지도 모른다. 그렇지만 '동물'이니까.

---

*   현행법상 동물 사체는 생활폐기물에 해당한다. 종량제 봉투에 담아 일반 쓰레기와 함께 버리는 것이 법적으로 가능하다.

작은 조문

어린이 시절엔 한집에서 같이 자란 동물의 죽음으로 생과 사를 배운다. 나 또한 그랬다. 죽음도 처음이지만, 사후 처리도 처음이었다. 기억을 더듬어보면 마당이나 동네 뒷산에 병아리나 개구리를 묻어주고 그 위로 나뭇가지를 엮어 십자가 모양도 만들어줬던 것 같다. 어디서 본 풍경인지 몰라도, 동네 아이들은 서로 돌아가며 반려동물 장례를 치러줬다. 집마다 키우던 열대어, 햄스터, 병아리…. '애완동물' 문화가 퍼지던 때라 가정마다 자녀를 위해 키우는 작은 동물이 하나쯤 있었다. 하지만 학교 앞 노점이나 수족관에서 사 온 동물들은 금세 수명이 다했다. 제대로 못 돌본 것이다. 우리는 물론 부모 세대도 낯선 생명을 키우는 데 소질이 없었다. 그들이야말로 어릴 적에 집 지키는 용도로나 개를 키웠을까. 작은 동물들은 자주 세상을 떠났고, 그때마다 우리는 장례를 치른다며 무덤을 만들었다. 아마도 그게 내 인생의 첫 장례식이자 조문이겠다.

오랫동안 떠올리지 않은 기억이다. 나는 늘 죽음에 무지했다고 생각했는데, 아주 어릴 적에 이미 품앗이하듯 서로를 찾아가 추모를 했다니. 그때 동물 사체는 생활폐기물 봉투에 넣어 버려야 한다며 합법적 방식으로 사후 처리를 했다면, 우리는 죽음을 어떻게 받아들였을까.

그런데 생각보다 우리는 죽음의 서열을 잘 알고 있었다. 서로의 장례를 거들었지만, 오래 키운 강아지가 죽은 집에는 몰려가지 않았다. 동물 장례를 치르는 행위에 '놀이'적 성격이 없었다고 할 수 없다. 그러니 오래 교감하고 함께 자라다시피 한 (그리고 크기도 큰) 동물이 죽었을 때, 거기에 우리의 놀이가 들어가서는 안 된다고 생각한 게 아니었을까. 아니면 너무 큰 슬픔이 있어 그 안을 파고들 엄두를 못 냈을지도. 무서웠을지도 모른다. 큰 동물의 주검은 죽음이 무엇인지 훨씬 더 직접적으로 말해주니까.

더 큰 슬픔과 두려움을 주는 죽음이 있다는 사실을 그렇게 배웠다. 어떤 죽음은 한결 더 엄숙한 의례를 필요로 한다는 것도 깨치듯 알아갔다. 그건 죽음의 경중을 아는 일이지만, 한편으로는 죽음의 위계를 체화하는 일이기도 했다. 동물의 죽음과 사람의 죽음이 다르고, 더 오래 정든 동물과 그렇지 않은 동물, 집 안에서 키우던 동물과 밖에서 사는 동물 사이의 죽음이 다르다는 것을 알아야 했다.

우리는 키우던 병아리를 쓰레기봉투에 넣자는 말에 울고불고했지만, 담장 밖에서 얼마나 많은 생명이 죽어가는지를 깨치며 자라기엔 너무 바빴다. 동물은 동물이니까. 우리가 슬퍼한다고 해도 '동물은 동물'이라는 장벽은 넘을 수 없는 거였다.

그리고 세월이 흘러, 나는 진짜 사람 무덤을 파게 되었다. 사람 일은 모르는 거라, 그렇게 됐다. 나뭇가지로 십자가를 만드는 어린이가 아니라 커다란 무덤을 만드는 장례인들을 만났다. 파묘를 마치고 땡볕을 피해 읍내 카페에 들어온 날, 누군가 이렇게 말했다. 요즘은 동물이 더 대접을 받는 세상이야. 더는 산소를 돌볼 여력이 없다며 증조부 무덤에서 유골을 꺼내 봉안당으로 옮겨달라는 요청을 받은 터였다. 부모 묘는 들어내면서, 키우던 강아지가 죽었다고 최고급으로 장례를 해달라고 하는 요즘 젊은 사람들을 이해할 수 없다고 했다. 무리에서 젊은 축에 속하던 나는 괜히 '젊은 사람들' 대표가 되어 질문 세례를 받을까 싶어 말을 아낀 채 시

312

선을 먼 곳에 두었다.

그들의 말대로, 반려동물 장사 문화는 빠르게 확산하고 있었다. 반려인 세 명 중 한 명은 장례업체를 찾아 장사를 지낸다고 했다. 2010년대 초만 해도 반려동물 장례업체는 국내에 열다섯 곳도 되지 않았다(합법적으로 등록된 업체에 한정한 수다). 이 또한 화장터에 가까운 시설이었다. 불과 10년 만에 반려동물 장례업체는 주목받는 블루오션이 되었다. 8조 원 규모의 반려동물 시장에서 장례 산업이 얼마만큼의 지분을 차지하게 될지 전망하는 기사를 심심치 않게 볼 수 있다. 국내 굴지의 상조회사들도 반려동물 장례 시장에 진입할 준비를 갖췄다. 그렇지만 여전히 누군가에겐 동물 장례는 이해 못 할 일. 그리고 보면 (사람) 장례지도사와 반려동물 장례지도사는 직업의 명칭만 같지, 전혀 다른 직업군이라 봐도 무방하다. 서로가 상대를 이해하지 못한다.

이윽고 일행이 카페를 나설 때, 강아지와 함께 산다는 이가 내게 다가와 눈을 찡긋했다.

"강아지 안 키우는 사람은 이해를 못 해요."

그의 눈에 나는 강아지를 키우는 사람으로 보였나보다. 그러게. 나는 어떤 이의 죽음보다 함께 지낸 노견들의 죽음을 기억한다. 그들을 품에 안은 채 임종을 지켰다. 유골이 되어 돌아온 이들은 여전히 동생 집에 있다. 그렇지만 나를 향한 그의 찡긋에 찡긋으로 답하지 못했다. 솔직히 말해, 내게도 동물 장례는 영 어색하다. 개에게 수의를 입혀 관에 안치한다. 사람처럼 옷을 입고, 사람처럼 집에서 살다가, 사람처럼 장례를 치른다. 끝내 사람처럼 가도 괜찮은 걸까. 어떤 장례를 원하니? 물어볼 수도 없어 의문만 품었다. 대신 답해줄 수 없다는 걸 알지만, 동물과 사람의 이별을 돕는 일을 하는 사람을 만나면 나의 물음에 작은 단서라도 얻을 수 있지 않을까 싶었다. 반려동물 장례지도사 이상익을 만났다.

떠나보내는 데 후회가 없으려면:
반려동물 장례지도사 이상익 인터뷰

4년 차 반려동물 장례지도사. 그는 반려견을 키우고 있는 30대 남성으로, 단정하고 선한 인상이 반려동물 장례지도사라는 직업이 지닌 이미지와 잘 어울렸다. 물론 이 직업이 무엇인지 모르는 사람들도 적지 않다만 말이다.

직업이 뭐냐는 물음에 장례지도사라고 답하면 당황하시는 분도 있어요. 그런 직업이 있는지도 모르시는 거 같아요. 무슨 일 하는 직업이냐고 다시 물으면, 동물 장례를 치르는 사람이라고 말하는데 그러면 당장 그만두라고들 해요. 그렇지만 그런 분들이 고객이 되면 장례 마치고선 고생했다고, 하길 잘했다고, 와서 생각이 바뀐 것 같다는 말을 많이 해주세요. 그러면 내가 편견을 바꿀 수 있겠구나 하는 생각이 들고. 그래서 이 일을 계속하는 것 같아요.

일은 어떻게 시작한 건가?
제 동생이 호세라는 강아지를 데리고 왔어요. 처음엔 크게 관심을 가지지 않았는데, 어느 순간 이 친구가 가족 안에 녹아든 거죠. 그러면서 가족 구성원들의 삶의 중심이 바뀌었어요. 이 친구랑 함께 외출할 수 있는 곳에 가야 하고. 어딜 가도 호세가 얼마나 집에 오래 있어야 하는지를 계산하고. 제 동생이 동물병원에서 일하거든요. 호세가 살아 있을 땐 동생이 케어해줄 수 있는데, 삶이 끝난 후에는 어떻게 해야 하나 고민이 들더라고요. 만약에 이 아이가 떠나면 난 어떻게 해야 하는 거지? 그때 동생이 이런 직업이 있다고 알려줘서, 장례업체에 참관도 가고 저 나름대로 알아봤어요. 동물의 장례가 사람 장례보다 더 경건할 수 있겠구나 하는 생각이 들더라고요. 사실 저는 사람 장례를 경험해봤거든요.

경험해봤다는 게?

아버지가 돌아가셔서 장례를 치렀는데, 너무 기계적이었어요. 되게 딱딱했어요. 형식적이고, 서류를 보여주면서 '이거 하시라. 이거 하는 게 더 나을 것 같다'의 반복.

반려동물 장례는 달랐나?

생명 하나하나를 더 존중하고 신경 쓰는 게 보였어요. 전담 장례지도사가 일대일로 마크를 하고, 한 아이의 장례가 끝나야 다른 아이의 장례를 시작하고. 이렇게까지 하는구나. 중년 남성분들은 장례식장에 오시면 꼭 한마디씩 하시거든요. 뭘 이렇게까지 하냐. 돈 들이지 마라. 동물은 동물이다. 동물답게 대해라. 동물답게 대하는 게 어떤 건지 모르겠지만. 그분들이 살아오신 환경에선 지금의 문화를 이해

못 하실 수 있다고 생각을 해요. 그런데 화장 마치고 유골함에 봉안하고 하면, 그분들이 오히려 오길 잘했다는 말을 많이 하세요. 생각이 바뀐 거 같다고. 가장 많이 들은 말은 '사람(장례)보다 낫다'는 소리예요.

동물 장례의 경우에는, 제가 일했던 데가 유독 그랬는지 몰라도, 추모 시간에 제약이 없어요. 사람 장례처럼 열 시에 발인해야 합니다, 삼십 분 뒤에 이동해야 합니다, 그런 게 없어요. 반려인이 충분하다고 생각할 때까지 기다리죠. 수의도 관도 다 선택사항이에요. 원하지 않으면 하지 않아도 돼요. '당신이 원하는 건 다 우리가 들어줄 수 있다. 뜻대로 하라.' 이런 마인드로 접근하죠.

동물을 떠나보낼 때 더 주의하는 게 있는지?

염습을 할 때 최소한으로만 해요. 왜냐면 동물들은 사람보다 뼈나 피부도 약하기 때문에 거칠게 다루면 뼈가 부러질 수도 있고. 상처가 남을 수도 있으니까요. 2차 부상이 생기지 않게 최소한으로만 닦거든요. 한 아이 한 아이 할 때마다 땀이 나요. 조심스럽게 하느라. 그리고 분골할 때도 분쇄 기계를 돌리는 게 아니라, 손으로 빻아서 직접 분골을 해요. 유골 손실을 최대한 막기 위해서. 동물들은 사람보다 훨씬 작으니까 유골 가루가 많지 않은데다가, 분쇄기로 돌리면 입자가 너무 고와서 유골함에 넣을 때 가루가 날아가거든요. 가족들이 그걸 보면 마음이 안 좋을 테니까.

사별자들은 어떻게 대하나?

반려동물 장례지도사 대부분이 반려인이다 보니까 공감대가 큰 것 같아요. 저도 이 일을 직업 삼고 시간이 지나면서, 내가 호세랑 이별할 때 존중을 받으려면 나도 이 사람들을 존중해야 한다는 생각이 커지는 것 같아요. 우리 아이가 미니핀(미니어처 핀셔)인데, 같은 종 아이들이 오면 마음이 좀 그래요. 며칠 전에도 너무 똑같은 애가 와서. 신기할 정도로 똑같아서. 그럴 때는 저도 감정적으로 이입이 좀 되는 거 같아요. 그렇지만 직업적으로는 참을 줄도 알아야 하니까요.

호세의 장례도 생각하고 있나?

반려동물 장례지도사로 일한 지 1년 정도 되었을 때는 내가 이 아이 장례를 다 치러줄 거야. 내가 염습도 해주고, 화장로에 안치도 하고, 유골 수습도 하고, 분골도 할 거야. 이런 생각이었거든요. 요즘은 못 할 거 같아요. 오히려 내 아이의 장례에 집중하기 위해서도 나랑 똑같은 생각을 가진 지도사들을 양성해서 믿고 맡길 수 있는 사람을 만들어야겠다. 그 사람한테 내 아이의 장례를 맡겨야겠다. 그렇게 생각이 바뀐 거 같아요.

앞서 사별을 경험한 반려인들을 보면 어떤 생각이 드나?

4년 동안 1500건 정도의 장례를 치렀는데. 그중 정말 극소수만, 많이 잡아도 열 명이 안 되는 분만 '떠나보내는 데 후회가 없다'고 말해요. 그렇게 아이를 보내주는 게 부럽더라고요. 어떻게 해야 나도 후회가 없을까. 지금 호세한테 최선을 다하자. 그래야 후회가 안 될 거 같다. 집에 들어가 인사하는 것부터 산책하고 놀아주는 것까지. 하루하루 최선을 다해 사는 것 같아요. 호세 덕분에 이 아이와의 시간뿐 아니라, 다른 영역에서도 하루하루가 후회되지 않게 만들어야겠다고 생각하게 됐고요. 최선을 다하는 영역이 점점 확장되는 거 같아요.

죽음을 준비해야 한다고 생각하는 거 같다.

내가 살아 있는 동안 만남과 이별이 공존하는 것 같아요. 내가 이 아이를 떠나보내는 일이 예정되어 있으니 준비가 필요하지 않을까 싶어요.

반려동물 장례지도사로서 하고자 하는 역할이 있나?

반려인들이 걱정하는 것이, 집에서 아이가 떠났다면 어떻게 해야 하는지, 어느 정도 인사할 수 있는 시간이 있는 건지, 언제 병원에 가야 하는 건지, 진짜 세상을 떠났는지를 어떻게 확인하는지… 이런 것들이에요. 저는 그런 정보들을 좀 많이 알려주고 싶더라고요. 반려인이 준비해야 할 게 무엇인지. 하지 말아야 할 건 무엇인지. 예를 들어 병원에서 아이가 세상을 떠나면 기초 수습을 하는데, 눈을 접착제로 붙이는 곳이 있어요. 눈을 감고 있으라고. 모르고 병원에서 해주는 대로 왔다가, 아이 눈에 접착제가 붙어 있다는 걸 나중에 알고 크게 슬퍼하는 분들이 계세요. 또 아이랑 마지막 인사를 더 나누고 싶다고 해도, 배가 파래지면 이미

몸이 불편해진 거거든요. 이때는 체온을 낮춰줘야 해요. 아이스팩으로 주변 온도를 낮춘다거나 해서 부패를 지연시켜야 하는데. 이런 게 저한테는 기본일 수 있지만, 반려인들은 막막해하시더라고요. 반려 인구는 계속 증가하고 있는데, 이별의 순간이 준비되지 않아서 후회하는 분들이 너무 많다 보니 이런 정보들을 전하는 일을 하려고 해요. 내가 그런 후회를 덜어줄 수 있으면 좋겠다고 생각합니다.

눈을 접착제로 붙인다니. 처음 듣는 이야기다. 그 발상에 적잖이 놀란다. '동물을 동물답게' 취급하는 일은 어디까지 허용되는 걸까? 한 해 유기되는 동물은 11만 명*가량. 한 해 로드킬당하는 이는 2만에서 3만. 그래도 되는 생과 죽음들이 '동물답게'라는 수식에 들어간다.

"로드킬당한 아이들을 보면 제 차에 종이관이 있으니까. 관에 안치해서 화장해주는 경우가 있어요. 그냥 제가 해주는 거죠."

이상익의 말을 듣고, 차 트렁크에 종이관 하나쯤은 넣어 다녀도 좋겠다고 생각한다. 업계 종사자인 이상익은 동물 사체를 땅에 묻는 건 법 위반이라고 정색하지만(지하수 오염, 전염병 발생 등의 위험이 있다) 나는 여전히 동물이건 사람이건 땅에 묻어주는 걸 최고의 예우라 생각하는 정서에 갇혀 있다. 우리가 아는 장례는 모두 '인간'의 모습을 하고 있다. 산새 하나를 묻을 때도 봉긋한 봉분을

---

*   인간과 비인간동물의 생의 크기를 비교하지 말자는 측면에서, 이 글에서는 동물을 '마리'가 아닌 '명(命)'으로 세고자 한다.

세운다. 우리가 인간이니까 존중을 표하는 방식과 의례도 인간의 모습을 띤다. 그렇게 인간의 것을 닮은 동물 장례를 이해하게 된다. 하지만 여전히 의문이다. 우리가 비인간동물에게 보내는 애도는 조금 더 '그들다울' 필요가 있지 않을까.

"SNS에서 그런 장면을 많이 보는 거 같아요. 저런 걸 찍을 시간에 아이한테 무얼 좀 해주지. 저런 모습을 굳이 공유하고, 생명의 시간이 아까운데 왜 남한테 보여주기 바쁜지. 저는 이해하기 어려울 때가 있어요."

이상익이 이야기하는 그런 장면이란 죽음에 관한 것이다. 로드킬을 당한 아이들을 발견하면 사진을 찍어 인터넷에 올린다. 자신이 키우던 반려동물의 마지막 모습을 SNS에 공유하는 이도 있다. 그런 유통이 가능한 세상이다. 이상익은 죽음이라는 순간이 여과 없이 노출되는 것을 경계한다. 조심스럽고 유순하던 말투가 이때만은 단호하다. 장례 3일만큼은 제대로 슬퍼했으면 좋겠다던 장례지도사의 말이 떠오른다. 이 순간만큼은 조금 더, 떠나가는 이를 위해 온전히 슬픔을 쓰길 바란다. 인간과 (비인간)동물을 가리지 않는 장례인들의 마음인가보다. 죽음을 가까이에서 접한 이들의 마음이기도 하겠다. 죽음을 구경하지 않고, 구경의 대상으로 삼지 않는다. 어릴 적 나와 친구들이 장례 놀이를 멈춰야 하는 순간을 알게 된 일과 비슷하다.

그때 우리가 배우지 못한 것은, 애도에는 위계가 없다는 사실이었다. 어릴 적 미처 다 배우지 못한 것을 장례라는 노동을 취재하며 배워간다. 카메라에 쉽게 담을 수 있는 죽음은 없다. 죽음에는 오롯한 애도가 필요하다. 어떤 죽음이건, 어떤 생이건.

코끼리의 장례식

코끼리를 비롯한 여러 동물이 장례와 엇비슷한 과정을 수행한다는 사실이 동물학자들에 의해 알려졌다. 의례와 애도는 사람의 전유물이 아니었다. 코끼리들의 애도 행위는 인간의 장례와 닮기까지 했다. 코끼리들은 죽은 코끼리의 곁을 떠나지 않으려 한다. 어떤 코끼리는 주기적으로 죽은 친구를 찾아가 몸에 흙을 뿌린다. "다음 날 아침이 되자 죽은 친구의 몸에 최소한 5밀리미터 이상 두께의 흙이 덮였다."[1] 한 동물학자의 기록이다. 코끼리를 비롯해 몇몇 동물들은 사체 곁을 떠나지 않는다. 어쩔 수 없음을 받아들일 때까지. 무리 중 가장 슬퍼하는 동물이 떠나고 나서야 하이에나가 찾아온다. 《코끼리도 장례식에 간다》를 집필한 케이틀린 오코넬은 이렇게 물었다.

"애도하는 행동에는 육체적이고도 심리적인 커다란 대가가 따른다. 죽은 동물 옆에서 홀로 남아 애도하면서 포식자에게 잡아먹히기 쉬워지고, 스트레스를 많이 받아 건강이 나빠지기 때문이다. 그렇다면 왜 동물들은 죽은 동물을 애도하도록 진화했을까?"

개별 동물에게 죽음의 애도는 생존에 이로운 결과값을 도출하는 행위가 아니다. 그런데도 사체 앞에 머물고, 떠나지 못하고, 코를 비비고, 머리를 흔드는 이들이 있다. 인간이라는 동물도 마찬가지다.

우리가 살아 있는 존재이기 때문에, 우리가 죽는 존재이기 때문에 타자의 죽음이 의미로 다가온다. 모리스 블랑쇼는 반드시 죽는 존재라는 인류의 운명을 짚었다. "죽음이라는 공통의 운명을 가진 필멸(必滅)의 존재들이 갖는 관계 속에서 공동체는 규정되어

간다."² 우리는 죽는다. 언젠가, 반드시. 그리고 지금 내 눈앞에 그 운명을 겪는 자가 있다. "'내'가 '죽어가는 타인'의 손을 붙잡고 그와 함께 이어나가는 무언(無言)의 대화"³가 공동체를 규정한다고 했다. 가만 그 손을 떠올린다. 그런데 붙잡는 타인의 손에 '모든 죽는 존재'가 들어갈까. 저 '필멸의 존재'에 모든 인간이, 그리고 모든 동물이 속해 있을까.

인간은 알지 못하는 이의 죽음에 슬픔을 느낀다. 얼굴을 마주한 적도 없으나 아픔을 느낀다. 그리고 고개를 돌려, 알지 못하는 이를 죽이거나 죽이는 데 동의한다. 전쟁, 학살, 난민 추방, 사형 제도 등. 공동체 밖으로 그를 보내며, 그의 죽음과 공동의 운명을 갖길 거부한다. 종이 다른 동물의 죽음에 쉽사리 마음 아파하는 것도 인간이지만, 코끼리의 가죽을 산 채로 벗겨내는 것도 인간이다. 코끼리 사냥꾼들은 상아를 얻기 위해 코끼리의 척추 신경을 잘라 움직이지 못하게 만든다. 감시원을 피하기 위해 총을 사용하지 않고 산 채로. 그런 상태로 코끼리의 얼굴 가죽을 벗긴다.

인간은 어디까지 참혹하고 잔인할 수 있는가. 이는 인류가 자문해온 물음이지만, 명쾌한 답을 내리지 못하더라도 인간 사회에서 울타리 밖으로 벗어나는 일이 위험하다는 것은 안다. 공동체라는 울타리 밖으로 밀려나면, 생명을 보장받을 수 없다. 유한한 생이 지닌 나약한 공동의 운명조차 거부당한다.

울타리는 어떻게 만들어지나. 아니, 울타리 바깥은 어떻게 만들어지나. 도시가 형성되고 인간이 아닌 존재들은 인간의 삶에서 급격히 멀어졌다. 모든 것이 밀려났다. 동시에 인간은 필요에 의해 무수한 생을 곁에 둔다. 그 생들은 끊임없이 우리의 시야에 들어온다. 다만 동물원을 비롯한 시설과 마트 진열대에 올려져 있을 뿐이다. 때로 길고양이나 들개라는 이름으로 도시와 마을 주변부를 서성댄다. 몇몇은 인간과 한집에서 산다. 이들은 울타리에 들어온 걸까. 반려동물 인구가 1500만 명을 넘어섰다(짧은 목줄에 묶인 시골집 개들이나 한평생 철제 우리에서 크는 동물들까지 포함된 통계는 아닐 테다). 우리에겐 1500만 개의 울타리가 있는 걸까.

그 울타리를 가르는 경계는 시멘트로 된 성벽일까. 아니면 나뭇가지를 엉켜놓은 것처럼 성길까. 엉성한 것처럼 보여도 가시를 잔뜩 달고 있을까. 이 질문의 답을 구하기 위해 만난 이가 있다. 무지개정류장 프로젝트 운영자, 지안이다.

다시 잘 사랑해보는 일: 무지개정류장 운영자 지안 인터뷰

하는 일을 알려달라.

IT 업계에서 생계 노동을 하고 있는데, 장기적으로 해나가고자 하는 건 글 쓰는 목수가 되는 거예요. 지금은 무지개 정류장이라는, 반려종과 잘 헤어지기 위한 프로젝트를 운영하고 있습니다.

반려종과 잘 헤어지기 위한 프로젝트라?

국비 과정으로 목공을 배웠는데 졸업 작품을 제출해야 했어요. 생활에서 사용할 수 있는 걸 만들고 싶더라고요. 당시 13살 된 고양이 양양이와 정남이와 함께 살고 있었고. 아직 남은 시간이 있지만, 그래도 이들의 관을 만들어야겠다고 생각했어요. 졸업 작품으로 관을 만들기로 하고 거기에 다른 아이디어를 더했어요(아이디어의 내용은 비밀이다). 관을 만들다가 생각했어요. 이들을 보내는 과정을 다른 사람들하고 같이하면 좋겠다.

부모님이 돌아가시고 나서 양양이랑 정남이가 제게 왔는데, 그때 그런 다짐을 했거든요. 너희를 보낼 때는 혼자이지 않을 거라고. 그 생각이 나서, 다른 반려인들과 떠나보내는 작업을 같이하면 좋겠다. 그렇게 무지개정류장 프로젝트를 기획했어요.

떠나보내는 작업이라. 프로그램 내용을 설명해달라.

총 4회로 구성되어 있는데, 3회기까진 타로와 글쓰기를 하고, 마지막 4회기는 목공 시간이에요. 타로를 매개로 이별했거나 이별을 앞둔 동물에 관한 이야기를 서로 나누고 에세이를 쓰는 시간을 가져요. 앞선 세 번의 시간이 마음을 쓰는 작업이라면 마지막 목공은 몸 작업을 통한 애도인 거죠. 반려종을 매개로 만났지만, 글과 말을 통해 생각을 나누면서 반려인 각자가 지닌 두려움의 모양들을 좀 알게 되었던 거 같아요. 이별이란 게 두려운 거잖아요. 그 마음을 서로 응원하게 되고, 상대가 가지는 생각을 통해 내 안에는 어떤 두려움이 있는지를 들여다볼 수 있게 되고. 그러면서 나를 다시 발견하게 돼요. 이 프로젝트는 제가 하고 싶은 걸 같이 할 사람을 구한 것이기도 한데, 애도라는 게 저는 혼자서는 안 될 것 같다. 누군가와 같이하자. 그런 생각을 했거든요.

혼자 애도하기 어려웠던 건 무엇 때문이었을까?

부모님을 1년 간격으로 떠나보냈는데, 그땐 제가 혼자 다 해야 하는 상황이었어요. 홀로 다 책임져야 하고 고립 되니까 슬퍼도 감각을 잘 못 느끼고, 애도라는 걸 아예 시도도 못 하겠더라고요. 감정이 마비된 상태로 있다가 이들(양양, 정남)을 만나고, 이들을 통해 그때 못한 나의 애도가 이어지고 있지 않나 싶었거든요. 아무리 부모라 해도 여러 가지 한계 때문에 다 전하지 못한 마음들이 있잖아요. 마음을 다 하고 싶은 게 있었는데, 주어진 조건으로 인해 그게 부모님하고는 안 되었고. 그런데 고양이들을 만나면서 자연스럽게 다시 가까운 관계를 맺을 수 있는 기회가 닿았고. 부모님들에게 다 전할 수 없던 마음이 이거였구나, 그 마음과 사랑을 고양이들에게 줄 수 있구나 싶었어요. 그러면서 저에게 애도란 다시 한번 잘 사랑해보는 일이 된 거 같아요. 고양이들을 보내야 될 때가 되면, 그건 제 부모님을 한 번 더 보내는 일이 되겠다 싶기도 해요. 그렇게 마음을 먹은 덕분에, 앞으로 올 이별을 구상하고 행동할 수 있는 것 같고요.

한 번 더 보내는 일이라. 그때가 되면 충분히 애도했다고 느낄까.

관계를 맺는 이유는, 잘 헤어지기 위해서라는 말을 들었거든요. 생각해보니 안 헤어지는 관계가 없는 거예요. 그렇다면 같이 있을 때 정말 다 누려야겠구나. 그런데 그걸 다 할 순 없잖아요. 그래서 저는 애도를 거듭하는 거 같아요. 우리에겐 다음 관계가 또 생기니까요. 부모님에게 다 못한 애

도를 우리 두 남매 고양이들에게 이어서 최선을 다하겠지
만 다 할 수 없다면, 분명 또 뒤이어 오는 관계들이 있을 거
란 말이에요. 그래서 저는 이들을 보내는 일을 마냥 슬프게
생각하지 않으려 하거든요. 막상 닥치면 어떠할지 모르지
만. 애도는 살아가면서 계속되는 일 같아요.

앞으로의 계획은 어떻게 되나?

연결을 더 확장해야겠다는 생각을 해요. 반려종의 죽음을
매개로 만났지만, 무지개정류장 모임 참여자들이 서로의
안부를 염려하는 일상적인 관계가 될 수도 있고. 무지개정
류장 모임이 지속되어서, 참여자들이 서로 선후배가 되어
주었으면 좋겠어요. 자기 경험도 알려주고, 먼저 준비해온
사람으로 그 자리에 있어주고. 또 동물단체와 연계해서 로
드킬 장례 서비스를 지원하는 걸 구상하고 있기도 해요.

로드킬 장례라.

거기까지 생각이 미쳤을 때 참 좋았어요. 저한테 연대는 나
의 안팎의 경계가 무너지는 경험이거든요. 무지개정류장에
서도 그런 경험을 하는 거예요. 내 집에서 키우는 반려종에
대한 애정이 거리에 있는 이들에 대한 관심으로 이어지고,
로드킬로 이어지는.

경계가 무너지는 경험이란 무엇일까?

저는 혼자 오래 있었다고 했잖아요. 그러다가 세상으로 나
와 사람들을 만나고, 나의 약점을 드러낼 수 있는 곳을 찾

아갔거든요. 그 과정에서 사람들을 만나면서 놀라웠던 게, 번듯해 보이는 모습이 아니라 나의 약한 부분을 드러냈는데도 제가 계속 수용되고 연결되었다는 거예요. 그러면서 저의 세계가 확장되는 느낌을 받았거든요. 내가 받았던 차별이나 배제가 단지 나만 겪은 일이 아니라, 다른 사람들의 문제와 본질적으로 연결되어 있다는 사실을 알게 되었어요. 그러면서 그 차별이 연결된 곳에 저도 하나둘 발을 넓혔던 거죠. 무기력하고 고립된 시기에는 나를 누가 받아주겠어? 하고 살았는데, 이제는 그냥 살아온 것 자체가 경력이 되네. 막 되게 큰 의미가 있다기보다 '나대로 잘 살았구나' 하면서 저를 다시 발견했던 것 같아요.

애도란 무엇이라고 생각하나?
 애도는 어쩌면 그가 어떻게 살아왔느냐 하는 이야기이고, 그 사람과 내가 어떻게 살았느냐 하는 이야기잖아요. 또 앞으로 우리가 어떻게 살 것인가의 이야기니까. '어떻게 살아가느냐'에 관한 이야기라면, 애도는 결코 완수가 안 될 것 같아요. 계속 가져가야 하는 문제이니까. 완전히 헤어지지 못할 것 같아요. 완전히 헤어지지 못하고 형태를 바꿔서 또다시 만나고 또 관계를 맺고를 반복하겠죠. 그저 내가 살아가기 위해 너무나 거쳐야 하는 시간인 거예요.

시간이 제법 흐른 이야기지만, 나는 노견들을 얼추 비슷한 시기에 떠나보냈다. 소위 펫로스 증후군을 겪지 않을 수 있던 것은 어느 날, 그 셋이 꿈에 찾아와 인사를 하고 갔기 때문이다. 마음이 다정하고 편해져 좋을 대로 믿어버렸다. 내가 만들어낸 꿈에 내가 속기로 했다. 그렇지만 더는 다른 생명과 함께할 순 없었다. 돌봄이 막대한 책임을 동반한다는 사실을 죽음을 통해 크게 배웠다. 그러니 돌봄을 놓지 않는, 아니 이를 시작으로 관계의 순환과 애도의 지속을 시도하려는 지안이 내게는 놀랍기만 했다.

지안이 말한 안팎이 뒤집히는 경험, 울타리 바깥 존재와의 만남. 그 시작이 울타리 안의 존재로부터 비롯될 때가 있다. 내부의 존재와 잡은 손이 어느새 울타리 밖을 향하고, 외부에 놓인 '필멸'이라는 공동의 운명이 눈에 들어온다. 그러다 보면 울타리 안팎의 경계가 모호해진다. 그 손을 잡으면, 우리는 죽어가는 이의 이웃이 된다. 나는 어디서 어떻게 손을 잡을 수 있을까.

내가 그의 필멸 앞에 손을 잡는다는 것은 어떤 방식일 수 있을까. 지금의 장례가 '산 사람'들을 위한 행사로 치러지고 있어 슬프듯이 동물 장례가 '사람의 일'로 치러지기에 슬픈 걸까. 모르겠다. 그가 어떤 사람인지 말하지 못하는 장례란 슬픈 일임이 분명하다. 그가 어떤 동물이었는지, 아니 어떤 삶이었는지 말할 수 없는 일도 분명 슬프다. 그런데 죽음 앞에서 어떤 삶이었는지 말하려면, 그에 앞서 삶을 살아야 한다. 비인간동물이 그들답게 살아갈 수 있을 때, 그들의 장례도 그들답지 않을까.

대화 도중 지안은 책 한 권을 알려주었다. 《사람의 일과 고양이의 일》. '그들다운 장례'가 어떤 모습일지, 이 질문을 입 밖에 낸 적이 없는데. 그가 권한 책에는 이런 문장이 담겨 있었다.

"고양이가 고양이답게 살아갈 수 있는 세상에서 고양이는 그저 살아가는 일만으로 존중받을 것이다."[4]

내가 원하는 세상은, 누구든 그저 살아가는 일만으로 존중받는 곳이다. 조금 더 바란다면, 죽어서도 존중받기를 원한다. 살았던 존재라는 사실만으로 흠뻑 애도받기를. 그러기 위해서는 고양이는 고양이답게, 나는 나답게 살아가야 한다. '동물은 동물답게, 인간은 인간답게'와는 다른 말이다.

하지만 이 모든 걸 집어삼킨 개발과 이윤의 도시에서 고양이는 어떻게 고양이답게, 나는 어떻게 나답게 살아갈 수 있을까. 길가의 고양이도, 나도 공통의 과제를 지닌 셈이다.

지안은 자신의 마지막이 이러하기를 바랐다.

"자연과 사람에게 너무 부담을 주지 않는 방식이었으면 좋겠어요."

저도요. 나도 따라 말했다. 그래서 코끼리처럼 죽고 싶었다. 그렇지만 코끼리도 외떨어져 혼자 죽지 못한다. 그러니 사는 동안 인간을 포함한 동물, 아니 동물을 포함한 숱한 삶에 부담을 주지 않는 방법을 터득해나가야겠다.

사람으로 기억해야 한다
: 코로나 팬데믹 시기의 장례와 애도

　몇 해 전이었다. 시신이 든 관이 장례식장 구석에 택배 상자처럼 겹쳐 쌓여 있는 사진이 이목을 끌었다. 코로나19로 인해 사망자가 급증하자, 시신을 보관할 냉동 시설이 부족해진 장례식장이 관을 상온에 둔 것이다. 탈취제로 시신 부패 냄새를 숨겼다. 충격적인 일이라 언론도 사건을 전했다. 정부에서 단속이 나왔고, 차 트렁크에 관을 숨긴 장례식장도 있었다는 사실이 밝혀졌다.

　관보도 없이 헐벗은 채 노란 나무판을 드러낸 관은 생경했다. 그렇지만 당시 나를 비롯한 사람들의 관심은 비말에 쏠려 있었다. 죽은 자의 부패에 관심을 쏟기에는 세계가 위태로웠다. 비말과 기침, 손 소독제 같은 것이 우리의 관심을 사로잡았다.

　한참이 지나 '일상'을 회복하자는 선언이 들린 후에야, 살아 있지 않은 자의 안부를 떠올렸다. '비일상'으로 치부되던 시기에 세상을 떠난 이들은 지금 평온할까. 사후 세계를 믿지 않으면서도 괜히 명복을 빌었다. 양심의 가책을 덜어볼 요량이었다. 깊이 영면하라고 관에 금침(베개)에 지금(요)까지 해서 넣어두는데. 고인을 바닥에 뒀다. 그런 장면을 보고도 감정의 동요가 들지 않던 그때의 내가 있었다.

숫자가 중요하던 때

2022년, 한국의 3대 사망 원인이 바뀐다. 오랫동안 3대 사망 원인으로 꼽히던 암 질환, 심장질환, 뇌혈관 질환 중 뇌혈관 질환이 코로나19에 자리를 내준 것이다. 뇌혈관 질환은 4위도 차지하지 못했다. 그해 사망 원인 4위는 폐렴이었다. 팬데믹이라는 죽음의 신이 휩쓸고 갔다는 건 틀림없는 사실이었다.

괴담 같은 이야기가 연이어 들려오고, 사회적 거리두기 지침으로 사람들은 3인, 5인, 9인 숫자를 세며 분리되길 거듭했다. 이 시기처럼 숫자가 중요하던 때가 있었을까. 사망자도 그 숫자 안에 들어올 뿐이었다. 내 몸이 누군가를 죽음으로 이끌 수 있는 존재라는 공포가 지배하던 때, 오히려 죽어버린 몸은 쉽게 잊혔다.

죽음이 두려운 존재가 될수록 사람들은 그 존재와 멀어지고자 한다. 죽은 자는 산 자들의 세계에서 빠르게 추방당했다. 자연스러운 일이었다. 인류가 땅에 시신을 묻은, 무덤의 시초와 같은 행위를 한 이유는 세균 번식과 전염을 막기 위함이라고 한다. 전염 앞에 공포가 일었고 국가는 이들을 '전염체'로, 이들의 죽음을 '불안 요소'로 규정하고 빠르게 사회와 격리했다. 선(先)화장 후(後)장례 지침이 내려왔다. "신속하고 원활한 시신 처리"와 "사회 불안 요인 차단"을 위해서라고 했다.

고인은 비닐 가방(시신 백)에 들어가 사망한 지 하루 만에 화장장으로 향했다. 신속한 '처리'를 강조하는 장례 지침이 비판받기도 했으나 그뿐이었다. 유족들도 목소리를 내지 못했다. 지침 내용에는 "유가족의 동의를 받아"라는 전제가 붙었다. 그러나 감염의 책임을 개인에게 돌리던 분위기가 극심하던 팬데믹 초기에 정부 지침을 따르지 않고 장사를 먼저 지내겠다고 말할 수 있는 이는 극히 드물었다. 코로나19 감염자의 시신을 받아주는 장례식장도 드물었다. 장례를 치를 수 있다는 사실만으로 안도해야 했다. '선 화장 후 장례' 조치는 시행 2년 후인 2022년에야 폐기된다.

전염을 막고 부패를 숨기기 위해 시신을 땅에 묻었다는 인류는 점차 죽은 자가 묻힌 땅에 봉분을 세우고, 비석을 꽂고, 제를 지냈다. 의례는 죽은 이의 시공간을 새롭게 마련하는 일이기도 하다. 전염의 공포 앞에서 의례는 다시금 삭제되길 요구받았다. 당시 우리가 치워버린 것은 죽은 자만이 아니었다. 남겨진 사람들, 그 사별자들 또한 사회에서 격리되었다. 그들의 슬픔은 보이지 않고, 추모할 시간을 빼앗겼다.

"세상에 없는 사람이니 잊어야 한다 말하지만, 지금 사무치는 마음이 있는데 이걸 잊는다고 잊히겠습니까?"*

그런데 여기, 격리된 죽음과 분리될 수 없는 이들이 또 있다. 장례지도사를 비롯한 장례업 종사자들이다.

돈 많이 벌었죠

"코로나 때문에 정말 힘들었어요. 우리는 뭐 (방역복 때문에) 숨도 제대로 못 쉬고 관을 들고 병실에 들어가서 그 안에서 다 마무리하고 그러고 나오니까. 유족들도 마지막 얼굴을 못 보니까 굉장히

---

* 〈애도와 기억의 장〉 추모 문화제 발언 중에서. 코로나19로 국내에서만 3만 8000명에 가까운 사람이 사망했다. 이들을 떠나보내고도 추모와 애도가 없는 사회를 돌아보기 위한 시간으로, 코로나19인권대응네트워크 등의 주관으로 추모 문화제가 열렸다.

슬프죠. 그런데 그런 전염병이 안 오면 좋은데 어쩔 수 없이 오잖아요."

보건복지부 지침에 따라 장례지도사들은 입관 시 다음 물품을 착용해야 했다. 일회용 방수성 긴소매 가운, KF94 이상의 마스크, 일회용 장갑, 고글 또는 안면보호구. 방역복은 말할 것도 없고, 긴소매 옷 하나만 입어도 입관을 하다 보면 그 서늘한 곳에서 땀이 맺힌다. 방수 재질의 옷은 비닐 소재인 경우가 많다. 온몸이 땀으로 흥건해진다. 그렇지만 육체적인 고생보다 장례지도사들을 힘들게 하는 건 불안이었다.

"지침은 내린다는데, 현장에서 일하는 사람들한테 직접적으로 와닿는 게 없어요. 위에선 말만 내리면 다 하는 거지. 처음에는 코로나로 사망한 사람이 오면, 가족한테 보여주지도 말고 꽁꽁 싸매래. 그러더니 어느 순간부터 얼굴은 보여주래. 지퍼백 열고 얼굴을 보여주면 가족들은 칸막이 밖에 있어. 어느 날은 지퍼백 다 열고 수의를 입히래. 그래서 우리가 데모하려고 그랬어요. 니들이 와서 해라. 위험하다고 그때까지 지퍼백에 꽁꽁 싸맨 거잖아요. 그런데 이제 와서 감염이 안 된다고 말하곤, 옷(수의)을 입히라고 지시하면 끝인 거야."

감염 위험이 현실적으로 몹시 적다는 것이 전문가 다수의 의견이다. 하지만 현장에서 일하는 장례인들에게 감염 위험은 확률을 따져 안심할 사안이 아니었다. 만에 하나를 염려하던 시기였다. 그들의 불안을 잠재워줄 설명도 없었다. 일방적으로 변경되는 지침을 따라잡듯 쫓아가는 일이 반복됐다. 팬데믹 사태가 잦아든 뒤 이들은 말했다.

"코로나19 때도 그렇고 사스 때도 그렇고 우리가 일을 많이 했어. 그렇게 힘든 일을 우리가 현장에서 했잖아. 누구도 우리를 칭찬하며 고생했다, 이 사람들 덕분이다, 이런 얘기한 적 없어요."

장례식장은 포화 상태였다. (특히 수도권) 화장장은 가동 횟수를 늘렸음에도 사망자 증가를 감당하지 못했다. 수도권만 보자면, 2020년 1월 첫 사망자 발생 이후 2년 반 동안 코로나19로 세상을 떠난 이는 1만 3000여 명에 달했다. 빈소를 잡을 수 없어 임종 후에도 하루가 지나서야 장례식장에 갈 수 있었고, 화장장 순번을 기다리느라 5일장, 6일장을 치르는 게 일반적이었다. 가득 찬 빈소와 가동 횟수를 늘린 화장장은, 그곳에서 일하는 사람에겐 초과 노동과 연장 근무를 의미했다. 장례지도사들이 휴일도 없이 일했다는 이야기는 들었다. 보통 상조회사는 순번제로 일이 주어지는데, 그 순번이 너무 빠르게 돌아왔다.

하지만 이들의 고생은 '돈벌이'로 취급되었다. "그때 장례업자들이 돈을 많이 벌었죠." 이런 이야기를 심심찮게 들었다. 일을 했고 돈을 벌었다. 그러면 된 것일까. '돈을 벌었으니 됐다'는 말은 또다시 도래할 팬데믹 시기에 또다시 반복될 종사자들의 좌충우돌과 혼란, 불안, 과로한 노동을 끊어내는 데 도움이 되지 않는다. 이제는 시간이 지나 고생담처럼 이야기하고 마는 일이지만, 그 시기 우리는 우리를 지키기 위해 많은 것을 잃었다. 잃은 것을 돌아보지 않는다면 똑같은 것을 잃게 될 것이다. 가장 큰 상실은 사람이었다.

"다른 팬데믹, 다른 전염병이 왔을 때도 치료제가 나올 때까지 각자 격리하고 동선 추적해서 감염인만 피하면 된다고 생각하며 많은 사람이, 내 가족이, 친구가 세상을 떠나게 둘 수는 없는 노릇입니다."

장례식장 바닥에 쌓여 있던 관은 과연 어쩔 수 없는 일이었을까. 그저 장례식장의 양심의 문제였을까. 원인을 따져 묻기 전에 모두가 혼란스러웠던 것은 사실이다. 그렇지만 혼란스럽다고 해서 인과관계가 없는 것은 아니다. 원인이 있었다. 그러나 혼란이 지난 후에 잊었다. 기억하고 싶지 않다는 듯. 아무 일도 없었던 듯.

"잊기보다는 우리가 이 죽음을 어떻게 기억해야 할지, 그리고 이 사회적 참사가 의료 체계와 안전에 대해 어떤 문제의식을 던졌는지 함께 나누고 이야기할 수 있기를 바랍니다. 오늘도 참 엄마가 보고 싶습니다. 감사합니다."

이 말을 한 이는 코로나 팬데믹 시기 어머니를 잃었다. 나는 그의 발언을 〈애도와 기억의 장〉 문화제 온라인 기록관[1]에서 발견했다. "우리는 기억합니다"라는 문구와 함께 사라진 이들의 생전 사진이 첫 화면을 메운다. 소리 없이 사라져버린 팬데믹 시기의 죽음을 기억하는 장소였다. 당시에도 기억하려는 이들이 있었다. 그리고 제대로 갖춰 보내주려는 이들도 있었다.

코로나 팬데믹 시기의 장례가 어땠는지 물으면 "사람답게 보내 줬죠"라고 말하고는 입을 꾹 다무는 장례인들이 있다. 보건복지부의 장례 지침을 따르지 않은 것이다. 코로나 사망자를 비닐 백에서 꺼내 염습하고 수의를 입혀 입관했다. 처음 그 말을 들었을 때는 당혹스러웠다. 나는 취재차 입관실에 들어가면서도 라텍스 장갑에 마스크까지 착용하는 사람이다. 고인의 몸에 손 한번 대지 않고 돌아오는 날에도 마스크를 눌러 쓴다. 사후 감염 위험이 과학적으로 적다고 판명되었다고 해도, 나에게 감염 시신을 염습하라고 하면 어떻게 반응했을지 알 수 없다. 과학적 사실이 중요한 게 아니다.

그런데 법을 위반하면서, 염습을 하고 수의를 입혀 떠나보내는 이들이 있다니. 이유를 물으면 그들은 사람을 '어떻게 그런 식으로 보내냐'고 되물었다. 그런 식의 장례는, 그들이 평생 지닌 직업 윤리에 어긋난 일이었다.

코로나 팬데믹 시기에 감염자 시신을 염습했는지 여부에 따라 좋은 장례인인지 아닌지가 나뉜다고 생각하진 않는다. 보건과 위생 관리도 장례지도사의 덕목이라 생각하기 때문이다. 그러나 장례인들이 지키고자 한 직업적 신념이 있고, 그것은 몇 줄짜리 짧은 지침으로 놓아버릴 수 있는 것이 아니다. 당시 코로나19 사망자의 유족들은 세상으로부터 고립되었을 테다. 그런 이들과 입관식을 같이 해준 장례지도사는 고인과 세상을 연결해주는 끈이었다. 두어 평 남짓 안치실에서 장례지도사들은 고인과 함께 격리된 대상이기도 하지만 유일한 연결망이기도 했다. 모두가 죽은 자를 숫자로 대하고 있을 때, 그 숫자를 돈으로 치환하는 것도 장례업 종사자겠지만 그 숫자를 인간으로 전환하는 것도 결국 장례인이었다. 수많은 우려에도 불구하고 "사람답게 보내줬죠"라는 말이 마음에 맺히는 이유다.

숫자가 된 사람들[2]

꼭 염습을 하고 장례를 치러야 존엄한 죽음이라고 생각하진 않는다. 무엇이 존엄인지는 알지 못하지만, 분명한 것은 사람을 '숫자'로 보내서는 안 된다는 사실이다. 참사의 공포 앞에서 무수한 사람이 숫자로 치환됐다. 코로나 팬데믹이 지나가고, 우리는 지난 시간으로부터 무엇을 배웠을까. 여전히 숫자로 취급되는 죽음들이 있다. 우리가 '일상'이라고 부르는 세계에서도 여전하다.

국가가 국토 안 사람들의 숫자(인구)를 세기 시작한 것은 근대 이후다. 노동력과 병력으로 쓸 "종으로서의 신체"[3]가 필요해진 시점이다. 필요 없는 몸은 숫자조차 되지 못했다. 장애인, 질환자의 몸이 대표적이었다.

국내에서 노숙자의 인구통계를 적극적으로 내기 시작한 것은 1997년 외환위기 이후다. '가족과 일자리를 잃은 가장'으로 상징화된 노숙자에 대한 복지 정책이 주요한 통치 전략으로 들어왔을 때다. '비혼모'에 대한 통계 조사가 시작된 것은 2008년 이후. 한부모 지원 정책이 마련되던 시점이다. 이전까지 이들은 없는 존재였다. 있어서는 안 되기에 없었다. 존재가 드러날 때 정책이 마련되고, 정책이 만들어지기 위해서는 숫자가 필요하다. 이때 국가 단위 조사가 실시된다. 그러니 근대 국가가 생긴 이후 사람들의 투쟁은 국가가 통계화하는 '숫자'에 들어가는 존재가 되기 위한 싸움이라고 할만하다. 숫자에 속하지 않으면 삶도 죽음도 보장받을 수 없다. 죽지 않기 위한 모든 싸움이 숫자와 연결되었다. 그것은 성원권 획득의 또 다른 이름이기도 했다.

동시에 '숫자'로 머물지 않기 위한 분투가 이어졌다. 노숙인의 삶이 숫자로만 머물지 않게, 시설 장애인의 삶이 숫자로 갇히지 않게, 죽음이 '사망자 통계'로만 남아서는 안 되기에. 사는 건 투쟁이라더니 죽는 일도 그러했다. 죽음마저도 숫자 싸움이다.

7
졸곡

───────────

삼우제를 지내고 나서 석 달이 지난 뒤
지내는 제사. 이때부터 수시로 하던 곡을 멈추고
아침, 저녁으로만 한다.
"비록 아침과 저녁 사이에 슬픔이 있어도 곡하지 않는다."[1]

▶ ▶ ▶ ▶ ▶ ▶ ▶ ▶ ▶ ▶ ▶ ▶ ▶ ▶ ▶ ▶ ▶

모든 봄을 기억해낼 수 있으리라[1]

: 사회장 명장 장례지도사 박재익

'천생 장례지도사'라는 이안나는 직접 칠성판에 누워본 적이 있다고 했다. 나무로 된 칠성판에 주검을 뉘고 지매로 관절 부위를 묶어 고인의 몸을 일자로 가지런히 고정하는 것을 '수시'라 한다. 고인이 수시를 받는 기분이 어떨까 하여 자기 몸을 칠성판에 묶었다고 했다. 관절마다 동여맨 끈이 풀릴 때 피가 도는 듯 시원했단다.

그의 스승인 박재익도 칠성판에 누워본 적이 있다. 정확히는 매달렸다고 해야 하나. 내가 장례용품으로 알고 있는 칠성판을 고문 기구로 먼저 접한 사람들이 있다. 사전에 등재되지 않은 칠성판의 또 다른 뜻은, 남영동 대공분실 고문 기구다. 고문 기술자로 악명 높은 이근안이 만들었다고 알려진 기구다. 칠성판 모양의 나무판 위에 사람을 묶고 고춧가루 탄 물을 코와 입에 붓고 전기 고문도 한다. 그곳에선 죽은 자 대신 산 자가 칠성판 위에 누웠다.

1980년 12월, 박재익과 동료들은 계엄사 합동수사본부로 붙잡혀 갔다. 청계피복노조 간부라는 이유였다. 합동수사본부장이 전두환이었다. 전태일의 어머니 이소선이 사회정화조치라는 명목으로 구속된 지 두 달째였고, 이번에는 이소선과 함께한 청계피복노조 활동가들 차례였다. 다행히 대다수가 보름 만에 석방됐다. 그런데 박재익은 한 달 가까이 대공분실에서 나오지 못했다. 그의 집에서 5.18 항쟁 소식이 담긴 글이 나온 것이었다.

"합수본부(합동수사본부)에서 노조 간부들 집을 가택 수사를 하는데 박재익 집에서 원본이 하나 나온 거예요."

혼자 남은 박재익은 고문실로 끌려갔다. 이 말을 전한 이는 청계피복노조 부녀부장 신순애. 당시 박재익은 노조 조사통계부장이었다. 두 사람은 이후 연이 닿아 부부가 됐다. 청계피복노조는 전태일의 분신 사건을 계기로 평화시장 봉제 노동자들이 모여 만든 노동조합이다.

1970년 11월 13일, 평화시장 재단사 전태일이 "근로기준법을 준수하라"를 외치며 스스로 몸에 불을 붙였다. 전태일의 친구이자 삼동회(피복 제조업 종사자 친목 단체) 회원이던 이승철은 일감에 밀려 허덕이던 중에 소식을 들었다. "태일이 타버렸다." 이 말을 전한 친구 신진철의 손에는 전태일이 입던 바바리가 들려 있었다. 전태일이 그날 아침에 반듯하게 다려 입은 옷이었다. 그걸 본 어머니 이소선은 "어디 좋은 데 가니?"라고 물었다고 했다. 몇 시간 후 이소선은 라디오에서 아들의 이름을 듣게 된다.[2]

"서울 도봉구 쌍문2동 208번지 사는 평화시장 재단사 전태일 씨가 평화시장 구름다리 아래에서 오늘 낮 1시 20분경에 분신, 중태에 빠져 급히 병원으로 이송하였습니다."

때마침 소식을 전하러 온 아들 친구(김영문)와 병원으로 향하며, 이소선은 다짐하듯 괜찮을 거라는 말을 거듭했다. 하지만 병실에서 온몸을 붕대로 감고 있는 아들을 보자 알 수 있었다. 살 수는 없겠구나. 이소선은 아들의 임종을 지켰다.

"지금부터 제 말 똑바로 들으세요."

입술마저 타버려 자꾸만 뭉개지는 발음을 붙잡으며 아들은 말했다.

"엄마, 내가 지금까지 한 말, 약속을 다 지키겠어?"

그게 유언이 되어버렸다.

"너하고 약속한 거는 절대로 지킬 거다."

아들과의 약속을 지키기 위해 이소선은 장례를 거부했다. 병원을 찾아온 기자들에게 말했다.

"우리 아들의 뜻인 근로조건 개선이 이루어질 때까지 사체를 여기에 둘 겁니다."

전태일과 삼동회가 요구한 내용이 관철되기 전까지는 장례를 치르지 않겠다는 의사를 분명히 했다. 덕분에 장례 치를 준비를 서두르던 평화시장 업주들과 정부 기관에선 발등에 불이 떨어졌다. 빈소로 찾아와 관도 수의도 최고급으로, 영구차도 꽃차로 만들어 보내겠다고 했다. 일가친척까지 와서 이소선을 설득했다. 그러나 이소선은 물러서지 않았다. 결국 평화시장 업주들은 삼동회의 노동조건 개선 요구를 받아들인다.

엄혹했던 박정희 정권 아래에서도, 전태일의 장례는 노동단체장으로 치러진다. 11월 18일, 전태일의 관을 실은 운구차가 평화시장을 지났다. 하루 16시간 근무도 이상할 것 없던 평화시장이 그날은 다 셔터를 내렸다. 장례 주최 측의 요구였다. 버스 13대가 운구 행렬을 뒤따랐다. 버스마다 만석이었다. 그럼에도 그날 몰래 출근을 종용하던 업주들도 있었다. 그들은 이 순간이 지나가길 바랄 뿐이었다. 하지만 발인이 있고, 열흘 후 청계피복노동조합이 결성된다.

"그때 우리 친구들이 며칠 사이에 엄청나게 변화했어요."

삼동회 회원이던 임현재의 말이다. 전태일의 죽음으로 세상의 관심과 지원이 몰린 상황에서 전태일의 동료들은 빠르게 배우고 빠르게 변해갔다. 그건 어머니 이소선도 마찬가지였다. 그 또한 청계피복노조에 함께한다. 아들과의 약속을 지키기 위해서였다.

박재익이 청계피복노조 간부가 된 것은, 그로부터 9년 뒤인 1979년 3월. 청계 평화시장의 악명 높던 열여섯 시간 노동이 노동조합 덕에 사라졌다. 노동조합은 사업자들과 여덟 시간 근무 협약을 맺었다. 물론 전기를 내리고 문을 걸어 잠근 채 몰래 근무를 연장하는 사업장도 있었다. 노동조합 간부들은 그런 사업장을 적발하기 위해 야간에 평화시장을 순회했다. 10인 이상 사업장에 퇴직금을 지급하게 하고, 임금 29퍼센트를 인상하게 한 것도 그해 단체 협상의 결과였다. 종일 일해도 미싱 시다들은 풀빵 하나 사 먹기 어렵다던 전태일의 탄식으로부터 많은 것이 바뀌었다.

그러던 10월, 박정희가 김재규 중앙정보부장의 총에 맞아 죽었다. 전두환이 이끄는 신군부가 쿠데타를 통해 집권한다. 영화 〈서울의 봄〉(2023)이 끝나는 자리에는 5.18 광주에서의 학살이 있었다.

"전국연합노동조합 청계피복지부 조사통계부장 박재익 앞이라고 적힌 편지를 받았어요. 일곱 장으로 되어 있는 편지였는데, 편지지 반을 나눠서 깨알같이 쓰여 있더라고요. 글씨가 너무 작아가지고 제가 (다른) 편지지로 다시 옮겨 쓰니까 열다섯 장인가 열여섯 장인가 나왔어요."[3]

편지지에는 광주, 그날의 실태가 고스란히 적혀 있었다. 스물다섯 살 박재익에게 온 또 다른 세계였다.

"당시에 야학 교사로 외대 총학생회장 박미옥 씨가 있었어요. 그분하고 만나서, 광주가 이러저러하더라 하면서 그 편지를 전달

해줬어요."

그 편지는 복사되어 전국 대학으로 퍼져나갔다. "제가 나중에 합수부에 끌려갈 때, 거기 가서 좀 고생했던 이유였죠." 그는 이렇게 말하며 웃었다. 웃을만한 일은 그때 그곳에 없었다.

전두환은 노동조합을 '정화조치'했다. 민주노조 간부들을 색출해 삼청교육대로 보냈다. 활발하게 활동하던 노동조합에는 해산 명령을 내린다. 청계피복노조가 해산 명령을 받은 첫 번째 노동조합이었다. 노동조합 간부들이 합수본부에서 풀려나온 지 보름 후 노조 사무실이 폐쇄됐다.

"노조는 법에 의해 운영이 되는 거고 유지가 되는 거기 때문에, 해산 명령이 왔을 때, '무식한 소리 하지 마라' 했어요. 우리는 그렇게 생각했는데, 정말로 무식하게 해산을 시키더라고요."

이건 당시 청계피복노조 지부장이었던 임현재의 말. 해산 명령에 순순히 응할 수 없던 노동조합은 1981년 1월 30일, 아시아아메리카자유노동기구(이하 아프리) 한국사무소에 들어가 점거 농성을 한다. 국제노동기구에서 농성을 하면 함부로 진압할 수 없을 거라는 순진한 믿음이었다. 진압은 하루 만에 이뤄졌다. 아프리 본부장(모리스 파라디노)의 허가가 있었다. 이 사건으로 22명 농성자 중 11명이 실형을 산다.

신순애는 회의 때 집을 제공했다는 이유로 주동자로 지목됐다. 박재익에게도 수배 명령이 떨어지고, 그는 도피 생활을 이어가다가 1년 반이 지나 무혐의 판결을 받는다. 그러나 평화시장은 물론 봉제업종 어디서건 일할 수 없었다. 블랙리스트에 오른 것이다. 재단사 박재익은 그렇게 사라졌다. 처음에는 재봉틀을 집에 들여놓고 아내 신순애와 함께 하청 일을 받기도 했다. 하지만 중앙정보부의 후속인 안기부의 감시로 인해 2년 동안 무려 열여덟 번 이사를 해야 했다.

1987년 민주화 바람이 불었으나, 두 사람은 88올림픽에 맞춰 판매할 태극기를 봉제하며 생활했다. 이후 신순애는 김밥집을 열고, 박재익은 전기공 생활을 한다. 두 사람 다 휴일 없이 세월을 보냈다. 그러는 사이 2000년대에 접어들고, 생활이 어느 정도 안정되어 신순애는 청소년 대상 성교육 강사가 되어 활동하다가 중·고등 검정고시를 보고 대학(성공회대)에 간다. 그곳에서 전태일을 다시 만난다. 그가 한 말이 참으로 씁쓸하다.

"다른 학우들은《전태일 평전》을 읽으면서 눈물이 나서 혼났다고 하는데 저는 눈물이 안 나는 거예요. 이유가 뭘까 생각해보니 평전의 내용보다 제가 훨씬 더 힘들게 산 거예요."[4]

박재익은 청계피복노조가 만든 야학에서 전태일의 어머니, 이소선을 처음 보았다. 야학에서 재단 수업을 한단 소식을 듣고 찾아갔다. 그게 인연이 되었다. 인자한 이소선도 좋았고, 꿈 많던 노동조합 사람들도 좋았다. 그 암흑의 가운데 어떻게 노동조합 활동을 했을까. 돌아보면 젊은 시절이었다. 한번 가지면 평생 먹고사는 기술이라 해서 청계로 들어왔다. 평생을 재봉사로 살 줄 알았는데, 박재익은 2000년대 초반 장례업에 들어선다.

원래는 운구차를 판매하는 사업을 했다. 운구 버스가 상여를 대체하던 시기였다. 운구 버스는 화물칸에 관을 싣고 달렸다. 그 모습이 아무래도 불경해 보였다. 시신을 발밑에 깔고 가다니. 그래서 캐딜락 차를 개조해 운구차로 만들었다. 하지만 잘 안 팔렸다. 그래서 상조회사에 차를 대여하는 방식으로 전환했는데, 이때 자신이 운구차 운전을 하기도 했다. 장지로 가는 그 잠깐 사이에도 사별자들이 장례식장에 불만이 많은 게 눈에 보였다. 운구차 운전석에 앉아 사람들에게 욕먹지 않는 장례를 만들어봐야겠다는 생각을 했다. 그렇게 장례지도사가 된다.

장례지도사로 일한 지 8년쯤 되었을 때, 그는 이소선의 부고를 듣는다. 2011년 9월 3일이었다. 이소선은 아들이 떠난 후, 40여 년을 성실히 살았다. 싸우는 곳 어디든 있었다. 그의 약력에는 '대한민국의 노동운동가이자 민주화 운동가'라고 적혔다. 아들의 죽음은 그의 삶을 바꿨다. 노동운동을 하다가 의문사한 한진중공업 박창수 열사 어머니의 손에 이소선이 4만 원을 쥐여주며 "담배도 피고(피우고) 술도 먹고 힘내라"라는 말을 했다는 대목이 있다. 힘내어 살아왔고 81세를 일기로 별세하였다.

이소선의 염을 한 이가 박재익 장례지도사다. 스무 살에 평화시장에서 만난 이소선의 마지막 옷을 그가 입혔다. 이소선의 장례는 시민사회장으로 치러졌다. 국무총리에서부터 각 정당의 대표들까지 그의 장례를 찾았다. 신영복 선생, 홍세화 선생 같은 명사들의 조문도 이어졌다. 그리고 청계피복노조에 한때 몸담았던 이들이 함께했다. 싸우는 이들이 빈소를 메우고, 그 북적거리는 공간에서 벗어난 영안실에 박재익과 이소선 둘만 남았다.

"어머니, 고맙다는 것도 놓고 가세요."*

이소선의 운구 행렬은 부산 한진중공업 영도조선소로 향했다. 9월 6일, 이소선이 별세한 지 사흘째, 그리고 한진중공업 첫 여성 용접사였던 김진숙이 영도조선소 안 85호 크레인에서 고공 농성

---

* 민종덕(전 청계피복노조 위원장)이 박재익의 입관 과정을 보며, 이소선과 박재익의 대화를 상상하며 쓴 추모시의 일부이다.

을 한 지 244일째였다. 김진숙이 크레인 위에 오르게 된 것은 김주익의 죽음 때문이었다. 85호 크레인은 김주익이 고공 농성을 하던 곳이었다. 2003년 10월, 크레인에 오른 지 129일이 되던 날, 김주익은 목숨을 끊는다. 닷새 후, MBC 라디오에서 영화음악 방송을 진행하던 정은임 아나운서가 한 오프닝 멘트는 이러하다.

"새벽 3시, 고공 크레인 위에서 바라본 세상은 어떤 모습이었을까요? 100여 일을 고공 크레인 위에서 홀로 싸우다가 스스로 목숨을 끊은 사람의 이야기를 접했습니다. 그리고 생각했습니다. 올 가을에는 외롭다는 말을 아껴야겠다고요. 진짜 고독한 사람들은 쉽게 외롭다고 말하지 못합니다. 조용히 외로운 싸움을 계속하는 사람들은 쉽게 그 외로움을 투정하지 않습니다. … 이 세상에 겨우겨우 매달려 있는 것 같은 기분으로 지난 하루 버틴 분들, 제 목소리 들리세요?"

살아가는 일도, 죽는 일도 외로운 일이지만 나의 안녕을 물어봐주는 사람들 덕분에 하루를 더 산다. 그렇게 40여 년을 하루에 하루를 더해 더 산 사람이 떠나고, 하루를 더 살지 못하고 떠난 이가 머물던 85호 크레인 위에서 외로운 삶을 이어가기로 선택한 이가 있었다. 이소선의 관은 그곳으로 향했다. 사람들이 뒤따랐다. 지난날, 전태일의 관을 뒤따르던 동료들이 있었던 것처럼.

라디오에서 외로운 사람을 불러보던 정은임 아나운서는 다음 해 가을을 보지 못하고 세상을 떠난다. 교통사고였다. 방송국 사우장으로 장례가 치러졌고, 지금도 그를 기억하는 사람들이 매년 추모회를 연다. "그가 떠난 뒤 맞이하는 스무 번째 여름을 당신과 함께합니다"[5]

박재익은 이후 장례지도사로서 사회장 명장이 된다. 사회장이란, 사회에 공적을 남긴 인사가 사망하였을 경우 사회단체가 자발적으로 모여 거행하는 장례 의식이다. 그와 유사하지만 조금은 작은 범주로는 동지장(同志葬), 단체장이 있다. 그가 사회장에 눈을 뜬 것은 유현목 감독의 장례를 맡으면서라고 했다. 2009년 〈오발탄〉의 감독인 유현목이 타계하자 영화인 300명이 참석하여 영화인장으로 장례를 치렀다. 수의를 입은 이소선을 마주한 것은 그로부터 2년 후. 이후로 통일 운동가 박용길 장로, 용산참사 철거민 5위, 박종철 열사의 부친 박정기 선생, 히말라야 원정대 조난자 5위, 무형문화재 춤꾼 이애주 선생 등 많은 이가 그의 손에서 영면했다. 그리고 2018년엔 아주 젊은 청년을 만난다.

스물넷의 김용균. 한 달 후면 스물다섯이 되었겠지만 그러지 못했다. 그는 태안화력발전소 하청 노동자였다. 2인 1조로 해야 하는 야간작업을 혼자 했다. 석탄 운송 컨테이너 벨트를 멈춰줄 동료가 있었다면 그저 위험천만했던 하루로 기억되었을 날이었다. 하지만 그 자리에 동료는 없었다. 이후 산업재해에서 원청 사용자의 책임과 처벌을 강화하는 중대재해처벌법(산업안전보건법 개정)이 마련된다. 그 길을 트는 데 앞장선 이는, 김용균의 어머니 김미숙 씨였다. 아들의 영정을 앞에 두고 그는 말했다.

"너는 비록 사진 속에 있지만 난 네가 원하는 모든 걸 다 해줄 거다."[6]

이소선이 살아 있었다면 김미숙의 손에 만 원짜리 몇 장을 쥐여주며 살라고, 힘내라고 했을까. 매년 열리는 이소선 추도식에 김미숙이 김용균재단 이사장 자격으로 참석한다. 반복되는 일이 있다. 슬픔도 반복된다.

"내 손으로 하고 싶었어요."

김용균의 입관을 박재익이 했다.

"내 손으로 하면 적어도 정성은 들일 수 있어요. 적어도 옷 하나는 제대로 입혀서 보낼 수 있어요."

이소선도 김용균도 자신이 염을 해서 보냈다고 떠들고 다닐 것도 아닌데, 자신이 해주고 싶어 영안실로 들어간다. 산업재해를 당한 노동자들의 주검은 어딘가 온전치 못하다. 불타고 잘리고 압착되고. 잔혹한 현실은 기계가 사람의 몸을 자르도록 내버려둔다. 김용균의 시신도 온전치 못했다. 허튼 장례지도사를 만나면 수의가 안 들어간다는 이유로 천에 돌돌 감싸 보낼 일이다. 옷 하나 제대로 입혀서 보내겠다는 마음으로 박재익은 염습실에 들어섰다. 태안에서, 서울로, 다시 그가 사는 여주로 오가면서도 별말 하지 않았다. 그저 위령제가 열린 바닷가를 회상하며 "태안은 참 추웠지" 이 한마디를 한다.

뒤늦게 박재익이 김용균의 염을 했다는 사실을 알게 된 나는, 그간 내가 김용균의 죽음을 이해한 것과 다른 방식으로, 그의 죽음이 존중받았다는 걸 깨닫게 된다. 무작정 고인의 명복을 빌었던 그때와 달리, 이제 사람에게 기대어 누군가의 평온을 빈다.

공적 애도

사회장은 근대의 소산이다. 군주가 있던 시절, 누가 공적 추모를 받아야 하는지는 사회의 구성원들이 정할 문제가 아니었다. 왕의 허가와 지목이 있어야 했다. 고귀한 장례를 치를 이는 정해져 있었다. 그 대표적인 이가 국왕 자신이었다. 왕실 일가와 그를 보좌하거나 견제할만한 권력을 가진 귀족이 국왕의 허가 아래 국장을 치렀다.

국내에 사회장이 처음 거론된 것은 1922년. 김윤식이 세상을 떠나자 사회장을 추진하려는 움직임이 있었다. 김윤식은 팔순의 나이에 〈조선독립청원서〉를 일본 총리대신에 제출한 조선왕조 고관 출신 명사다.《동아일보》를 중심으로 언론, 종교, 법조계 인사들이 김윤식 사회장추진위원회를 꾸렸다. 그러나 사회장은 무산된다. 조선공산당 등 국내 공산주의 그룹에 의해 반대에 부딪힌 것인데, 김윤식의 장례가《동아일보》를 중심으로 한 민족주의 세력의 정치 세력화를 확장하는 데 이용되고 있다는 비판과 더불어, 김윤식이 일본 왕실로부터 자작 작위와 은사금을 받은 이력들도 수면 위에 올랐다. 결국 김윤식 유족들은 사회장 거부 의사를 밝힌다.

이후 치러진 사회장은 이상재의 장례였다. 독립협회로 시작한 이상재의 이력은 신간회 회장으로 맺는다. 1927년, 72개 사회단체 대표들이 주관하여 사회장을 치렀다.[7]

지배층(조선총독부)의 애도 대상과 사회 구성원들의 애도 대상이 극히 상이했던 식민지 조선에서 사회장은 '우리(공공의 결속)'를 찾게 하는 기폭제 역할을 하곤 했다. "슬픔은 복잡한 수준의 정치 공동체에 대한 느낌을 제공해준다"[8]라는 주디스 버틀러의 말처럼 애도는 내가 속한 공동체를 확인하게 한다. 저들이 인정하지 않는 죽음을 애도하는 '우리'가 드러난다. 일제강점기, 민심을 의례라는 틀로 수렴하려는 시도는 계속됐다. 동시에 '우리'의 범주에 대한 질문이 생겨난다. 김윤식 사회장 무산 사건이 던진 화두이기도 했다. "사회적으로 애도할 죽음이란 무엇인가?" 이때의 애도 자격은 개인의 도덕성과 (민족)사회 기여도만을 의미하지 않는다. 애도하는 공동체의 성원이자 정치적 주체는 누구인가? 주체가 행하는 정치와 윤리적 가치에 따라 공적 애도의 대상은 달라진다.

'특정한 우리'의 애도는 동지장에서 드러난다. 식민지 조선에서 동지장이라는 형식의 애도 문화가 만들어진 데는 이유가 있다. "항일 민족운동과 사회운동이 조직화"되는 상황에서 일제가 인정하지 않는 죽음은 늘어만 가는데 국장과 사회장이라는 "두 형식만으로는 제국 일본이라는 국가 권력에 희생된 수많은 죽음을 애도할 수 없었"[9]기 때문이다. 사회장보다 작은 범주의 단체장마저 일제의 탄압과 통제를 받는 상황에서, 동지장은 특정 단체를 내세우지 않는 일종의 편법이자, 특정한 지향과 가치, 정동을 공유한 이들의 추모라 할 수 있겠다.

동지장 역시 금지되는 경우가 많았다. 번번이 불허되어 가족장으로 축소되고, 가족 외에는 단 한 명의 운구 행렬도 허가하지 않는 경우도 있었다. 이러한 탄압과 통제에도 불구하고 식민지 조선에서 단체장과 동지장 시도는 언론에 알려진 것만으로 50여 건이 넘는다. '애도 불가능성'에 맞서는 길은 애도하는 행위였다. 애도 불가능한 이들을 애도하고자 하는 마음의 분출은 시위와 다를 바 없었다. 일제가 애도의 장을 불허한 까닭이며 "이것이 그토록 그토록 많은 나라에서 시위와 장례식을 구분하기 어려운 이유다".[10]

그로부터 시간이 흘러 광복을 맞았고, 100년이 지난 후 나는 취재차 광복군 묘를 찾을 일이 있었다. 만세운동을 주도하였다가 일본군에 의해 총살된 여섯 명의 선열이 묻힌 곳이라 했다. 인터넷 검색창에 내가 갔던 묏자리를 검색하니 이런 명칭이 나왔다. 고주리 애국선열 6인의 묘.[11]

1919년, 여섯 사람의 시신을 수습하려 가족들이 학살지에 도착했을 때, 이 중 세 명은 불에 타서 유골을 찾기도 어려웠다고 했다. 형체를 알 수 없었다. 불태워진 것은 그들만이 아니었다. 전날 제암리 교회에서 민간인 학살이 있었다. 만세 시위에 따른 일본군의 보복이었다. 40여 명이 교회 안에서 불타 죽었다. 다음 날엔 고주리 마을에서 여섯 명이 총살됐다. 내가 찾아간 이들이었다. 가족들은 인근 공동묘지에 여섯 구의 시신을 세 개의 묘로 나눠 매장했다. 이들을 옮겨 현충원에 안장한다고 했다. 유골을 추려 봉안하는 일을 박재익 장례지도사가 맡았기에 함께 따라나선 참이었다.

　관도 수의도 없던 터라 긴 세월 거침없이 흙과 섞여 유골 조각을 찾기 어려웠다. 땅을 깊이 판 뒤에야 작은 유골 조각이 나왔다. 전문가가 아니었다면 젖은 흙이 묻은 나무 조각이라 여겨 지나쳤을 모습이었다. 내가 아는 백골과 전혀 다른 모습을 한 그 질기고 축축한 조각을 유골함에 담는 것까지가 우리의 몫이었다. 여섯 명의 고인이 태극기로 감싼 유골함에 담겼다. 하얀 정복을 갖춰 입은 해병대 군인들이 유골함을 인수해갔다. 스피커 음량이 좋진 못했지만 장엄한 장송곡이 산에 울려 퍼지고 열 맞춘 군인들이 느리게 행진했다. 늙은 장손이 그 뒤를 따랐다.

　현충원에 안치되기 전, 여섯 고인은 화성시 독립운동기념관에서 봉송식을 가졌다. 국가보훈부 장관과 지자체 시장까지 참석했다. 한 세기 전과 달리 2024년의 세상에서 그들의 죽음은 국가적 의미를 획득했다. "사회적으로 애도할 죽음인가?"라는 질문을 통과한 것이다.

　그해 여름, 나는 이 질문을 목 놓아 외치는 이들을 보았다. 변희수 하사가 대전 현충원에 안장되는 날이었다. 현충원 앞에는 이미 많은 사람이 진을 치고 있었다. '트랜스젠더 순직 처리가 웬 말이냐.' 그들이 펼쳐 든 현수막과 피켓에 담긴 문장이다. 그들이 설치한 스피커에서 "어떻게! 어떻게!" 단발 외침이 반복해 들렸다. 2021년 10월, 법원은 변희수 하사에 대한 강제전역 처분이 위법하다며 전역 취소를 판결했다. 그리하여 변희수 하사는 현역 군인이 되고, 국방부 중앙전공사상심사위원회는 변희수의 죽음을 순직으로 결정했다. 순직자는 국가유공자로 대우된다. 하지만 현충원 정문에서 마주한 이들 중에 이 답변을 듣고 납득하여 손에 든 피켓을 내려놓는 사람은 없을 것이다. 이들은 묻고 있는 것이었다. 사회적으로 애도할 죽음인가?

나는 그때 나 자신에게 다른 걸 묻고 있었다. 나는 여기 왜 온 것일까? 서울에서 그의 유골함이 있던 청주를 거쳐 대전으로 이동한 참이었다. 이 먼 길을 일면식도 없는 이의 안장식을 보겠다고 왔다. 취재를 위한 것도 아니었다. 나는 여기 왜 온 건가.

안장식엔 군인은 적었고, 기자는 많았다. 그 사실이 슬펐다. 대신 그가 살아생전 만났던 동료는 아니었을 이들이, 동료의 이름으로 식장을 메웠다. 안도해야 할지 슬퍼해야 할지 모를 일이었다. 자크 데리다*는 대상의 부재는 최종적인 결별이 아니라, 그 대상에 대한 책임의 시발점이라 하였던가. 나를 움직인 건 일말의 책임감이었다. '윤리적 책임'이라 부를 일인지는 모르지만, 그 책임의 발동은 변희수 하사가 외롭지 않기를 바라는 마음이었다.

---

* 알제리 출신의 프랑스 철학자. "나는 애도한다. 고로 존재한다"라는 그의 말이 알려져 있다.

"변희수 하사가 너무 대단한 사람 같더라고. 나는 (트랜지션) 수술하고 3개월이 지났는데도, 통증이 밀려와서 퇴근하고 싶다는 생각을 계속하는데. 진통제를 달고 일하는데. 그 사람은 수술한 지 얼마 되지 않았는데도 기자회견을 하고. 계속 그렇게 다녔잖아요"[12]

변희수 하사의 소식이 들려올 때면, 나는 이 말을 들려준 이를 떠올렸다. 나의 인터뷰 요청에 응해준 사람. 그의 안부를 묻고 싶었다. 나는 그를 대신해 변희수가 잘 있는지를 보러 온 것이었다. 변희수 하사의 안장식을 찾은 건, 그에게 보내는 나의 안부 인사였다. 그가 잘 있는지. 아니, 우리가 잘 있는지. 애도는 서로의 안부를 묻는 일이라는 걸 막연히 깨닫는다.

애도(받을 자)의 자격을 묻는 세상에서, 변희수 하사의 죽음을 애도의 위치에 놓은 것은 타인들이 보내는 안부 인사였다고 생각한다. 변희수를 모르는 사람들이 변희수에게 보내는 안부 인사. "사회적으로 애도할 죽음인가?"라는 질문에 자격이 아닌 연대와 관계로 답하는 법을 나는 그의 죽음 이후에 배웠다. 그건 어쩌면, 백 년의 시간을 건너온 동지장이 아닐까 한다.

죽기 위해 태어나느라

애도는 떠나는 이와 남겨진 이의 안부를 묻는 일이다. 그러하기에 안부를 묻는 일을 금하는 추모는 상처가 된다. 10.29 이태원 참사에 선포된 국가 애도 기간이 그러하겠다. 참사 직후 7일간 국가 애도 기간이 선포되었으나, 그 사이 참사는 '사고'로 명칭이 변경되고, 영정과 위패는 합동분향소에 오르지 못했다. 얼굴이 있어야 추모의 실체가 드러난다고 생각하진 않는다만(이태원 참사 초기에 영정 사진 공개와 관련해 논란이 일기도 했지만, 사별자들이 온전히 동의하지 않는 한 신상 공개는 어떤 선의로건 있어서는 안 되는 일이라고 생각한다). 국화꽃만 가득한 분향소 제단은 하나의 상징 같았다. "상실했으나 무엇을 상실했는지는 볼 수 없게 하는."[13] 실체 없는 상실은 상실이 될 수 없다. 상실이 없는 곳에 애도가 있을 이유는 없다. 애도 없는 애도 기간이 만든 아이러니다.

한국을 휩쓴 참사로부터 우리가 상실한 것은 무엇이었을까. 그건 다름 아닌 "나"라고 말하는 이들도 있었다. 당사자가 아님에도 참사의 진상을 규명하기 위해 오랜 시간 함께한 사람들을 만나면 종종 듣는 말이 있다. "그게 나였을 수도 있잖아요." 자신을 운이 좋아 살아남은 자라고 여겼다. 그 마음이 온전히 받아들여지는 것은 아니었으나, 그때마다 나는 고개를 주억거렸다.

나의 일상과 안온이 흔들리는 일을 우리는 참사를 통해 경험한다. '나였을 수도'라는 말은 나를 둘러싼 세계의 상실을 의미하기도 한다. 나의 세계는 안전하지도 명료하지도 않다. 삶의 불확실성은 '나'라는 개인의 취약성을 드러내는 동시에 누구에게나 닥칠 수 있다는 '우리' 공동의 운명을 드러낸다. 우리는 살아내야 하기에, 우리의 취약함을 인정하고, 타자에 의존하고 의지하며, 서로를 돌보는 길로 걸어간다.

하얀 국화꽃으로 채워진 분향소는 우리를 타자의 자리에 둔다. 저 제단 위의 인물과 얽혀 있는 우리의 운명을 직시하지 못하게 한다. 영정을 두지 않는다. 이름을 호명하지 않는다. 애도하지 못하도록 한다. 그건 우리가 저이와 너무도 닮았기 때문이다.

"그들은 우리와 너무도 닮았다." 이 말을 한 주인공은 영국 보수당 대니얼 해너 전 의원이다. 그는 전쟁 폭격 아래 우크라이나

인들을 보며 이렇게 말했다. 자신과 닮은 이들이 전쟁에서 죽어간다는 사실이 그에겐 충격을 주었다. 그가 받은 충격은 전쟁으로 사람이 죽는 일로부터 비롯되지 않았다. 분단 국가에 사는 아시아인인 내가 충격에 쓰러지는 장면이 지중해 너머로 송출되더라도 그의 일상은 조금도 흔들리지 않을 것이다. 나는 그의 취약성을 드러내줄 수 없는 인물이다.

내가 "나였을 수도 있잖아요"라는 말을 이해하지 못했던 까닭이 여기 있었다. 산업재해와 직업병 문제를 주로 취재해온 나에게 피해자들을 가리키며 "그게 나였을 수도 있잖아요"라고 말해주는 사람은 없었다. '공장'에서 죽은 이들은 나와 닮은 사람이 되기 어려웠다. 국적이 다른 이들은 말할 것도 없다. 2023년 6월. 경기도 화성시 아리셀 공장에서 화재로 23명이 사망했다. 이 중 18명이 중국과 라오스 국적의 노동자다. 타국까지 와서 공장에서 일하는 사람들. 한국 사회 구성원 그 누구도 자신과 닮았다고 생각하지 않는 이들이 죽었다.

한 공장에서 사망자 23명이라는 놀라운 숫자가 나왔음에도 세상은 안온했다. 나 혼자만 그것에 문제의식을 느낀 것이 아니었다. 아리셀 화재 사건을 다룬 〈과소 재현과 애도의 상실〉[14] 토론회는 아리셀 관련 언론 보도 형태를 비판적으로 성찰했는데, 그 일례로 참사 직후 일주일간 아리셀 관련 보도가 425건인 것에 비해, 그 후 5개월간 보도된 아리셀 관련 기사는 400건이 되지 않았음을 지적한다. 어떤 사안은 빠르게 잊히고 적게 노출된다.[15] 어떤 죽음은 안부를 물어주는 사람이 적다. "나였다면"을 생각하지 않는 죽음이 도처에 있다. 그 죽음에 '나'를 얽으려면 무엇이 필요할까. 나의 취약함으로 저들을 만나려면 무엇이 나의 삶을 흔들어야 할까.

나는 흔들리지 않는 나의 세계가 두렵다. 그 두려움이 나를 움직이게 한다. 문화학자 엄기호는 이런 말을 했다. "외면과 허무 사이의 선택을 거부하고 죽음 양식을 선택하는 것이 인간이며, 이 선택에서 삶을 위해 투쟁하는 살아가는 존재가 된다."[16] 반드시 오는 죽음을 외면하거나, 어차피 오는 죽음을 허무로 비껴가지 않고 인간은 죽음 양식을 선택해왔다. 그것이 문화가 되었다. 선택하고 투쟁하여 살아가는 존재 앞에서 '닮지 않음'은 아무런 이유도 되지 못한다. 삶의 위계도, 죽음의 서열도 소용없다. 우리는 살아가기 위해 투쟁하는 존재이다. 내가 만난 장례지도사들이 '고생했다'며 연신 주검을 매만지는 건 이 때문이다. 이들은 살아가기 위해 해온 투쟁의 고단함을 안다. 김민정 시인은 지인의 생일 카드에 이런 말을 적어주었다고 한다.

"죽기 위해 태어나느라 애썼어."[17]

우리는 모두 애써 살아온 존재이기에 애도한다. 지금 이 글을 쓰고 읽는 동안, 당신과 내가 떠올리지 못한 참사와 죽음, 그리고 전쟁과 학살. 그 모든 죽음에 우리가 가닿기를, 그리하여 안부를 물을 수 있기를.

느슨한, 난잡한, 다소 외로운
: 부산시민공영장례조문단, 부산반빈곤센터 최고운

단식 존엄사에 대해 생각한다. 타이완 대학병원의 의사인 비류잉이 엄마의 단식(을 통한) 존엄사를 조력하는 내용의 책이 국내에 번역된 바 있다.[1] 단식으로 맺는 죽음을 이 책에서 처음 접한 건 아니었다. 《대통령의 염장이》에 나오는 한 할머니는 며칠간 곡기를 끊은 채 광목옷을 입고 정갈하게 마지막을 기다린다. 그를 염습한 장례지도사 유재철은 고인이 깨끗해서 달리 몸을 닦을 것도 없었다고 했다. 그 장면을 머릿속으로 그리며, 그렇게 죽고 싶다는 생각을 했다.

불경하게도(신이 있다면 말이다) 자신이 언제 죽을지마저 정하고 싶어 하는 오만한 생명체가 인간이다. 죽음은 지상에서 입은 자아(에고)의 옷을 반납하는 일이라 했다.[2] 그렇다면 나는 끝내 에고라는 옷을 벗고 싶지 않은 것이다. 경솔하도록 오만한 일임을 안다. 그럼에도 준비된 죽음을 맞고 싶다.

신에게서 삶의 결정권을 가져온 근대의 인간은 이제 죽음의 결정권조차 인간의 영역으로 끌어오려 한다. 하지만 푸코의 '살리는 권력'과 '죽이는 권력'이라는 개념처럼, 우리는 우리의 생사를 결정하는 것이 하늘의 신도, 지상의 나 자신도 아님을 안다. 국내에서 연명치료를 거부할 권한이 개인과 가족 단위에 돌아간 지 불과 10년도 되지 않았다. 2018년 연명의료결정법이 시행된 이후다. 나는 처치실에서 임종을 맞은 할아버지의 죽음을 기억한다. 커다란 대학병원에서 치료를 받고, 바로 옆 대학병원 장례식장에 빈소가 마련되었지만, 그는 골방과 다를 바 없는 처치실에서 눈을 감았다.

저렇게 죽을 순 없다. 당시 스무 살도 되지 않던 나에게 각인된 생각이었다. '처치실'에서의 죽음이 흔하디흔한 것임을 알게 된 후에는 더욱.* 나의 죽음은 내가 정하겠다는 의지가 커졌다. 살리고 죽이는 힘을 가진 이들, 국가·자본·의료 체계에서 벗어나 나의 죽음을 결정하고 싶다. 그건 나의 일생을 휘어잡는 권력에 더는 나를 내주고 싶지 않은 마음이었다. 마지막까지 해보는 발버둥이라고 할까. 그러다가 알게 된 것이 단식 존엄사라는 개념이었다. 하지만 나는 진지한 사람이 아니기에 사람들과 이야기할 때면 농담 삼아 이런 말을 덧붙이곤 했다.

"그런데 며칠 굶다가, 안 되겠다 하면서 라면 한 봉지 끓여 먹을 수도 있어."

이에 한 친구가 진지함을 가장해 말했다.

"그때가 되면 집에 라면 한 봉지도 없을 수 있어."

단식 존엄사가 아니라 굶어 죽을 수도 있다는 이야기. 우스갯소리로만 들리진 않았다. 책은 정말 안 팔리고, 나이가 들어갈수록

---

* "마지막까지 중환자실로 가지 않고 다인실에서 있을 수 없기 때문에 결국 1인실로 가야 하는데 큰 비용이 들죠. 그리고 대부분의 병원이 1인실도 (자리가) 있는 경우가 없습니다. 결국은 마지막 임종 직전에 옮겨지는 곳이 바로 처치실입니다. 처치실이라는 곳은 간호사실 옆에 물품을 쌓아 놓는 공간이거든요. 병원에서 임종이 이렇게 이루어집니다." 박중철 인터뷰, "집에서 임종하고 싶어도, 대부분 병원에서 죽는다", 〈KBS뉴스〉, 2023.4.18.

다른 직업을 구하기 어려울 거고, 가족 자본이 두터운 집도 아니고, 사회보장제도가 잘 마련된 사회도 아니다. 보편 복지라면 경기를 일으키는 입법자들이 반복해 선출되고 있다. 불황의 시기를 살고 있으며, 군수 자본은 전쟁 시장을 뛰어다니고 있다. 가능성이 있다. 우리가 지금처럼 '반사회적'으로 산다면(거창한 것이 아니다. 법적 혼인을 선택하지 않는 것만으로 반사회적이다) 분명 가능성이 있는 이야기다. 라면이 없을 수도 있고, 라면 끓여줄 사람이 없을 수도 있다. 이걸 고독사라고 해야 하나?

여기서 퀴즈. 죽은 지 며칠 뒤에 발견되어야 '고독사'로 분류될까? (지자체마다 기준이 다르지만, 가장 빠른 일수로 따지자면) 행정적 절차로는 3일이라고 했다. 이 사실을 전하면 사람들은 술렁거렸다. 1인 가구 구성원들은 고독사 가능성을 인정할 수밖에 없었다. 사흘 안에 나의 안부를 물어주는 이가 있을까. 훗날 내가 더는 (임금)노동을 안 하고, 친구들이 더는 친구가 아니고, 내 가족도 나이가 들거나 세상이 없다면 누가 나를 3일 안에 찾을까?

그런데 한국은 다른 국가에 비해 더 고독사 문제를 주목하는 편이라고 했다.

"고독사를 영미권에서는 '론니-데스(Lonely Death)'라고 부르는데, 혼자 죽는 일에 대해 그렇게 중요하게 다뤄야 할 문제로 생각하지 않았어요. 한국에서 고독사를 강조하는 거랑 다르죠. 그런데 코로나 팬데믹 이후로 론니-데스 문제가 다른 나라에서도 언론에 나오기 시작했어요."

송인주 연구자(서울시복지재단 선임연구위원)가 강의[3]에서 들려준 말이다. 팬데믹 이후로 고독사 문제가 언론의 주목을 받았다는 것은 "병원에 가지 못하고 집에서 혼자 사망한 의료의 사각지대"

를 발견하였고, 이 문제가 복지 정책 안으로 들어왔다는 것을 의미한다. 그렇다면 한국은 왜 그전부터 이토록 '고독사'에 주목한 걸까? 혼자 죽는 죽음이 왜 이 나라에서는 오래전부터 관심거리, 아니 걱정거리였을까.

혼자 죽는 남자, 사라지는 여자들

혼자 죽는 사람은 없다고 책의 초입에 단언하였지만, 사실 혼자 죽는 사람들은 있다. 다만 무엇을 '혼자인 상태'라 볼 것이냐 하는 문제가 남을 뿐이다. 2021년 4월부터 시행된 '고독사 예방 및 관리에 관한 법률(이하 고독사예방법)'은 고독사의 정의를 '가족, 친척 등 주변 사람들과 단절된 채 사회적 고립 상태로 생활하던 사람이 자살·병사 등으로 임종하는 것'으로 두었다. 고립 상태였던 이가 혼자 죽는 일.

한국은 고독사를 문제로 여기는 사회라 하였으나, 지금껏 지자체에서 내놓은 것은 '무연고 사망자' 숫자였다. 서울, 부산 등 몇몇 지자체만이 자체적인 집계를 했다.[4] 앞서 말했듯 무연고 사망자는 연고 없이 죽음을 맞이한 이가 아니다. 임종을 같이 지킨 이들이 있어도 현행법으로는 무연고로 규정될 가능성이 크다. '고립사, 독거사, 무연사, 고독사'는 같은 말이 아니다. 독거사는 혼자 살던 사람이 홀로 사망하고 발견되는 죽음을 뜻한다. 그렇다고 이 죽음이 고립사는 아니다. 고립사는 사회적 관계가 단절된 사람의 죽음을 뜻한다. 혼자 살고 혼자 죽는 삶의 형태가 '고립'을 의미하지는 않는다. '수원 일가족 사망 사건'*의 경우에는 가족이 함께 있었으나 가족 전원이 사회로부터 고립된 상황이었다. 어떤 죽음을 '고독사'로 볼 것이며, 무엇을 문제화할 것인가에는 정치적 함의가 담겨 있다.

고독사예방법이 만들어지고 2020년 실시한 첫 실태 조사에서 고독사 사망자는 3559명으로 집계되었다. 사망자 100명 중 1명이 '고독사'**했다는 건데, 적지 않은 수다. 여성보다는 남성이 다섯 배 정도 많다. 특히 50~60대 남성이 전체 고독사 사망자의 절반 이상을 차지한다. 무연고 사망자도 마찬가지다. 월등히 남성 비율이 높다. 무연고 사망자 열 명 중 여덟 명이 남성이다.

무연고 사망자를 추적 취재한 책 《남자 혼자 죽다》[5]는 남자는 경제력이 있어야 한다는 고정관념이 스스로를 고립시키고, 한국 사회에 팽배해 있는 불안정 고용과 저소득층 증가, 각자도생의 풍조, 패자부활전이 없는 사회, 중장년층을 대상으로 한 복지 시스템의 부재 등이 혼자 죽는 남자들을 증가시킨다고 설명한다. 이 책은 나에게, 청년 여성들의 자살 생각을 다룬 《증발하고 싶은 여자들》[6]과 하나의 줄을 정반대 끝에서 잡고 선 듯한 인상을 주었다. 중장년 남성의 죽음이 이 사회에서의 낙오를 상징한다면 청년 여성의 죽음은 증발의 형태를 띤다.

《증발하고 싶은 여자들》이 20대 여성들의 자살 생각 원인 중 하나로 '돌봄 위험(돌봄 노동 대상자로 지목되어 당하는 착취 등)'을 짚은 것에 반해, 중장년 남성들의 고독사는 관계 맺음과 일상 관

* '수원 세 모녀 사건'이라 불리는 사건이다. 여기서는 '수원 일가족 사망 사건'이라 부르고자 한다.

** 이 글에서는 현행법에 따른 정의(단절된 채 사회적 고립 상태로 생활하던 사람이 사망하는 일)로 고독사를 부르고자 한다.

리가 되지 않는 사회적 고립이 그 원인으로 지목된다. 관계의 자장 안에서 돌봄(노동)을 압박받는 성별과 자기 돌봄조차 훈련하지 못한 성별이 있다. 이렇듯 가부장제 이분법은 경주하듯 위험으로 뛰어 들어간다. 젊은 여성들의 자살 급증 현상을 두고 〈슬랩〉(한겨레 젠더미디어 유튜브 채널)은 "조용한 학살"이라 명명했다. 이 세상은 어떤 의미로는 학살터다. 기록조차 남기지 않는 조용한 학살이 있는가 하면, 숫자로만 중히 기록되는 학살도 있다.

앞서 언급한 송인주 연구원은 고독사를 집계하고 그 경향성을 추적하는 일을 두고 '사회적 부검'이라 표현했다. 서울 등 몇몇 지자체에서 고독사를 집계하는 법은 '변사'로 처리되는 시신의 사망 기록을 통해 추정하는 방식이다. 시신의 부패 상태와 최초 발견자를 통해 고독사라 불리는 죽음이 분류된다(최초 발견자는 이웃, 집주인, 요양보호사 등일 가능성이 크다). 이렇게 모인 숫자들은 사망의 규모를 말해줄 뿐 그들의 사인을 말해주지는 않는다. 이때 사회적 부검이 등장한다. 부검은 사인을 밝히기 위해 진행하는 작업이다. '하루 10명꼴로 고독사'한다는 통계를 넘어 고독사가 어떤 성별·연령·지역·주거 형태·직업군 등에 집중되는지, 그 분포 형태가 어떠한지를 추적해 사회적 사인을 밝힌다.

50~60대 남성이 고독사 사망자의 절반을 차지한다고 했다. 이는 1인 가구의 확산을 염려하거나(1인 가구의 비율이 40퍼센트를 넘어선 상황에서도 여전히 이 현상을 예외적인 일로 취급한다), IMF 경제위기 때처럼 "가정으로 돌아가자"라며 홈리스 남성에게 '가장'의 왕관을 돌려주는 방식으로 해결될 수 없다. 그건 '수원 일가족'에게 다시 가장 역할을 할 사람을 찾아주었어야 한다는 이야기밖에 되지 않고, 자기 돌봄이 안 되는 중장년층에게 '집안의 (돌봄)

노동자'를 제공하자는 소리에 불과할 뿐이다.

현재의 복지 체계에서 중장년층을 대상으로 한 지원은 사각지대에 놓여 있다. 이 싱크홀 같은 공백은 왜 생겨나는가. 원인은 분명하다. 중장년층은 '노동 가능 인구'에 포함되기 때문이다. 그들이 실제로 일을 하는지는 상관없다. 설사 노동하고 있지 않거나 노동할 수 없다고 해도 이들은 잉여 노동군으로 분류된다. '잉여인간'이라는 말이 신조어처럼 재등장한 2000년대 중반, 경제 성장은 멈추고 취업은 어려워졌다. 젊은 세대의 자조 뒤편에, 진짜 잉여 취급을 받는 세대가 있었다. '쪽방촌의 사회적 삶'을 조사 연구한 정택진의 말처럼 "후기 자본주의하에서 등장하는 잉여노동인구는 말 그대로 더 이상 노동시장이 필요로 하지 않는 잉여가 되었다."[7] 그들은 혼자 죽은 후에야 자신의 존재를 드러낸다.

그러므로 지금으로는 당장 '지표상'에서 특정 연령과 특정 성별의 고독사 비율이 줄어들 일은 없다. 세상이 당장 바뀔 일은 없으니까. 그건 신자유주의 사회에서 노동과 잉여가 어떻게 구분되고, 그에 따라 시민적 가치와 위상이 배분되는지 등 사회 전반의 변동 속에서 결정되는 일이다.

희한한 일

"혼자 죽는다고 외로운 죽음은 아니다." 이 말을 한 사람은 국내에도 잘 알려진 일본의 사회학자인 우에노 지즈코다. 그가 2021년에 펴낸 저서의 제목은 이러하다. 《집에서 혼자 죽기를 권하다》[8]. 혼자 죽는 일을 불쌍하게 볼 것 없다고 했다. 명칭도 정정한다. 고독사 대신 '1인 재택사'다.

병원에 입원하여 마지막을 보내고 처치실 골방에서 죽는 삶이 두려웠던 내게는 1인 재택사라는 발상의 전환이 반가웠다. 그런데 1인 재택사가 성립하려면 몇 가지 조건이 있다. 우선 장기요양 보험 같은 노년·간병 보험이 있어야 한다. 그리고 혼자 죽겠다는 나를 비난하거나 뜬눈으로 염려하는 사람이 없어야 한다. 있더라도 설득과 협상의 여지가 있어야 한다. 이해받아야 한다. 그러니까 복지망과 관계망이 존재해야 한다는 소리다. 어떻게 죽기를 원하건 이 두 가지가 필요하다.

불과 50년 전만 해도 집에서 죽지 않으면 객사라고 슬퍼했고, 오늘날엔 집에서 죽으면 잘못된 죽음처럼 여긴다. 그러더니 새로이 '홀로 집에서' 죽기를 권하는 이야기가 나온다. 그러고 보면, 내가 객사의 개념을 달리 받아들인 건 데파코트가 쓴 〈죽음의 위계화에 저항하며〉를 본 이후였다. 단정적이고 간결한 문장으로 쓰인 선언문은 '집을 떠나 맞는 죽음'을 이리 말했다.

"집이 없는 존재들은 자신이 원하지 않는 장소, 내가 선택하지 않은 장소에서 죽음을 맞아야 한다."⁹

집이 없는 존재들이 존재한다. 세상이 그들의 '집'이길 원하지 않기 때문이다. 그들은 자신이 원하거나 선택하지 않은 장소에서 죽음을 맞아야 한다. 이들의 죽음은 집이라는 물질성과 무관하게 '객사'다. 그렇다면 객사는, 내가 원하고 선택한 곳이 아닌 장소에서 죽음을 맞이하는 일이다.

장소는 시공간만을 의미하지 않는다. 경험과 기억, 가치와 관계 등 유·무형의 상호작용으로 장소성이 만들어진다. 우에노 지즈코가 말한 집은 주택이라는 의미를 뛰어넘는다. 내가 주체적으로 꾸려온, 안전하고 편안하고 일상적인 공간의 상징이 집이다. 그러한 장소를 마련하기 위해 우리는 사는 것이 아닐까. 삶은 그 자리를 마련하기 위한 분투의 연속이다. 열심히 싸웠고, 이제 고요하게 떠나면 되는 일인가. 산뜻하다. 산뜻하긴 한데 좀 헛헛하다. 시끌 벅적한 것이 인생인데 너무 고요해서일까.

편하고 고요한 1인실을 두고 6인실 병실에 입원하는 이유는 단지 비용 때문만이 아니다. 가족이나 간병인이 상주하지 못하는 경우가 많다. 6인실 병실에서 돌봄은 순환한다. 옆자리 병상의 가족이나 그쪽 간병인이 내 침대를 올려주기도 하고, 환자인 내가 옆자리 환자를 위해 간호사를 불러오기도 한다. 사람이 있는 곳엔 어디든 돌봄이 있다. 주검이 들어가는 관은 '1인실'일 수 있어도 삶은 1인실이 아니다. 1인실에 머물 수 없는 삶을 유지하기 위해 돌봄은 끊임없이 확장된다. 그리고 돌봄은 죽음의 순간에도, 그 시간을 넘어서도 계속된다. 우리의 안온한 집은, 여럿의 확장된 돌봄이 없다면 마련되지 않는다. 그러니 혼자 죽지만 혼자 죽는 일 같은 건 없다.

시민 조문단

혼자 죽지 않는 사람은 혼자 떠나지 않는다. 사람 속에서 내 뜻대로 죽는 일을 찾아다니던 내가 당도한 곳은 '부산반빈곤센터'다. 빈곤한 죽음을 보러 왔냐고 묻는다면, 아니다. 아니긴 한데 반빈곤센터가 기획한 강의에서 처음 접한 내용은 이주노동자 홈리스 이야기였다. 체류 기간을 넘겨 미등록 신분이 된 이주노동자가 머물 곳이 없어 노숙을 했다. 그렇게 홈리스가 된다. 있을 법한 상황인데, 외국인 노숙자는 생각하지 못했다. 아니다. 내가 언제 홈리스에 대해 진지하게 생각해본 적이 있던가.

"그분이 한 달 후면 강제로 본국으로 돌아가게 되는 상황이었어요. 그 시간 동안 오갈 데가 없잖아요. 저희가 복지 기관을 통해 이분의 사정을 알게 되었는데, 한 달 동안만 머물 곳을 찾아 드리기로 하고 몇몇 시민단체가 돈을 모았어요. 그래봤자 고시원을 구하는 도움 정도였는데."

슬○○라는 이름을 지닌 그는 간경화 말기 환자이기도 했다. 시민단체 활동가들이 긴급 의료 지원을 받도록 조력했지만, 결국 그는 고시원 작은 방에서 일주일 만에 눈을 감는다.

"그래도 살아생전에는 의료 지원 같은 복지라도 찾아볼 수 있었는데, 돌아가신 후에는 아무런 제도가 없는 거예요. 어떻게 하나. 우선 장례를 치러야죠. 돈을 모았어요. 그런데 인근 쪽방촌 주민들에게 장례 소식이 전해진 거예요. 서로 얼굴을 전혀 몰라요. 주민 중에 이 이주노동자를 아는 분이 하나도 없어요. 그런데 희한하게도, 이게 '나의 일이 될 수 있겠구나' 하는 생각을 하셨던 것 같아요. 그래서 마을 분들이 조문을 오셨어요. 저희가 최초로 마을에서 치른 공동체 장례식이 된 거예요. 이걸 계기로 장례식에서 만난 쪽방촌 주민들하고 함께 모임을 시작했고요. 모임을 하다 보니, 이렇게 돌아가신 분들이 너무 많은 거예요. 그래서 공동체 장례를 치르게 된 거죠."

강연 자리에서 이야기를 전해준 이는 임기헌 부산반빈곤센터 활동가. 그를 비롯한 주민들이 아는 것이라고는 이름과 국적밖에 없는 이의 장례를 치렀다. 빈곤 운동을 오래 해온 활동가들에게도 새로운 경험이었다. 얼굴도 모르는 사람들끼리의 조문과 애도. 장례가 맺어준 인연을 이어나가며 활동가들은 장례 없는 죽음이 흔한 일임을 알게 됐다. 이별 없는 죽음이 쪽방촌 주민들에겐 낯선 경험이 아니었다. 대다수가 기초생활수급자였다. 이들에겐 사망 후 장제 급여가 일부 제공되지만 대개 무빈소 장례로 처리됐다.

"무빈소 장례라 해도 영정 사진은 놓아야겠다 싶어서 우리가 사진을 가지고 와서 만들었어요. 처음에는 그것밖에 방법이 없었어요."

방법이 없어 방법을 찾아다녔다. 그즈음 서울에서 공영장례 조례가 마련되었다는 소식을 듣고, 부산도 조례 제정 운동에 들어간다. 실태 조사도 하고 토론회도 열며 지역사회에 문제를 환기시켰다. 나눔과나눔의 박진옥도 부산에서 열린 조례 제정 토론회[10]에 참여했다. 그날 박진옥은 발표문에 한강 작가의 소설 속 문장을 가져온다.

"당신이 죽은 뒤 장례를 치르지 못해 내 삶이 장례식이 되었습니다."[11]

나는 아직도 이 말이 어렵다. 하지만 자신이 이 세상에 존재했음을 장례라는 의례로 증명받고자 하는 쪽방촌 주민들은 달랐다. 제정 운동은 빠르게 성과를 맺어간다.

"완벽하진 않았지만, 우리 주민 모임 분 중에 장○○ 님이 계셨는데, 동구에서 제일 처음으로 구청 공영장례 조례로 장례를 치렀어요. 처음으로 빈소를 차려서 1일장을 해서 보내드린 거예요."

2021년 부산시는 공영장례 조례를 제정한다. 당시 조례를 제정한 지자체는 17곳 중 9곳에 불과했다.

"그분의 장례를 치르면서 구청도 좀 많이 각성하게 되고. 부산 시민 누구라도 세상을 떠날 때는 안정적으로 장례를 보장받을 수 있게 하자는 여론을 형성한 계기가 되었던 것 같아요."

우연히 치렀던 공동체 장례는 지자체의 공영장례 조례를 만드는 데까지 이어진다. 돌이켜 보면 무슨 일인가 싶지만, 그런 일들을 함께 했다. 이후로 부산시민공영장례조문단을 꾸렸다. 부산시에선 무연고 사망자의 빈소가 장례식장에 마련되는데, 빈소에 시간을 내어 조문을 가는 시민들을 모은 것이다. 이날 내가 들은 강좌가 바로 시민 조문단을 양성하는 교육이다.

교육에 참가한 사람들은 다채로웠다. 나이대, 성별, 직업군 모두 각기 달랐다. 부산반빈곤센터 최고운 대표가 들려준 이야기는 이러했다.

"정치적으로 보수적인 분이건 진보적인 분이건, 종교가 있건 없건, 대체로 다 공감을 하시더라고요. 특히 어르신들은 굉장히 적극적이세요. 조만간 자신에게도 닥칠 일이라 생각하니까. 센터에서 조문을 못 갈 때조차 본인이 혼자 가신다고 하는 분들도 있거든요. 그리고 의외였던 건 청년분들의 공감도 크다는 거예요. 청년들을 만나서 이야기를 들어보면, 세월호 참사도, 이태원 참사도, 죽음이 자신의 삶 가까이 찾아온 시간을 보낸 거예요. 그러면서 누구에게나 언제든 올 수 있는 죽음이라는 지점에서 공감하는 부분이 커졌다고 하더라고요. 우리 근현대사를 관통하는 여러 사건과 사고들이 있었고, 그게 죽음이라는 형태로 우리 주변에 공기처럼 머무르고, 그걸 우리가 보고 겪고 학습하잖아요. 그런 우울과 절망에서 멈추지 않고 나와 타인의 죽음에 관심을 가지게 된 것이 하나의 고무적인 변화라는 생각이 들어요."

우리를 죽음으로 이끄는 시스템은 오랜 시간 변치 않았다. 형태를 달리해 나타나지만, 결말은 소중한 누군가를 잃는 일로 나타난다. 하지만 그 죽음을 직면하는 우리는 변하고 있다.

"할머니가 돌아가셨는데, 사실혼 관계인 할아버지가 계셨어요. 그런데 장례를 치를 자격으로 처리가 안 되어서 한 달 동안 안치를 하셨어요. 그 사이에도 몇 번을 장례식장에 와서 시신을 만지고, 그런 분이었는데. 결국 장례를 치르게 되어서 이웃 주민들하고 조문단도 함께했는데. 할아버지가 크게 놀라시는 거예요. 우리 할매가 외롭게 가는 줄 알았는데, 사람들이 이렇게나 많이 올 줄 몰랐다고, 마음이 너무 좋다고."

떠나는 길을 배웅해주는 사람이 있다는 건 고마운 일이다. 그리고 그 사람들이 개별적 시민에 머물지 않고 내가 사는 마을에서 움직이는 사람들이라면, 살아가는 일이 조금 더 수월치 않을까.

"주민공동체가 도서관을 중심으로 형성된 곳이 많아요. 한 날은 이분들이 죽음과 관련된 동화책을 들고 오셔서 빈소에서 시간을 보내시는 거예요. 동화책을 읽으며 자신들끼리 소감도 나누고 그렇게 애도의 시간을 보내는 거죠."

빈소에 들어서서 영정 사진 속 고인의 얼굴을 처음으로 마주한다. 그의 삶을 모른다. 하지만 그곳에서 각자만의 방식으로 애도가 이뤄진다.

"지역에는 굉장히 자원이 많거든요. 주민자치회든 자원봉사 단체건. 다양한 풀뿌리 모임들이 많아요. 마을 만들기이니 도시 재생이니 하는 정책들로 인해 만들어진 모임과 공간들도 많고요. 이미 존재하는 틀에서 공영장례의 조문을 고민하고 해볼 수 있을 것 같아요. 마을 모임을 묶을 수 있는 거죠."

모르는 사람들이 아니다. 우리 마을에 살던 사람의 장례에 참석한다. 마을은 뿌리가 다른 사람들이 만들어온 역사를 품은 곳이다. 공영장례 활동가들이 쪽방촌을 거쳐 만나게 된 이들이 있다.

부산 집단 수용 시설인 영화숙·재생원 피해 생존자들이다. 선감학원이나 형제복지원 등으로 알려진 집단 수용의 역사다.*

"어느 야산을 보시다 '저기 일찍 죽은 친구들이 묻혀 있다'는 식의 말씀을 하세요. 늘 마음에 안고 살아가시더라고요. 국가로부터 받아야 하는 배상과 사과 문제도 있지만, 죽음이라는 그림자를 짊어지고 살아온 분들이에요. 그러니까 죽음을 대비하는 마음들이 있으시더라고요. 적어도 남은 삶이라도 조금은 평안하게 누리고 가고자 하시는 거고, 먼저 간 삶을 제대로 배웅해주길 원한다고 하시죠."

그래서 타인의 장례에 조문을 간다. 배웅받기를 원하는 삶이니, 먼저 떠난 공동체의 성원을 배웅한다.

"현대사의 흐름에서 감금이 되었냐 아니냐의 차이만 있을 뿐. 누구나 그 역사를 겪어왔잖아요. 다른 자리에 있었지만, 나도 피할 수 없는 일이었을지도 모른다. 그 나이대 분들은 이리 생각하시는 것 같아요."

빈소에 앉아 조문객들끼리 자신을 비껴간 공동의 운명을 확인한다. 마을의 역사가 그렇게 움직인다. 최고운 대표는 자신이 기다리는 마지막을 이렇게 말했다.

"맛있는 거 먹고 재미난 이야기를 하고 그분과 관련된 기억도 꺼내 보고. 그렇게 되면 좋겠다. 나의 장례도 역시. 떠난 사람이 무엇을 좋아했고 어떤 사람이었는지를 서로 이야기하는 게 제일

* 영화숙·재생원은 부산 형제복지원의 모델이 되기도 했던 수용소다. 1951년 영화숙이 설립돼 50여 명을 수용했는데, 1976년 영화숙·재생원으로 확대됐다.

중요한 것 같아요. 그 자체가 추모라 생각해요."

문화학자 기시 마시히코는 자신의 저서에 이런 말을 옮겨 담았다. "내가 죽더라도 이런 사람이었구나 하는 소리를 들으면, 그게 제삿밥이지."[12] 애도는 이야기이다. 그 이야기에는 "이런 사람이었지" 하는 기억이 담긴다. 꼭 고인이라는 사람을 경유해야 하는 것도 아니다. 고인이 살아온 시공간에서 저마다 자라고 늙어간 사람들이 모여 기억을 나눈다. 누군가는 동화책을 읽고, 누군가는 자신을 피해간 수용과 학살의 과거사를 떠올린다. 마을 단위에 머무는 일도 아니다. 때로 저 멀리, 국경을 넘어 애도가 온다. 제주 4.3 희생자들의 시신이 해류를 타고 대마도로 흘러갔을 때, 그곳 사람들은 시신을 거둬 안장했다. 이후 일본에서 4.3을 배우고 기리는 모임(한라산회)이 만들어졌고 지금껏 매년 위령제를 지내고 있다. 우리는 죽음을 맞이할 수밖에 없는 운명을 지닌 인간이자, 동시대의 어떤 일을 겪고 보고 들은 시민이자, 삶을 꾸려온 존재다. 그 실존의 감각이 빈소를 채운다. 그렇게 나와 어딘가 닮은 '그'를 알게 된다.

함께, 망설임

"그 친구가 재작년에 세상을 떠났어요. 제 큰 부분이 없어져버린 거죠."

인디언핑크색 표지에 이끌려 첫 장을 연 책이 있다. 그 책에서 이 문장을 보았다. "세상을 떠났어요." 김민정 시인이 책에 담은 인터뷰에 희극인 박지선의 이름이 있었다. 친구를 떠나보냈다는 그이는, 이제 그 자신이 이 세상 사람이 아니다.

"그 빈자리는 절대로 못 채울 테지만, 그 빈자리는 계속 느끼게 될 테지만, 뭐라도 하고 싶어서 재작년부터 그 친구가 나가던 독서 모임에 나가고 있어요. 슬픔을 이기는 방법은 다 상대적인 거니까. 다들 어떨지 모르겠는데 이 독서 모임 친구들은 그걸 책에서 찾기도 하더라고요."[13]

그가 생전에 남긴 말을 보며, 나는 고인이 된 친구의 빈자리를 찾아 독서 모임에 간 그를 떠올린다. '없다'와 '있었다' 사이의 간극을 메우는 것이 우리의 슬픔이라면, 그 슬픔은 어떻게 지나 보내야 하는 걸까. "슬픔을 이기는 방법은 다 상대적인" 것임을 알았던 그는 독서 모임에서 친구의 자리에 앉았다. 애도의 장이 된 독서 모임은 그 뒤로 어떻게 이어졌을까. 그가 떠난 후에도 유지가 되었을까. 그가 책을 좋아했다니. 몰랐다. 그가 좋아한 책 중에 내 책장에 꽂혀 있는 책이 있으려나. 집에 두고 온 책장을 머릿속에 더듬어본다. 한 권 정도 찾아 읽어야겠다. 그가 좋아하는 책으로 그를 기억해야겠다고 생각한다.

없어진 자리를 메울 슬픔을 말해왔지만, 어쩌면 우리가 슬픔으로 메우려는 것은 "상실된 자리가 아니라 마련해야 하는 자리"[14]일 것이다. 사라진 자리가 아닌 깃드는 자리. 철학자 고병권의 말을 빌려왔다. 떠나간 이와 남겨진 자의 자리를 마련하기 위해, 기억한다. 기억하는 행위는 독서 모임 공간을 빈소로 만들고, 책장을 봉안당으로 삼는다. 어디든 우리를 묶어놓은 운명을 눈치채는 자들이 공동체로 묶인다.

《돌봄 선언》의 저자 더 케어 컬렉티브는 "돌봄 문제는 가족이나 친척 같은 아주 가까운 관계의 친밀함에만 연관된 것이 아니라"고 했다.[15] 분야와 전문성, 인종과 남녀노소를 가리지 않고 "사회

구성원 누구라도 무차별적 돌봄의 몸짓을 실천하는"[16] 행위가 필요하다. 나는 그의 '난잡한 돌봄' 개념을 이별 의례에 가져오고 싶다. 누구라도 무차별적 애도의 몸짓을 실천하는 일이 필요하다.

쪽방촌 주민이 이주노동자의 장례를 찾듯, 무연고자의 빈소에서 마을 독서 모임 회원들이 나타나듯, 그 행위가 우리를 우리로 만나게 할 거라 믿는다. 나는 내 죽음마저 선택하고 결정하고 싶다고 고집을 부렸지만, 그건 혼자 알아서, 어느 날 언제 갈지를 정하겠다는 의지가 아니다. 나의 죽음을 준비하고 싶다는 바람이다. 살아갈수록 '나'라는 명칭이 1인칭을 지칭하는 단어가 아님을 알게 된다. 나는 나를 만들어온 토대와 관계 속에서 규정되고, 장례는 우리가 생전 만들어온 유대와 관계, 정치와 가치관을 드러내고 재생산하는 장이다. 그러니 나를 나로서 만들어온 것들을 살펴 이별할 준비를 하고 싶다. 그 준비를 완수하고 싶다.

설사 미처 다 이별하지 못하고 가더라도, 나를 대신해 이별을 완수해줄 사람이 있다면 그 또한 기쁜 일이다. 그들이 내 장례에 모여, 설사 한자리에 모이지 않더라도 "이런 사람이었지"하고 제삿밥 건네듯 나를 기억하고 이별해준다면 그것이 내가 만들고 마련한 새로운 관계이자 자리이다. 비록 나를 모른다 하더라도 어느 날 어떤 이가 내가 좋아했던 책을 책장에서 찾아 읽어준다면, 그 또한 이별이겠다. 그 이별이 공동체에 녹아든다면, 이것은 참으로 존엄한 죽음이겠다. 나는 조금이나마 존엄하고 싶다.

우리에겐 난잡하고, 느슨하고, 다소 외로운 애도가 필요하다. 여기에 생각이 다다른 끝에 질문은 다시 꼬리를 물기 시작한다. 어디까지 난잡하고, 느슨하며, 외로워야 하나. 난잡하고 느슨한 관계는 어디서 어떻게 물꼬를 트나. 나의 모든 생각은 이 시대를 함께 살아가는 누군가가 건넨 글과 말에서 나왔기에, 이 문장을 시작으로 거듭 답을 찾아가려 한다.

"살고 죽는 데는 정답이 없어요. 함께 마지막의 마지막까지 망설이면 돼요."[17]

나오며_산 사람의 자리

이 말을 좋아한다. "산 사람은 살아야지." 이 말을 떠올리면 왠지 슬픔에 몸을 가누지 못하는 이의 옆에서 뽀얀 쌀밥을 한 숟가락 퍼 담아 건네는 이의 모습이 그려진다. 먹고 힘내라는 마음. 힘내어서 살건, 힘내어서 싸우건, 힘내어 애도하건, 우선은 힘을 내야 한다. 취재차 만난 어떤 이는 '생때같다'고 밖에 표현하지 못할 자녀를 중 대재해로 잃었다. 빈소에 우두커니 앉아 몇 날 며칠을 보내다가 눈 앞에 놓인 육개장에 숟가락을 떠 넣을 때, "자식을 먼저 보내도 밥은 들어간다. 사는 게 다 그렇다"고 누군가 흘려 하는 말을 들었다고 했다. 그 후로 그는 밥을 먹지 못했다. 나는 이따금 그 일을 생각한다. 환청이었을까. 그렇게 믿고 싶었다. 그런 말을 한 사람 같은 건 없다고 믿고 싶었다. 대신 나는 누군가 쌀밥을 한 숟가락 가득 퍼서 그의 입에 가져가는 장면을 그린다. 그런 사람이 우리 곁에 있다고 믿는다. 산 사람은 그래서 산다.

산 사람은 살라는 말은 죽은 사람은 잊고 상처는 묻고 기억은 지우라는 말이 아니다. 남은 사람들은 살아갈 일을 생각해야 한다. 그건 내일 밥을 먹고 모레 잠을 자는 일이 아니다. 어떤 세상에서 살아갈 것인가를 생각하는 일이다. 내 자식의 죽음 같은 일이 반복되는 세상에서 살아갈 수는 없다. 그 마음으로 산다. 노벨문학상

수상 기념 강연에서 한강 작가는 '죽은 자가 산 자를 구할 수 있는 지' 물었다. 우리는 이 답을 안다. 언제나 죽은 이는 산 자를 구한다.

주

들어가며_없음의 노동

1. 《미쓰 홍당무 각본집》(이경미 외, 플레인, 2020) 버전을 따른다.
2. 《없음의 대명사》(오은, 문학과지성사, 2023) 해설에서 오연경 평론가가 한 말이다.
3. 김지수, 〈재독 화가 노은님: 그냥 받아들이세요, 날씨처럼〉, 《자기 인생의 철학자들》, 어떤책, 2018, 191쪽.
4. 김지수·이어령, 《이어령의 마지막 수업》, 열림원, 2021, 32쪽.

1. 고복

가장 먼저 보이는 건 손
1. 이시무레 미치코, 김경인 옮김, 《고해정토》, 달팽이출판, 2022, 65쪽.

'아무리'와 '아무나'사이의 일, 장례
1. "죽음을 너무도 잘 숨기는 바람에, 우리가 죽지 않는 첫 세대라고 거의 믿어도 될 지경이 되었다." 케이틀린 도티, 임희근 옮김, 《잘해봐야 시체가 되겠지만》, 반비, 2020, 21쪽.
2. 로버트 풀검, 이계영 옮김, 《제 장례식에 놀러 오실래요?》, 김영사, 2000, 43쪽.
3. 같은 책, 214쪽.

2. 반함

이거 괜찮은 직업이다
1. 유재철, 《대통령의 염장이》, 김영사, 2022, 163쪽.
2. 같은 책, 163쪽.

이름을 넣어주려고 해요

1 양수진,《이 별에서의 이별》, 싱긋, 2022.

3. 성복

누구든, 그게 당신이다

1. https://www.15774129.go.kr
2. 김시덕,《한국의 상례문화》, 민속원, 2012.

4. 발인

생활에서 익힌 거지

1.《수의 만들기》(남민이, 우리출판사, 2007),《여자 수의 만들기》(곽명숙·박춘화, 경춘사, 2014), 한국민속대백과사전, 한국민족문화대백과사전 등을 참고하였다.
2. 〈수의장 한상길 인터뷰-전통 수의와 장례〉, 평택문화원, 2015.9.26.
3. 사단법인 한국장례협회 주관, 〈우리 시대 장례문화를 진단한다〉, 국회제4간담회실, 2019.11.12.
4. 김동원, 〈삼베수의는 일제잔재인가? 설득력 부족〉,《하늘문화신문》, 2020.1.9.

장례 3일은 짧아요

1. 강준만, 〈한국 장례의 역사: '산 자'를 위한 인정투쟁인가?〉,《인물과 사상》, 2007.5.
2. 정일영, 〈일제 시기 '묘지, 화장장, 매장 및 화장 취체 규칙'에 관련된 기록들〉,《기록인(IN)》제20호, 2012.
3. 특별기획팀, 〈'SK 70년' 형제동행_선대회장 최종현〉,《이코노텔링》, 2023.11.14.
4. 송옥진, 〈여성 최초 화장로기사 이해루·박○○ 씨 "여성 화장로기사, 매일 마주치는 죽음과 슬픔"〉,《한국일보》, 2012.2.10.
5. 로버트 풀검, 앞의 책, 222쪽.
6. 사과집,《딸은 애도하지 않는다》, 상상출판, 2021, 19쪽.

7. 박광수,《민낯》, 소란, 2013, 91쪽.

8. 엘리자베스 퀴블러 로스·데이비드 케슬러, 류시화 옮김,《인생 수업》, 이레, 2006, 10쪽.

좋은 집에 사는 사람은

1. 최창조,《사람의 지리학》, 서해문집, 2011.

2. 기세호,《적당한 거리의 죽음》, 스리체어스, 2017.

3. 기세호,〈도시시설로서의 정착을 위한 묘지의 법제도적 유형에 대한 연구〉,《대한건축학회논문집》40호, 2024.

4. 김성호,〈'한국풍수인물사' 펴낸 최창조 전 서울대 교수〉,《서울신문》, 2013.12.14.

5. 반곡

장례희망

1. 이찬혁의 곡〈장례희망〉에서 제목을 빌려왔다.

2. 홍민정 글, 오윤화 그림,《모두 웃는 장례식》, 별숲, 2021.

3. 앤드루 조지, 서혜민 옮김,《있는 것은 아름답다》, 일요일, 2017.

4. 앤드루 조지,〈있는 것은 아름답다〉전시.

5. 모리스 블랑쇼, 박준상 옮김〈밝힐 수 없는 공동체〉,《밝힐 수 없는 공동체, 마주한 공동체》, 문학과지성사, 2005, 14쪽.

남좌여우

1. 플랫팀,〈언니가 원하는 장례식을 위해선 여자도 상주가 될 수 있어야 했다〉,《경향신문》, 2021.12.23.

2.〈2021 진해문화재 야행〉에서 복원된 연도여자상엿소리 공연을 참조하였다.

3. 최자운,〈도서 지역 여성 구연 상여 소리 연구〉,《민속학연구》제18호, 2006.

4. 전정효,〈여성 상두꾼〉,《구야구야 지리산 갈가마구야》, 참, 1992, 362쪽.

5. 최자운, 앞의 글.

6. 전정효, 앞의 글, 363쪽.

7. 최자운, 앞의 글.

8. 같은 글.

9. 같은 글.

10. 이병옥 구술·김도영 면담, 《용인사람 용인이야기: 용인 근·현대사 증언 구술 생애 자료집》, 용인문화원, 2016.

11. 오지민, 〈장례식 장(場)에서 여성 상주의 인정과 상징투쟁〉, 《문화와사회》, 제30권 3호, 2016.

12. 같은 글.

귀신을 믿나요?

1. 다스슝, 오하나 옮김, 《나는 장례식장 직원입니다》, 마시멜로. 2020.

2. 부산광역시, 〈'흰여울 마을 생성과 주민생활변천 구술조사·수집' 보고서〉, 경성대학교 산학협력단 한국학연구소, 2015.

3. 김지수·이어령, 《이어령의 마지막 수업》, 열림원, 2021, 25쪽.

장례는 이사가 아니기에

1. 케이틀린 도티, 임희근 옮김, 《잘해봐야 시체가 되겠지만》, 반비, 2020, 12쪽.

2. 김시덕, 《한국의 상례 문화》, 민속원, 2012.

3. 김시덕, 〈현대 한국사회 전통 상례의 현황과 과제〉, 《국학연구》 17호, 2010.

4. 〈100만원 꽃 사면 30만원…장례식장 리베이트 두고 '술렁'〉(《한국경제》, 2024.5.30.), 〈'유족 두번 울리는' 장례식 바가지 피하는 법〉(《한겨레》, 2021.5.31.), 〈"장례업계 고질적 리베이트"장례비리 1천114명 검거〉(〈SBS 뉴스〉, 2014.11.23.) 등 장례업계에서 암묵적으로 행해지는 '리베이트'를 고발하는 보도는 꾸준히 나오고 있다.

5. 김다빈, 〈크루즈·유학 끼워 팔던 상조社 폐업…가입자 '날벼락'〉, 《한국경제》, 2024.11.5.

6. 박현군, 〈회원 빨리 죽어야 이익 보는 상조회사? … 구조 개선 시급〉, 《민주신문》, 2012.8.14.

7. 같은 글.

8. 그레이몰·채비, 〈그레이몰 특집 인터뷰: 채비5. 장례지도사가 ○○○ 소속이 아

니에요?〉, https://www.youtube.com/watch?v=UN6eO4btT64

9. 사과집, 《딸은 애도하지 않는다》, 상상출판, 2021, 27쪽.

10. 아서 프랭크, 메이 옮김, 《아픈 몸을 살다》, 봄날의책, 2017, 28쪽.

11. 석진희, 〈코로나 마지막 길 배웅하는 유일한 사람 "가족이 못 보시니…"〉, 《한겨레》, 2020.10.17.

12. 고타니 미도리, 현대일본사회연구회 옮김, 《죽음과 장례의 의미를 묻는다: 고독사 시대에 변화하는 일본의 장례문화》, 한울, 2019.

13. 송효진 외, 《2019 가부장적 가정의례 문화의 개선을 위한 정책방안 연구: 장례문화를 중심으로》, 한국여성정책연구원, 2019.

챠비가 되었습니까?

1. 한겨레두레협동조합이 화우공익재단의 지원을 받아 진행한 〈시각장애인 장례문화인식개선 연구조사〉(2021)에서 참고하였다.

6. 우제

죽은 자들의 날

1. 케이틀린 도티, 임희근 옮김, 《좋은 시체가 되고 싶어》, 반비, 2020, 17쪽.

2. 〈베트남 어민의 장례 문화와 사후 세계관〉(이준원, 《도서문화》 제59집, 2022)의 내용을 참고하였다.

3. 〈현대 몽골사회 장례의 변화와 과제〉(노로브냠, 《몽골학》 제63호, 2020)의 내용을 참고하였다.

4. 〈산 자와 죽은 자의 선물 교환과 믿음 체계 : 인도네시아 남 술라웨시 섬의 따나 또라자 장례식의 사례〉(홍석준, 《순천향 인문과학논총》 제34권 제2호, 2015)를 참고하였다.

5. 스터즈 터클, 김지선 옮김, 《여러분, 죽을 준비 했나요》, 이매진, 2015.

6. 박정원, 〈'GLOCAL' 담론의 현장, 미국-멕시코 국경〉, 그린비출판사 블로그, 2009. https://blog.naver.com/greenbeebooks/221595429480

7. 케이틀린 도티, 앞의 책, 89쪽.

8. 이도정, 〈20세기 한국 애장의 방식과 의미〉, 《한국민속학》 79호, 2024.

9. 같은 글.

10. 같은 글.

당신은 혼자 죽을 수 있나요?

1. 최진영, 《구의 증명》, 은행나무, 2023, 39~40쪽.

2. 최진영, 앞의 책.

3. 김민석, 《애도하는 게 일입니다》, 지식의숲, 2023.

4. 부용구, 〈저는 무연고 사망자의 연고자입니다〉, 《프레시안》, 2020.7.4.

5. 김혜미, 〈살아생전 '부부'였던 당신과 나, 죽음으로 남이 되었다〉, 《비마이너》, 2018.12.5.

6. 박진옥, 〈비혈연 관계 지인의 서울시 무연고사망자 공영장례 경험에 관한 연구〉, 서울시립대 사회복지학과 박사논문, 2022.

7. 나눔과나눔 주관, 〈공영장례 시민활동가 양성을 위한 리멤버 학교〉, 2024.5.25.

8. 최진영, 앞의 책, 39~40쪽.

인기척을 내는 거예요

1. "공영장례, 무상의료처럼 사회보장 차원에서 접근해야", 가톨릭평화방송 〈열린세상 오늘!〉, 2020.11.2.

2. 고타니 미도리, 현대일본사회연구회 옮김, 《죽음과 장례의 의미를 묻는다: 고독사 시대에 변화하는 일본의 장례문화》, 한울, 2019, 172쪽.

3. 오지민, 〈복지국가 스웨덴의 장례 복지 제도 분석〉, 《스칸디나비아 연구》 제33호, 2024.

불온한 장례식

1. 루인, 〈이성애규범성, 불/편함과 슬픔, 그리고 장례식〉, 'Run To 루인' 블로그. 2012.12.24.

2. 박정수, 〈상품화된 장례식을 넘어 대안적 공영장례로〉, 《비마이너》, 2018.12.31.

3. 희정, 《두 번째 글쓰기》, 오월의봄, 2022, 152쪽.

4. 엄기호, 〈애도는 어떻게 우리를 진실에 이르게 하는가〉, 《한겨레21》 1505호.

2024.3.15.

5. 극단Y, 〈퀴어한 유언장〉, 2023. 여는 글. https://blog.naver.com/playfor-life/223278132187

6. 온전한 애도를 위한 성소수자 장례예식서 기획팀,《온전한 애도를 위한 성소수자 장례예식서》, 도서출판QNA, 2024.

7. "이러한 차별과 불평등에 맞서 〈탈가부장:례식〉 전시회는 성평등과 가족구성권의 관점, 퀴어한 관점에서 죽음과 장례에 관련된 차별이 어떤 형태로 드러나며 그것에 어떻게 대응할지, 그리고 평등한 장례식의 구체적인 모습은 무엇일지를 함께 상상해보고자 했습니다."〈탈가부:장례식〉 전시 도록.

8. FeRM 편집부,《퀴어페미니스트 매거진 펨》Vol.5, 언니네트워크, 2021.

9. 〈성소수자 유언장 쓰기 연습: 내가 만약 유언장 없이 죽는다면〉, 큐라이프센터 주최, 2023.10.26.

10. 나눔과나눔 주관, 〈공영장례 시민활동가 양성을 위한 리멤버 학교〉, 2024.5.25.

11. 트랜스젠더 인권단체 '조각보' 유튜브 채널 JOGAKBO Trans-Rights-Org

12. 김금희,《경애의 마음》, 창비, 2018, 27쪽.

죽어가는 이의 이웃

1. 케이틀린 오코넬, 이선주 옮김,《코끼리도 장례식장에 간다》, 현대지성, 2023, 240쪽.

2. 모리스 블랑쇼, 박준상 옮김 〈밝힐 수 없는 공동체〉,《밝힐 수 없는 공동체, 마주한 공동체》, 문학과지성사, 2005, 23쪽.

3. 같은 책, 같은 쪽.

4. 단단,《사람의 일 고양이의 일》, 마티, 2022, 243쪽.

사람으로 기억해야 한다

1. www.remember2022.net

2. 형제복지원을 다룬 기록집《숫자가 된 사람들》(형제복지원구술프로젝트, 오월의봄, 2015)의 제목을 빌려왔다.

3. 미셸 푸코, 이규현 옮김,《성의 역사 1》, 나남, 2020.

7. 졸곡

1. 정종수, 〈졸곡〉, 한국민속대백과사전.

모든 봄을 기억해낼 수 있으리라

1. "저 작은 새의 죽음만으로도/ 모든 봄을 다 기억해낼 수 있으리라" 조용미, 〈작은 새의 죽음〉, 《삼베옷을 입은 자화상》, 문학과지성사, 2004.
2. 《이소선 평전》(민종덕, 돌베개, 2016)과 《2020전태일노동구술기록집1_전태일 친구들》(김대현 엮음, 전태일기념관, 2020) 등에서 참고하였다.
3. 《2020전태일노동구술기록집1_전태일친구들》.
4. 김종철, 〈신순애 전 청계노조 부녀부장 "노동자도 목숨 걸고 일한 국가유공자잖아요"〉, 《한겨레》, 2020.11.14.
5. 정은임 아나운서의 공식 추모 인스타그램에 적힌 문구이다.
6. 김도연, 〈용균이가 세상 바꾸는 작은 불씨 되길〉, 《참여사회》, 2019.4.30.
7. 〈운양 김윤식의 죽음을 대하는 두 개의 시각〉(임경석), 〈한국의 첫 사회장은 왜 실행되지 못했는가〉(임경석), 〈일제강점하 동지장 문화의 출현 배경과 성격〉(변은진) 등을 참고하였다.
8. 주디스 버틀러, 윤조원 옮김, 《위태로운 삶》, 필로소픽, 2018, 50쪽.
9. 변은진, 〈일제강점하 동지장 문화의 출현 배경과 성격〉, 《역사와 담론》, 109호, 2024.
10. 주디스 버틀러, 김응산·양효실 옮김, 《연대하는 신체들과 거리의 정치》, 창비, 2020, 281쪽.
11. 김흥렬, 김성열, 김세열 등 고주리 애국선열 6인의 묘.
12. 희정, 《두 번째 글쓰기》, 오월의봄, 2022, 153쪽.
13. 백소현·조미혜, 〈10.29 이태원 참사와 애도불가능성〉, 《문화와 사회》 제31권 3호, 2023.
14. 이주민센터친구·경계인의몫소리연구소·언론개혁시민연대 주최, 〈아리셀 중대재해 참사의 과소 재현과 애도의 상실〉, 2024.12.3.
15. 이날 토론회의 후기에서 참조한 내용이다. 후기는 주관 단위인 이주민센터친구 홈페이지에서 볼 수 있다. http://www.chingune.or.kr

16. 엄기호, 〈애도는 어떻게 우리를 진실에 이르게 하는가〉, 《한겨레21》, 2024.3.15.

17. 김민정, 《읽을, 거리》, 난다, 2024, 177쪽.

느슨한, 난잡한, 다소 외로운

1. 비류잉, 채안나 옮김, 《단식 존엄사》, 글항아리, 2024.

2. 《스위스 안락사 현장에 다녀왔습니다》(신아연, 책과나무, 2022)에서 표현을 따
왔다.

3. 나눔과나눔 주관, 〈공영장례 시민활동가 양성을 위한 리멤버 학교〉, 2024.5.25.

4. 원시연, 〈초고령사회 대비 고독사 대응 현황과 과제 보고서〉, 국회입법조사처 사
회문화조사실, 2022.

5. 성유진 외, 《남자 혼자 죽다: 세상에 없는 죽음, 무연사 209인의 기록》, 생각의힘,
2017.

6. 이소진, 《증발하고 싶은 여자들》, 오월의봄, 2023.

7. 정택진, 〈쪽방촌의 사회적 삶〉, 연세대학교 문화인류학과 학위논문, 2020.

8. 우에노 지즈코, 이주희 옮김, 《집에서 혼자 죽기를 권하다》, 동양북스, 2022.

9. 2021년 성노동 프로젝트 '제5회 우리가 그리는 미래'에 제출된 글.

10. 부산반빈곤센터 외 주최, 〈사회안전망으로서의 공영장례, 부산시 조례재정을
위한 정책 토론회〉, 2021.7.5.

11. 한강, 《소년이 온다》, 창비, 2014, 99쪽.

12. 기시 마사히코, 김경원 옮김, 《단편적인 것의 사회학》, 위즈덤하우스, 2016.

13. 김민정, 《읽을, 거리》, 난다, 2024, 25쪽.

14. 고병권, 《묵묵》, 돌배개, 2018, 146쪽.

15. 더 케어 컬렉티브, 정소영 옮김, 《돌봄 선언》, 니케북스, 2021, 89쪽.

16. 정여울, 《감수성 수업》, 김영사, 2024, 17쪽.

17. 우에노 지즈코의 《집에서 혼자 죽기를 권하다》에 나온 문장을 변형하였다.

지은이 희정

기록노동자. 살아가고 싸우고 견뎌내는 일을 기록한다.

저서로 《삼성이 버린 또 하나의 가족》(2011) 《노동자, 쓰러지다》(2014), 《아름다운 한 생이다》(2016), 《퀴어는 당신 옆에서 일하고 있다》(2019), 《여기, 우리, 함께》(2020), 《두 번째 글쓰기》(2021), 《문제를 문제로 만드는 사람들》(2022), 《일할 자격》(2023), 《베테랑의 몸》(2023), 《뒷자리》(2024)가 있다.

죽은 다음

ⓒ 희정, 2025

초판 1쇄 발행 2025년 5월 6일
초판 2쇄 발행 2025년 5월 26일

지은이 희정
펴낸이 유강문
편집2팀 김지하 이윤주
마케팅 김한성 조재성 박신영 김애린 오민정
펴낸곳 ㈜한겨레엔 www.hanibook.co.kr
등록 2006년 1월 4일 제313-2006-00003호

주소 서울시 마포구 창전로 70(신수동) 화수목빌딩 5층
전화 02-6383-1602~3
팩스 02-6383-1610
대표메일 book@hanien.co.kr
ISBN 979-11-7213-252-1 03300

※ 2024년 행암문예마루 예술인창작실지원사업의 지원을 받아 발간된 도서입니다.
※ 2025년 한국문화예술위원회 아르코문학작가펠로우십지원사업 선정 작가의 도서입니다.
※ 책값은 뒤표지에 있습니다.
※ 파본은 구입하신 서점에서 바꾸어 드립니다.
※ 이 책의 일부 또는 전부를 재사용하려면 반드시 저작권자와 ㈜한겨레엔 양측의 동의를 얻어야 합니다.